Böhmer / Hilt (Hg.)

—

Das Elementale

Orbis Phaenomenologicus

Herausgegeben von
Kah Kyung Cho (Buffalo), Yoshihiro Nitta (Tokyo) und Hans Rainer Sepp (Prag)

Perspektiven. Neue Folge 20

Sekretariat

Hans Rainer Sepp
Centrum fenomenologických bádání – CFB
Jilská 1, CZ-110 00 Praha 1
Tschechische Republik

Das Elementale

An der Schwelle zur Phänomenalität

Herausgegeben von
Anselm Böhmer und Annette Hilt

Königshausen & Neumann

Bibliografische Information der Deutschen Bibliothek

Die Deutsche Bibliothek verzeichnet diese Publikation in der Deutschen
Nationalbibliografie; detaillierte bibliografische Daten sind im Internet
über <http://dnb.ddb.de> abrufbar.

© Verlag Königshausen & Neumann GmbH, Würzburg 2008
Gedruckt auf säurefreiem, alterungsbeständigem Papier
Umschlag: Hummel / Lang, Würzburg
Umschlaggrafik: *Übergänge* © Yvonne Bulander
Bindung: Buchbinderei Diehl+Co. GmbH, Wiesbaden
Printed in Germany
ISBN 978-3-8260-3631-6
www.koenigshausen-neumann.de
www.buchhandel.de
www.buchkatalog.de

Inhalt

Verdichtungen und Enden der Lebenswelt

Einleitung

Näherungen an das Elementale

„Das Elementale" bzw. „elemental" sind keine philosophisch, nicht einmal alltäglich geläufige Begriffe. So scheint hier zunächst nur ein leerer Neologismus zu stehen, der sich auf keinerlei Anschauungen beziehen lässt. Doch zugleich hat es sich in der Geschichte des philosophisch kritischen Denkens immer wieder erwiesen, dass wir mit einer Fülle von Anschauungen konfrontiert sind, deren begriffliche Fassung und thematische Bedeutungsdimension nicht einfachhin mit der Tiefe unserer Erfahrung korrespondieren.

In dieser Differenz, dass Anschauungen nicht mit unseren Erfahrungen korrespondieren, liegt ein Desiderat. Die Anschauungen sollten – gut phänomenologisch – auf das hin untersucht werden, was sich in ihnen zeigt: lebensweltliche Aspekte, die ontologischen Strukturen, in deren Netzen sich Welt bildet und vor allem die Widerstände, auf die das Denken stößt und die es verdrängt. Erst so lassen sich genuin phänomenologische Fragen auf neue Weise stellen: Womit ist das Phänomen verknüpft? Welche lebensweltliche Konstellation ergibt sich dadurch? Wie zeigt sich eine Sache je nach Umfeld und Bezügen?[1]

Damit kann eine Präzisierung phänomenologischer Beschreibungen gewonnen werden, wie sie bereits seit Langem in der Tradition der Husserlschen Transzendentalphänomenologie, nicht nur durch Heidegger, sondern auch durch Merleau-Ponty, Levinas und schließlich auch durch Fink auf ihre implizite und jeweils eigene Weise formuliert wurde. Mithin ist mit diesen kritischen Weiterungen des phänomenologischen Projektes noch kein neuer Zuwachs von Erkenntnis zu erwarten, wenn man sich an das hermeneutische Primat des Verstehens hält, wohl aber die Klärung der argumentativen Basis für die Wahl der anschließenden Perspektiven.

So muss sich an die *Phänomenologie der Wahrnehmung* nun eine *Phänomenologie der Erfahrung* anschließen: Wie erfahren wir, wenn wir wahrnehmen? Welche „Dicke" (Merleau-Ponty) des Widerfahrenden und Erlebten zeigt sich uns – und wird von uns auf welche Weise erfahren? Hinsichtlich solcher ambiguen Verschränkungen von Wahrnehmung und Erfahrung werden die Grenzen der transzendentalphänomenologischen ‚Negativfolie' einer Wahrnehmung deutlich, die lediglich als in sich selbst gegründet angenommen wird. Auf diese Weise jedoch werden die Prozesse und Sedimentationen der Erfahrung zu wenig berücksichtigt. Statt dieser transzendentalphänomenologischen Perspektive der Wahrnehmung kann eine *Phänomenologie der Erfahrung* die non-egologischen Momente des Erfahrens aufgreifen und in Bezug zu den zuvor ‚gut phänomenologisch' aufgezeigten Sachen setzen. D.h. wir erfahren mehr, als sich zeigt … und als sich zeigen lässt. Damit nun kann die Frage nach diesem ‚Mehr' aufgenommen und in der Chiffre des *Elementalen* formuliert werden.

---

[1] Vgl. M. Merleau-Ponty (1966), Phänomenologie der Wahrnehmung, Berlin, S. 249.

Mit dem ‚Elementalen' soll ein Feld an der Schwelle zur Phänomenalität beschrieben sein; nicht nur als eines der operativen Probleme der Phänomenologie, sondern in Form einer genealogischen Frage: Wie gibt es Welt? Woher gibt sich Welt? Aber auch in Form einer (im gut Kantischen Sinne) kritischen Frage: Wie entstehen durch diese bestimmte Form der ‚Gebung' Bedingungen der Möglichkeit, uns in und zu den Grenzen dieses Feldes zu situieren? Was können und was sollen wir in unseren bedingten Freiheit als ‚Weltgestaltende' tun?

Durch den Begriff des Elementalen hat Emmanuel Levinas mit einem ethischen Impetus in Auseinandersetzung mit den phänomenologischen Wegen Husserls und Heideggers den Phänomenalitätsbegriff selbst in Zweifel gezogen. Weder aus der subjektiven Reduktion noch aus der ontologischen Unterscheidung zwischen Sein und Seiendem entstehe die Welt als Zeit-Raum für Menschen und Dinge, vielmehr sei beides als der weltlose Leib- und Bewusstseinsraum eines einsamen Ichs gekennzeichnet, in dem Exteriorität nur ein „Schatten von Phänomenen" sei. Darin begegne sich die ekstatische Existenz eines leibhaften Selbst als anderem und Anderen. Auf diese Weise zeige sich die Einsamkeit des Ich, Selbstverleugnung des Sich.[2]

Das elementare ‚es gibt', das Levinas in *Totalität und Unendlichkeit* untersucht hat, wird von ihm in den Kontext der Naturphilosophie oder besser ihrer neuzeitlichen Variante eingeordnet. Er macht es aus im Blick auf den Kampf des Lebens um sich selbst, welches das Sein zum Ziel nimmt, um sich daran als einer ontologischen Grundeinstellung des Denkens abzuarbeiten. Levinas entdeckt das Element bzw. das Elementale (*élément* bzw. *élémentaire*) in der Kritik an der traditionellen Metaphysik oder in pantheistischen Lehren vom *élan vital*, da es jegliche Differenz in eine mundane Immanenz einholt, in einen ‚Irrgarten der Perspektiven', einem ‚Spiel der Differenzen', denen jedoch keine Wirklichkeit entspricht.

Hier wird dieser Begriff zu einem Phänomen, das bereits in der Vorgeschichte der Phänomenologie virulent wurde und mit der ontologischen Tradition des Substanzdenkens Verbindungen eingeht; dieser Begriff wird sich in der Fragestellungen nach der Existenz des Menschen weiter operativ anreichern. So ist

> „im Hinblick auf sein Sein der Mensch in der Tat fähig, eine Haltung einzunehmen. Schon in dem, was man den Kampf um das Leben nennt – unabhängig von den Dingen, die geeignet sind, unsere Bedürfnisse zu befriedigen und die dieser Kampf zu erobern trachtet – gibt es das Sein selbst als Ziel, das bloße und einfache Sein, die Möglichkeit für das bloße und einfache Sein, ein Ziel zu werden. Im Kampf um das Leben und in dem privilegierten Platz, den dieser Begriff sich in der Interpretation des Lebens gesichert hat, vollzieht sich der Bruch mit den Vorstellungen der Tradition über die Beziehung zwischen dem, was ist, und seinem Sein. Der Einfluß dieses Begriffes, dem die Entwicklung der biologischen Wissenschaften

---

[2] Vgl. E. Levinas (1989), Die Zeit und der Andere, Hamburg, S. 40.

des XIX. Jahrhunderts zu Ansehen verholfen hat, auf die gesamte zeitgenössische Philosophie ist unermeßlich. Von nun an erscheint das Leben
wie der Prototyp der Beziehung zwischen Seiendem und Sein. Bis dahin
gehörte dem Seiendem das Sein, mit dem es kraft göttlichen Ratschluß
versehen war ... auf quasi unmerkliche und natürliche Weise zu. Daß diese
Zugehörigkeit der Kampf um das Leben ist, das ist die neue und grundlegende Vorstellung."[3]

Dem Rückschlag in die Ontologie, in die immanente Transzendenz eines Bewusstseins in einer perspektivischen Welt, begegnet Levinas bekanntermaßen
mit dem Anderen, seinem Antlitz jenseits der Unterscheidung von Form und
Materie, und mit der Rede – sowohl Begrifflichkeit als auch dialogische Responsivität –, in der die Reduktion des Gegebenen auf sein Hier und Jetzt einer Ordnung gestört wird, in der sich der subjektiven Intentionalität die sicheren Korrelate entziehen. Dies soll eine Dimension öffnen, die gerade in der phänomenologischen Epoché fehlt, insofern diese die gesicherten Korrelate in Frage stellt. Es
handelt sich dabei um eine Dimension, die gerade die ontologische Negativität
des Rückzugs des Angezeigten bestätigt, der für das anonyme, prä- bzw. asubjektive Element der Welt sich in einer schlechten Unendlichkeit zu verlieren
scheint. Das Elementale hat so seine eigene Geschichte des Vergessens. Es geht
nun darum, in der Frage nach dem Elementalen nicht nur seine Geschichte in der
philosophischen Tradition zu heben, sondern über diese historische Bindung
und ihre Erinnerung hinaus seine widerständige Wirklichkeit zu erfahren.

So zeigt sich die Levinassche kritische Begegnung mit der Unfasslichkeit
des Elementalen, das sich der Dichotomie von transzendentalsubjektiven Strukturen und kosmologisch gefasster, der Macht der Subjektivität widerständigen
Welt erst einmal entzieht. Doch in der Kritik an der Metaphysik unserer Wirk-
lichkeitserfahrung bleibt *gerade* die Welt als widerständige Wirklichkeit verborgen oder wird zum objektiven Gegenstand der Bearbeitung und Manipulation.
Auch in der Phänomenologie gelangen unsere Erfahrung, unser reflexives Denken, unsere Begrifflichkeit unter der Hand nur zu einer Subjektivierung des
Seins, aus der Reduktion des Gegebenen in eine Abstufung von Realitäten, die
für die natürliche Einstellung noch Objekte gewesen waren und so nun zu bloßen Modi der Auffassung werden. Hier kann die Frage nach dem Elementalen
einsetzen, das nicht allzuschnell wiederum gegen die Singularität des einen, nicht
erscheinenden, sondern sich entziehenden Anderen ausgespielt werden sollte.

Noch einen anderen Fingerzeig, dem Elementalen nachzugehen, gibt es bei
Levinas, und zwar in Hinblick auf die Frage der Gegebenheit und ihrer phänomenologischen Betrachtung:

„Die Subjektivierung dessen, was einst die empirischen Realitäten waren,
nicht darin, sie in Bewußtseins*inhalte* oder Gegebenheiten zu verwandeln,

---

[3] E. Levinas (1997), Vom Sein zum Seienden, Freiburg/München, S. 25.

sondern in der Entdeckung, daß sie selbst *enthalten und geben*. Nichts ist endgültig gegebene Qualität, jede Qualität ist Beziehung."[4]

Als Konsequenz für die konstitutive Relevanz des Elementalen und seinem Raum, Welt zu geben, heißt dies für Levinas, der dem Begriff des ‚Elementalen' seine und unsere Virulenz verliehen hat, dass das „Angehen" von „nirgends" her das Elementale zum Anonymen macht, dem sich das Selbst nur gewaltsam, durch Inbesitznahme und durch die Verwandlung in die Nahrung des Genießens, des Seins ‚für mich', erwehren kann.

Diese Sinnlichkeit, in die sich das Selbst rettet, „unterscheidet sich [zwar] von einem Denken, das sich nach Außen richtet,"[5] doch ist und bleibt sie eine Sinnlichkeit als Befriedigung gedacht. Die Gegenstände der unmittelbar erfahrenen und genossenen Umwelt befriedigen das Selbst dann in ihrer Endlichkeit, ohne noch vor einem Hintergrund des Unendlichen zu erscheinen.[6] Levinas selbst beschreibt die Begegnung mit dem Elementalen von einer reduzierten Sicht des Naturhaften, der er die persönlich angehende und verpflichtende Dimension des Anderen und der Entzogenheit seines Anblicks entgegenstellt.

Doch diese Dichotomie zwischen einer Ethik des Anderen und dem alogisch Naturhaften als eine Differenz im Elementalen selbst – und nicht nur in dem sich setzenden Bewusstsein eines einsamen Ichs oder der operativen Begrifflichkeit der Phänomenologie – aufzuzeigen, könnte eine Erwiderung auf Levinas sein und darin konstitutiv werden für die phänomenologische Fragestellung: Wie geschieht die Verdrängung des Elementalen, seiner bedrohlichen Seiten, den Formen, in denen es uns ohne bestimmte Erscheinung tatsächlich eine Anonymität vor Augen stellt, der wir nicht nur kompensatorisch begegnen wollen. So könnte die Frage sich darauf richten, welche individuellen Ausdrucksformen dem Elementalen gegeben werden könnten, um es nicht nur als anonyme Macht, sondern auch als Grund von Möglichkeiten zu entdecken, Lebenswelten zu entwerfen.

Hat nun gerade die Phänomenologie auf die operative Funktion von Begriffen hingewiesen, die erst in der Eröffnung der Tradition unserer Sinngebung, der Analyse unserer Selbstverständigung im Erleben, Handeln, Sprechen und Denken, thematisch werden, so scheint es sich bei dem ‚Elementalen' einerseits um einen solchen – letztlich notwendig immer auch noch operativ bleibenden – Begriff zu handeln, dessen Sinndimension noch verborgen ist, andererseits jedoch bestimmt sich seine Operativität in einer Gegenrichtung. Sie ist damit nicht zu verstehen von einem durch die Tradition gegebenen Vorverständnis der zu thematisierenden Fragen her, sondern über ein durch Erfahrungsdefizite gekennzeichnetes Fragen, über Krisenerfahrungen des Lebens, Erkennens und Denkens.

---

[4] E. Levinas (⁴1999), Die Spur des Anderen, Freiburg/München, S. 101 f.
[5] E. Levinas (⁴2003), Totalität und Unendlichkeit, Freiburg/München, S. 191.
[6] Vgl. ebd.

Hier drängt sich eine Verständigung mit Phänomenen der Lebenswelt auf, es wird ein Verständigungsfeld gesucht, in dem sich diese verschiedenen Phänomene miteinander verflechten und Strukturen neuer Erfahrungen gewinnen. Das Elementale wird so zum ‚Ferment' für Erfahrung statt zu ihrem transzendentalen Grund. Die Auseinandersetzung mit dem Elementalen reichert die Erfahrung um Verborgenes, Ungelebtes im Erlebten an, das Levinas in seiner Kritik an der traditionellen Ontologie und ihrem Verdikt gegenüber der metaphysischen Tradition für die Arbeit an den Kategorien für die Strukturen von Welt zu schnell mit einem negativen Vorzeichen belegt hat.

Das Elementale in seiner Problemgeschichte verweist auf etwas, das Nietzsche, Fink und Merleau-Ponty – den Autoren, die im Zentrum der folgenden Beiträge stehen – zum Problem des Fragens und Denkens geworden ist, gerade weil es noch keine bestimmte Terminologietradition gibt. Insofern ist das Elementale nicht nur ontologisches Prinzip, sondern zeigt sich auch als Widerstand des Denkens, als Widerstand für eine Kritik an der Metaphysik, insofern aus dieser unsere ontologischen Deutungskategorien der Lebenswelt erwachsen sind.

So wird mit dem Begriff des ‚Elementalen' ein Feld des Fragens nach Strukturen von Welt und Sein umrissen. In seinem scheinbaren Gleichklang mit dem „Elementaren" und dem „Element" weist er in eine Richtung des Konstitutiven bzw. des Grundverhältnisses des menschlichen Daseins, das aber nicht wie die Elemente singulär und in Schemata voneinander abgrenzbar ist. Vielmehr handelt es sich bei dem Elementalen um einen Bereich vor dieser Individuation: einen Bereich, aus und in dem sich Welt und innerweltliche Strukturen bilden. Als einerseits binnenweltliches, andererseits aber auch weltbildendes Moment gehört es gerade nicht einer pantheistischen Sphäre des All-einen an und passt sich auch nicht in ein kategoriales Raster von Teil und Ganzem, Form und Materie, Immanenz und Transzendenz, Möglichkeit und Wirklichkeit oder dem Sein und dem Nichts ein. Vielmehr zeigt sich am Elementalen im Sinne einer bis in die Antike zurückführenden Linie der Naturphilosophie und Kosmologie die unhintergehbare Dimension des Erscheinens innerhalb von Welt und Sein. So ist es weder atomistisches ‚Element', das sich als Teil in einem Ganzen vereinzeln lässt, noch ein Strukturprinzip zwischen anderen.

Merleau-Ponty, einer unserer Referenzautoren, vergleicht zwar die *chair du monde* mit den Elementen in der antiken Kosmologie, doch reicht die Problemdimension des Elementalen über die Vierzahl der klassischen Elemente in der Harmonie eines geschlossenen Kosmos hinaus. Damit weist das ‚Elementale' auf einen offenen Feldcharakter hin, ist weniger Grund – als ein arche-ologisch elementares erstes Prinzip – denn Ungrund oder Abgrund, ist eher schöpferisches Prinzip eines Beginns im Dunkeln, der in eine offene Geschichte hineinwirkt.

Elemental ist somit jener Raum des Erscheinungsgeschehens, welcher die Bedingung der Möglichkeit jeglicher Individuation darstellt – eine Schwelle zwischen ontologischer Verschlossenheit und Vereinzelung des Seienden sowie eine Dimension, die Raum gibt und Zeit lässt und sich darin gerade einer dem innerweltlich Erscheinenden analogen Erfahrung entzieht. Diese elementale Dimension wird zur Schwelle von Erfahrung, zur Schwelle der Gegebenheit.

Damit stellt das Elementale einen Anspruch an die Gestaltung des Gegebenen als einen aufgegebenen und erst zu erfüllenden Sinn. Nicht als *nihil negativum*, sondern als grenzenaufweisende und grenzenöffnende Negativität gewinnt so das Elementale Gestalt für die zeitliche, räumliche und kulturelle Heterogenität der Lebenswelt und ihre Bewegtheit, die sich auf ihr utopisches Potential hin zuspitzen lässt. Zwischen metaphysischem Grund und transzendentalem Horizont, zwischen einer überzeitlichen Ordnungsstruktur und subjektimmanenten Kategorien des Sinns gewinnt es Form immer erst in lokalem Entzug oder auch in Vergehen, Erleben und Gestalten der Zeit in gemeinsamer Erfahrung und gemeinsamem Wandel.

Darin gibt es sich als eine mögliche Konstitutionsdimension von Lebenswelt, entzieht sich darin aber auch immer wieder als intentionaler Ort oder Gegenstand dem Erscheinen. Welt selbst zeigt sich hier am Elementalen in einer Verschränkung von Kosmologie bzw. Ontologie und Anthropologie. Auf diese Weise bestätigt das Denken des Elementalen die Erfahrungen, welche die Lebenswelt nicht als schlichtes *positum* vorfinden, sondern die lebensweltlich zum Vorschein kommenden genetischen Prozesse zu erfassen vermögen.

Somit ist diese Dimension nicht nur auf eine vor-menschliche Welt begrenzt, sondern auch im Bereich des sozialen, der menschlichen Co-existenz, wird das Elementale als ein a- bzw. präsubjektives Moment virulent und strukturrelevant. Damit reicht es von Individuierung und Konstitution von Phänomenen in der Welt, von seiner Funktion als Phänomenalität, über Möglichkeiten positiver Erfahrung von Entzug und Disparatheit von Wahrnehmung und begrifflicher Erkenntnis bis hin zum Austrag von Konflikten auf der Handlungsebene der coexistent verfassten Lebenswelt.

Insofern übersteigt das Elementale die Grenzen der Bereichsontologien in der Ordnung eines metaphysisch verstandenen Seins, steht jenseits von Sein und auch seinem Gegenbegriff, dem Nichts. Ferner zeigt sich nun hinsichtlich der Problematik des ‚Seins im Ganzen' und des gemeinsamen Erfahrungshorizontes, der ontologischen Differenz und der Frage der Identität und Alterität eine phänomenologische Differenzierung, die Raum für weitere Fragen und Ausblicke gibt. Die Ambivalenz des Elementalen, aus der zugleich auch seine letztliche Unfassbarkeit resultiert, besteht darin, dass es als dem Erscheinen Ursprung Gebendes, sich in seiner Entbergung nie als ‚Ganzes' oder als ‚es selbst' zeigt und sich als ‚nicht aufgehender Rest' nie erschöpft. Gerade deshalb bleibt es für das Spiel von Werden und Vergehen maßgeblicher Impuls des Neunfangens und Endens in einer scheinbaren Kontinuität des Seins und Denkens. Mithin bleibt es für das Werden im ontologischen und epistemischen Sinne virulent.

Das Elementale kommt vor allem zum Tragen in einer Bewegung des sich Entziehens, in der phänomenalen Offenheit des Werdens und sich Veränderns, in den Grenzen, auf die unser innerweltliches Können und Erkennen stößt, schließlich in einem Anspruch, gerade auch dem Rechnung zu tragen, was in der

Welt über das Eigene und Selbige hinausgeht, was eine eigene Zeit über die Gegenwart hinaus hat. Nicht also als schlechthinniges Nichts, sondern als die bereits erwähnte grenzenaufweisende und auch grenzenöffnende Negativität – als Nicht-Bestimmtheit – zeigt das Elementale seine produktive Kraft. Durch sie wird der Schwellencharakter menschlicher Existenz in der Welt sichtbar, der darin besteht, nicht nur im Hier und Jetzt, nicht nur im Selbigen und Eigenen zu sein, sondern immer auch vor das Nichtgegenwärtige gestellt und entworfen auf anderes hin zu sein.

Erde, Pan und Fleisch als Phänomene des Elementalen

Mit Friedrich Nietzsche, Eugen Fink und Maurice Merleau-Ponty (die dem Workshop, aus dem die folgenden Beiträge entstanden sind, als Text- und Diskussionsgrundlage dienten) bieten sich drei Wege ontologischer und phänomenologischer Kritik an traditionellen Metaphysikvorstellungen eines intelligiblen Grundes der Welterfahrung an, in denen das Undurchdringliche, das Nicht-Erscheinende, das Ungestaltete marginalisiert und vergessen wurde. Die Wege der genannten Denker schneiden und trennen sich, und sind daher gerade in der Spannung ihrer Nähe und Distanz zueinander für die Vielschichtigkeit der Thematik aufschlussreich.

So gibt sich beispielsweise der Zeit-Raum von Welt, in dem Menschen und Dinge einander begegnen, ohne diese ‚wilden Strukturen‘ des Begegnens jedoch in der Gegebenheit festzusetzen und zu totalisieren. Das rätselhafte Moment im Elementalen, um hier noch einmal Levinas' kritische Frage an die phänomenologische Forschung zu stellen, liegt

> „in der Art, wie ein Sinn, der jenseits des Sinnes ist, sich dem Sinn, der in der Ordnung bleibt, einfügt, in der Art, wie er hervortritt, indem und während er sich zurückzieht. Das Rätsel ist nicht eine bloße Zweideutigkeit, in der die beiden Bedeutungen die gleiche Chance und das gleiche Licht haben."[7]

Das Rätsel hat eine Bedeutung, die jedoch nie auf einen letzten Grund von rekonstruierbaren Begründungen zurückzuverfolgen ist. Die unassimilierbare Andersheit, die Idee des Unendlichen, ist im Elementalen nicht einfach gegeben, sondern muss erfahren werden. *Ihr* muss in Strukturen der Lebenswelt Ausdruck gegeben werden. Sie zeigt sich zwar in dem vor-subjektiven Aufbau des Ethischen – Jenseits des Seins –, doch zugleich fordert sie als eine eigene Form der Ethik die Arbeit am Begriff, worin sich dieser Widerstand phänomenologisch schildern lässt.

Die Metaphysik wird durch einen Widerstand im Denken selbst in Frage gestellt: Was widerstrebt, wenn ich denke, einem kategorialen, graduierten und

---

[7] E. Levinas, Die Spur des Anderen, S. 246.

subjektiv zentrierten Denken? Und wie lassen sich dieses widerständige Denken in der *Erfahrung* aufnehmen, Anstöße zur Reflexion geben und sich in unserem Verhältnis zur und unserem Verhalten in der Welt manifestieren?

Aus solchen widerständigen Überlegungen resultieren Transformationen des Verstehens von Denken, die nicht mehr transzendentalphilosophisch und auch nicht transzendentalphänomenologisch aufgefangen werden können, sondern responsiv als (partiell) erhellende Antwort auf einen Appell der Wahrnehmung formuliert werden. Aus dieser Struktur von Appell, Wahrnehmung und Response ließe sich Erfahrung in ihrer Dichte und Vielschichtigkeit gewinnen; eine Erfahrung freilich, die sich nicht aus der Subjektivität speist, sondern eher das zum Ausdruck bringt, was Jan Patočka mit seinem Begriff der „offenen Seele" ins Wort brachte.

Wird diese Struktur der Erfahrung wiederum in den Blick genommen, zeigt sich, dass sie keine „geschlossene Größe" ist. Bernhard Waldenfels verweist auf das Moment der *Verzögerung*,[8] das Responsivität als Heteropraxie kennzeichnet. Vom Anderen angerufen, antwortet das Handeln erst mit einer gewissen zeitlichen Lücke. Darin können sich dann ein Übermaß und ein Überschuss ereignen.[9] Zu fragen ist, woher solche virulenten Überschüsse ihre Impulse erhalten. Eine mögliche Antwort wäre, dass sie sich speisen aus einer Dimension, die derjenigen der Phänomenalität nicht zugehört, sie aber mit ihren Appellen erreicht. Gerade in dieser Virulenz des Entzogenen macht sich die im ersten Teil angesprochene Kluft von Wahrnehmung und Erfahrung deutlich.

Diese Kluft öffnet das Fragen (nicht mehr den – phänomenologisierenden – Blick) für dasjenige, das sich zwischen der Differenz von Wahrnehmung und Erfahrung abspielt. Diese spielerisch-naturhafte Dynamik ist das, was wir als das Elementale bezeichnen, was mithin diese Frageperspektiven weiter offen hält.

Nietzsches ‚Treue zur Erde', Finks Reflexion auf die „Grundphänomene" des weltlichen und zugleich kosmischen menschlichen Daseins sowie die Erfahrungen eines opaken und ambiguen Seins bei Merleau-Ponty deuten in dieser Hinsicht eine ursprüngliche Dimension des Erscheinens und zum Sein-Bringens von Seiendem an, die sich den Strukturen klassischer Ontologie, Substanzmetaphysik und der Einheit einer transzendentalen Vernunft entzieht. Diese Dimension macht die Bewegtheit des Elementalen im Entzug des Verbergens eines ‚Ganzen' aus, in dem das Einzelne seine Wirklichkeit und Lebendigkeit erhält.

Im Verbergen eines ‚Ganzen' und den Aporien der reduzierten und rekonstruierten Einheiten des Bewusstseins oder des Horizonts von Welt deuten sich Tiefenschichten und Randzonen der Welt an, so z.B. bei Merleau-Pontys *chair du monde*, in denen sich ‚das Ganze' der Welt gegen eine Totalisierung und Abschließung in einer abstrakten Vernunft sperrt. Vielmehr zeigt sich das Elementale als Spur, die sich durch alles, was jemals ist, hindurchzieht, im Chiasmus

---

[8] B. Waldenfels (1994), Antwortregister, Frankfurt am Main, S. 461.
[9] Vgl. ebd.

oder auch darin, was Merleau-Ponty die ‚Dicke' des Fleisches nennt, die nie auf Abstand gebracht und zum begrifflich-analytischen Gegenstand werden kann. Ein solcher Entzug für den gegenständlichen Blick, für das gegenständliche Denken ist eine Weise der Erfahrung, die nicht nur eine negative des Ausbleibens des Bestimmten ist, sondern die Ambiguität der Wahrnehmung, der Existenz und ihrer Geschichte zeigt, wie sie sich in der Autoaffektion der sich berührenden Hände, wie sie sich in der ästhetischen und letztlich in der pathischen Erfahrung von Grenzen zeigt.

Statt reiner Innenweltlichkeit, statt bloßer Immanenz lässt sich hier eine ‚Zwischenweltlichkeit' erfahren, die weder im Ständigen des Weltlich-Allgemeinen noch in der Erscheinungsbewegung der Individuation, weder in Weltimmanenz noch einer Welttranszendenz verortet werden kann, sondern als Schwelle in Raum und Zeit die geschichtliche Dimension des Menschen kenntlich macht, die als offene auf eine ganz eigene Dimension der Transzendenz verweist. Als Schwelle zwischen Immanenz und Transzendenz, die nicht zwei Sphären voneinander trennt, sondern gerade kategoriale Trennungen in eine Unbestimmtheit öffnet, stellt sie die Frage nach dem Maß für menschliche Existenz neu und verlangt nach einer genauen Analyse der im Elementalen wurzelnden Lebenspraktiken und ihrer weltkonstitutiven Bedeutung, die sich nicht in einer die Welt gliedernden Intentionalität erschöpfen, sondern Ausblicke auf eine Vielzahl vor-rationaler und pathischer Erfahrung bieten.

Menschliches Leben rührt in den Zwischenphänomenen von Begehren und Sehnen an diesen Übergang und erfährt sich als „Falte, die sich im Sein gebildet hat"[10], dem Entzug in der Dialektik zwischen Verschlossenheit und Individuation ausgesetzt. Menschliches Leben wird so zur „Existenz auf der Schwelle", die den „elementalen Vorbehalt" des Schon-Gewordenen, doch Niemals-Abgeschlossenen jedes Dinges zu umschreiben weiß, sich jedoch nie auf einer Seite der Grenze völlig verorten darf, will sie sich nicht ihres solcherart doppelten, nur in Verweisungen festzuhaltenden Weltaufenthaltes begeben.

Erde und Fleisch sind zwei Anhaltspunkte für die Materialität des Elementalen, die offen ist für Formgebung, Gestaltung und Veränderung. Die nur im Werden zur Erfahrung kommende Gestalt des Elementalen verbirgt und entzieht sich jedoch dem Verstehen immer wieder. Dessen affektives Moment – das uns in Widerfahrnissen trifft, bevor wir von ihnen gegliederte Vorstellungen haben – muss erst wieder erfahren werden, um das Elementale als Entzogenes zur Sprache bringen zu können. Denn als leibliches Wesen erfahren wir uns in der Welt, der unbelebten, der belebten und der sozialen, die sich nicht im Erkennen, im Denken oder im schlicht gegebenen Faktischen der Umwelt erschöpft.

Das Elementale hat bergende, aber auch schreckende und bedrohliche Dimensionen. Es umgibt uns als Raum und Zeit unserer Welt, bahnt uns Wege der Erfahrung und des Begegnens, durch seine Offenheit werden und wandeln wir

---

[10] M. Merleau-Ponty (1966), Phänomenologie der Wahrnehmung, S. 252.

uns an ihm; es fordert unser Schöpfertum heraus, an elementalen Grundsituationen wie der Liebe, der Elternschaft, ekstatischen Erfahrungen gewinnen wir Erfahrungen über uns selbst und die anderen, die die rational geleitete Vorstellung übersteigen und immer wieder aufs Neue in Frage stellen. Zugleich ist es in seiner Undurchdringlichkeit und Unfassbarkeit eine harte Grenze, der nicht mehr über die Autonomie eines subjekthaften Selbst begegnet werden kann und die uns unsere Zerbrechlichkeit und Endlichkeit schmerzhaft erfahren lässt, der wir oft nur gewaltsam und verstörend begegnen.

Dieser pathische Sinn des uns Widerfahrenden zeigt sich in Grunderfahrungen: dem Panischen als dem dritten unserer Grundbegriffe; den dunklen, vorpersönlichen Seiten menschlichen Existierens, wie sie Nietzsche, Fink und Merleau-Ponty jeweils auf ihre Weise verfolgt haben. Seinserfahrung und Welterfahrung, kosmische Offenheit und Lebenswelt gehen hier ineinander über.

Während Fink die Frage nach dem Ganzen, die Frage nach der Eingebundenheit des Menschen in seine Welt zu einer Kosmologie führt, die dem Transzendenzbegriff und dem Menschen als *ens cosmologicum* eine neue Bedeutung geben soll, verfolgt Merleau-Ponty in seiner Spätphilosophie eine Ontologie der Natur, die Transzendenzerfahrungen in eine alles Lebendige verbindende Dimension der Innerweltlichkeit zurückführen möchte, wie sie zuvor (und anders) bereits von Nietzsches Philosophie des Leiblichen und seiner Entgrenzung des Menschen in die Natur hinein gegen eine ‚Transzendenz in Hinterwelten' verteidigt worden war.

Nietzsche stellt für Fink eine der Zäsuren in der Geschichte des Denkens und den Beginn einer anderen Seinserfahrung dar, derjenigen der Widersprüchlichkeit der Welt, erfahren in der „unterdrückten und vergessenen Nachtseite" des Seins[11] in der Entdeckung, dass die Welt uns unendlich geworden ist, sich darin aber nicht nur Fülle verspricht, sondern auch das Nichts in schlechter Unendlichkeit. Diese Erfahrung schöpferisch zu einem ‚aktiven Nihilismus' zu prägen, daraus eine Freiheit der Sinngestaltung zu schöpfen, die nicht nur gleichgültige Sinnentwürfe im Sinne des „Alles ist erlaubt" wiederholt, sondern die Suche nach einem ‚Übersinn' in der Offenheit wagt, fließt in Finks Prüfung der Autonomie- und Freiheitskonzeptionen unseres abendländischen Selbstverständnisses ein. Der schöpferischen Selbststeigerung im Lebensvollzug stellt er jedoch die Lebenszeugenschaft vor und mit anderen an die Seite, dem individuellen Willen zur Macht ein soziales und politisches Modell der Gemeinschaft.

Das Elementale als „Schwelle des Denkens"

Es ist gerade die Erfahrung, dass alles Seiende im Medium der Undurchdringlichkeit steht, welche die Dinge umfangen hält, sie erscheinen und vor diesem

---

[11] E. Fink ([2]2004), Sein und Mensch. Vom Wesen der ontologischen Erfahrung, hg. v. E. Schütz u. F.-A. Schwarz, Freiburg/München, S. 265.

‚Untergrund' erfahrbar werden lässt. In diese Erfahrungsdimension selbst ist jedoch nicht durch das vorstellende, vergegenständlichende Denken zu dringen, und darüber entspinnt sich zwischen den benannten drei Philosophen ein Gespräch: über Natur und Geschichte, Kosmos und Polis, das Titanische, die Gemeinschaft und schließlich den öffentlichen Raum.

Das Grundverhältnis des menschlichen Daseins zum Ganzen ruht im Elementalen und ist ihm zugleich ausgesetzt, was die Frage zum einen nach einem ‚transzendentalen Residuum' in neuer Schärfe stellt, das als ‚Element der Welt' Leben und seine Zeugenschaft trägt. Zum anderen wird hinsichtlich einer eigenen Form des Nachvollzugs und Ausdrucks der Anspruch an die Weiterentwicklung der Phänomenologie in Absetzung vom transzendentalen Idealismus Husserls, aber auch von seinen Kritikern wie Merleau-Ponty formuliert.

Hier knüpfen sich an diese drei Denker des Elementalen weitere Fragen und Themenbereiche an, die sie mit anderen philosophischen Konzeptionen verbinden: Heideggers Denken der Zeit und der Geschichtlichkeit, Levinas' Herausforderung an den Umgang mit der Alterität in Nähe und Distanz und an die Ethik des Anderen, Patočkas Problematisierung der Existenzerfahrung des Menschen, Schellings Kritik des transzendentalen Idealismus über seine Konzeption der Naturphilosophie, in deren antagonistischer Struktur von Werden und Vergehen, Schaffen und Zerstören die Erfahrung des Antirationalen und des Bösen zum Abgrund der Vernunft werden, aber auch neue Ansätze der Phänomenologie zu Gebung und Gegebenheit.

Diese unterschiedlichen Denkwege führen zu einer Kritik der ontologischen Kategorien. Sein und Nichts, das Ganze und das Singuläre, Möglichkeit und Wirklichkeit, Strukturen von Raum und Zeit, aber auch der von Husserl begonnenen Tradition der transzendentalen Phänomenologie eines auf sich reduzierten *ego cogito*. Alle diese Topoi der metaphysischen Philosophie werden angesichts ihrer identitätslogischen Fixierung durch die Schwellenerfahrung des Elementalen ihrer Einseitigkeit überführt. Denn *Sein und Nichts* lassen sich angesichts elementaler Virulenz kaum noch als (wenn auch dialektisch verschränkte) Gegenpositionen, sondern vielmehr als graduell auseinander ableitbare Realisierungsformen des Seins von Dingen und Menschen begreifen; die Schwelle des Elementalen grenzt nicht mehr eines vom anderen, sondern beide gegen die Ungründigkeit ab. Das *Ganze und das Singuläre* erscheinen nunmehr nicht länger als Wechselspiel von *specificum* und Spezifiziertem, sondern sind mithin lediglich als elemental gründende Singularitäten denkbar; Totalitäten und daraus resultierende Totalisierungsprozesse werden an der Schwelle des Elementalen je neu unterbrochen: Was wird, ist schon in eine Singularität des Gewordenen hineingestellt und vermag sich nicht als Total-Bezug oder -Begriff der Dinge zu etablieren.

Dasselbe gilt für *Möglichkeit und Wirklichkeit*, die gleichfalls elemental aufgebrochen ‚prozessuale Wirklichkeiten' zu positionieren vermögen, nicht jedoch mit der Möglichkeit die Richtschnur für Wirkliches vorlegen können. Was ist, kann nicht wieder als selbes möglich sein oder von Möglichkeiten festgelegt werden – die Prozessualität des elemental Hervorgebrachten findet sich stets in situativ gewandelten Bezügen wieder, die von keiner Formulierung der Potentialität jemals eingeholt werden könnten. *Strukturen von Raum und Zeit* wiederum können angesichts elementaler Dingkonstitution nicht länger transzendental abgeleitet oder schlicht in eine lebensweltliche Subjekt-Objekt-Diastase verrechnet werden.

Statt dessen ist die Elementalität von Raum und Zeit dergestalt zu fassen, dass nicht nur die Genese der Dinge, sondern auch die ihrer Erscheinungsfelder an der Schwelle zwischen Gebung und Gegebenheiten ihre konkrete Formatierung erfahren – weder Raum noch Zeit lassen sich daher unmittelbar abbilden und sind in ihrer Relativität nicht allein auf die Betrachtenden, sondern auf die Konstellationen von Dingen und Entzogenem in der situativen Konkretheit bezogen. Schließlich ist die Phänomenologie des auf sich bezogenen *ego cogito* angesichts elementaler Erfahrungen des Entzugs in die Lage versetzt, sich der eigenen labilen Verortung auf der Schwelle zwischen Gebung und Gegebenheit bewusst zu werden. Damit weitet sich die Vernunftauffassung der Metaphysik und eine nicht allein dezentrierte, sondern zudem vom elementalen Entzug gebrochene Vernunft wird ihrer immanenten Grenzen wie ihrer Verflochtenheit mit den Leibern und Dingen der Welt ansichtig.

Von dieser kritischen Dimension her werden durch das Elementale Grenzen von operativen Modellen sichtbar. Diese Grenzen zeigen sich auch im Bereich der Phänomenologie in ihrer Weiterentwicklung von den transzendentalen Bewusstseinsstrukturen zu vielfältigeren Medien der Konstitution, der Geschichtlichkeit, die auch eine des Leibes und der Lebenserfahrungen ist, die von explizit menschlichen Grunderfahrungen bzw. Grundphänomenen her problematisiert werden und ihren Ausdruck in einer Vielzahl von Versuchen finden, Erfahrungen nachzuzeichnen und festzuhalten.

Diesen Ansätzen tragen die folgenden Aufsätze und vor allem auch die gemeinsame Diskussion, aus der sie entstanden sind, Rechnung. In der gemeinsam geteilten Virulenz der elementalen Erfahrung zeigen sich Grenzen und Verdichtungen der Lebenswelt, die in sozialen Praktiken aufscheinen und gestaltbar werden. Hier haben die Beiträge und Diskussionen des gemeinsamen Kolloquiums über „Das Elementale" den Zwischenbereich von Verschlossenheit und Individuation in vielfacher Weise beschrieben, an verschiedenen Fragestellen verdichtet und deren Überkreuzungen und Verknüpfungen beschrieben. Aus der gemeinsamen Arbeit haben sich drei Problembereiche herauskristallisiert, die aufeinander verweisen und darin über drei Schwerpunkte der Diskussion das Feld des Elementalen ein Stück weit geöffnet haben.

Zum einen geschah dies über die Fragestellung, auf welche Erfahrungen der Begriff des Elementalen rekurriert, wie diese sich über ihre Elementalität strukturieren und fassen lassen, insofern sie sich gerade der gewöhnlichen Wahrnehmung und der Kategorisierung entziehen. Im Zeichen des Elementalen erhält auch der Begriff der Erfahrung eine Mehrdimensionalität, die sich zunächst in der Erfahrung des Entzugs der Erfahrung anzeigt. Der Entzug der Erfahrung bestimmt ihren Erfahrungscharakter selbst; das Elementale wird darin zu einem Verweis auf eine positive Dimension in der Negativität der Erfahrung. Thematisch wird hier die Problematik der Schwelle zwischen Immanenz und Transzendenz ausgelotet: als Entzug der Gegenständlichkeit, als Verunsicherung unserer leiblichen, senso-motorischen Raumerfahrung, die durch das ‚Kippen der Erscheinung‘, dem Spiel von Sein und Nichts, der Dialektik von Nähe und Distanz entsteht.

Über die Verunsicherung der Sinneserfahrung von Nichtgegenständlichkeit und entlang einer Phänomenologie der Grenzenlosigkeit sucht Patrick Baur nach Alternativen zu traditionellen Intentionalitätskonzeptionen. Hier gewinnt die an das Elementale, an die Lebensmedien Luft, Wasser, Erde und Licht gebundene Leiblichkeit in der Stimmung des Panischen eine Erfahrungsdimension, die sich weniger durch einen Horizont von Wahrnehmung und Erfahrung bestimmt sieht, sondern über die Nähe eines den Leib umfassenden Mediums, das gerade in seiner unumgrenzten Massenhaftigkeit und Maßlosigkeit zum Phänomen wird.

Susanna Lindberg untersucht, ausgehend von Schellings naturphilosophischer Kritik an reduktiver Wissenschaftlichkeit, Wurzeln der Phänomenologie, die in Heideggers und Merleau-Pontys Reformulierung der Frage nach der Einheit unseres Erfahrungsraumes aufgegriffen wurden. Dabei zeigt sich im Ausgang des Deutschen Idealismus die Frage, wie nicht Einheit, aber doch die Ganzheit eines Lebenszusammenhanges problematisiert und in Erfahrungskategorien rekonstruiert werden kann.

Für Annamaria Lossi wird schließlich die Krisenlage des Nihilismus zum Thema, um an der Produktivität als Grundphänomen menschlichen Daseins das Nichts als konstitutive Dimension unseres Welt- und Selbstverhältnisses als Herausforderung für das philosophische Denken darzustellen. Nietzsche, Fink und Merleau-Ponty haben jeweils auf ihre Weise nach positiven Widerständen für die Kategorien des Denkens gesucht, die jedoch nicht nur im Negativen verbleiben, sondern über operative Grundlagen unserer Erfahrung Gehalt gewinnen.

So wird in einer zweiten Einheit das Elementale als Herausforderung des Denkens und der traditionellen ontologischen, aber auch phänomenologischen Kategorien begriffen und nach Alternativen zu Substanz-Akzidenz-Modellen der ontologischen Kategorien, ferner zur binären Modallogik von Wirklichkeit und Möglichkeit, systemischer und funktionalistischer Auffassungen gesucht, mit denen das phänomenologische Projekt, dessen Struktur und sein Medium der Gegebenheit, begrifflich weitergeführt werden könnten.

Karel Novotný stellt mit dem späten Merleau-Ponty die Frage nach dem Status des Phänomens in einer dritten Dimension für die Konstitutionsanalyse im Schnittpunkt von Objektivität und Subjektivität. In einer Wiedergewinnung der Ontologie über das primordiale Sein der Natur und der *chair du monde* wird die Sinnlichkeit zu einem solchen Widerstand und einer Herausforderung für die Husserlsche Intentionalität.

Thomas Franz zeichnet Finks Suche nach der ontologischen Erfahrung im Abstand zur Transzendentalphänomenologie und insbesondere zum dingontologischen Ansatz der Metaphysik nach. Finks Auseinandersetzung mit der philosophischen Tradition sucht in ihr selbst nach Spuren eines nach-metaphysischen Denkens und entwirft aus zwei Grundphänomenen des menschlichen Daseins, Eros und Thanatos, eine elementare anthropologische Zugangsweise zur Erfahrungsdimension von Welt. Über diesen anthropologisch-kosmologischen Ansatz des Denkens, über eine implizite genealogische Phänomenologie, gibt Fink dieser wieder den Charakter einer ‚Arbeitsphilosophie‘, die sich der Konstitutionsproblematik von Denken und Erfahrung aufs Neue stellt.

Nebojsa Grubor entwirft eine ‚hermeneutische Phänomenologie des Elementalen‘ über die spezifisch ästhetische Gegebenheit der Erfahrung in einem ‚Zwischenbereich‘ von Verstand und Sinnlichkeit, als der das Elementale ein anderes Denken des künstlerischen Schaffens, der Verständigung und schließlich des Bewahrens unserer Erfahrungen darstellt. Dabei macht er die Radikalität und Transversalität des Elementalen in seiner Tiefendimension und dynamischen Übergangsstruktur deutlich. Diese Tiefe und Dynamik zeigt sich für Grubor bis hinein in die erfahrbare Abgründigkeit des Selbst.

Das Elementale zeigt sich drittens von einer eminent praktischen Virulenz für den Umgang mit lebensweltlicher Erfahrung und ihrer Gestaltung einer gemeinsamen Lebenswelt. Ein anderer Blick, eine intensivierte Aufmerksamkeit auf das Verborgene und sich Entziehende unserer Erfahrungsmöglichkeit, auf Erfahrungen, die sich nicht auf eine kategorische Handhabbarkeit bringen lassen, stellen nicht nur die theoretische, sondern auch die praktische Subjektivität des Könnens in Frage.

Hier ergeben sich an der individuierenden Funktion des Elementalen Alternativen zu zentrierter Subjektivität und dem *solus ipse* des transzendentalphänomenologischen Selbst. Der asubjektive Erscheinungsgrund des Elementalen richtet an individuelle Grenzerfahrungen einen co-existenziellen Anspruch, Ein- und Ausgrenzungen in Frage zu stellen und gemeinsame Formen der Grenzüberschreitung und Gestaltung zu finden.

Diese Grenzbeschreitungen ereignen sich in pädagogischen wie in politischen Zusammenhängen dergestalt, dass die gemeinsame Formation der gegebenen Situation für eine coexistential entworfene Zukunft (Solidarität) nötig wird. Denn Elementalität im Zwischenraum der Menschen bedarf der subjektiven (bewussten) wie asubjektiven Gestaltung, um nach dem Ausfall eines total gegebenen Sinnverständnisses die Virulenz der Gegebenheiten – in all ihrem Werden, Vergehen und Entzug – zu einer humanen Ausgestaltung der praktischen Lebensmöglichkeiten zu gelangen. Das Maß der Humanität rührt dabei von der „Existenz auf der Schwelle" her und findet seine jeweilige Konkretisierung im Austarieren der Interessen, Bedürfnisse und nicht zuletzt Notwendigkeiten aller Beteiligten.

Annette Hilt untersucht die Lebenswelt nach utopischen Potenzialen der Erfahrung und des gemeinsamen Handelns, die an den Grenzen von Gemeinschaft und Verständigung, in der Disparatheit sozialer und kultureller Praxen, der Diachronie und Atopie unserer Coexistenz der Ausgrenzung fremder und der Zementierung ‚eigener' Identitäten Widerstand bieten. Über Finks Begriff des Ideals und Überlegungen zu einer narrativen Konstitution von Identität gewinnt das Elementale Bedeutung für eine Topologie einer geteilten Lebenswelt und darüber hinaus auch für diejenige des öffentlichen Raums.

Joseph Lawrence stellt angesichts der Krise des Nihilismus Überlegungen zur Rolle des Fundamentalismus als Kompensation des verschwundenen Sinns an und sucht in der Diskussion zwischen Heidegger, Welte und Fink nach einem theologischen Begriff des Elementalen, der die Verbindung zwischen dem Tod Gottes und der Bezogenheit des Menschen auf das Nichts fassbar werden lässt.

Anselm Böhmer folgt Nietzsches Diktum hinsichtlich einer „aufgesprengten Subjektivität", die sich nicht auf ihre internen Strukturen festlegen lässt, sondern sich in die Geflechte der Lebenswelt verwoben weiß. Daraus resultiert ein pädagogisch wie politisch zu gestaltender Prozess zwischenmenschlicher Bildung von Wissen, Können und Wollen (Pädagogik) sowie von Müssen, Dürfen und Haben (Politik). Als Ergebnis tauchen neue Aushandlungs- und Verständigungsprozesse am Horizont des *Humanums* auf, die ebensolche neue Pragmatiken der Umsetzung erfordern.

An den Rändern des Denkmöglichen

Insofern bietet die Frage nach dem Elementalen den Ansatz für eine Phänomenologie, die mit der Undurchdringlichkeit und dem Entzug in den Phänomenen operativ wie epistemologisch umzugehen sucht. Elementales als Wechselspiel von Werden und Vergehen eröffnet ein Verstehen von Sein, Mensch und Welt, das sich an den Rändern des dem Denken überhaupt noch Möglichen bewegt und durch diese Lateralität die Schwelle zum dingontologischen „Nichts" zwar nicht zu erfassen, jedoch aus der Distanz zu dem aller Terminologie Entzogenen zu beschreiben und in neue Diskurse zu übersetzen vermag.

Respekt als Ergebnis der Selbstverständigung des leibhaft-rationalen Menschen inmitten der Dinge, *Geduld* als Haltung eines affektiv involvierten Akteurs innerhalb des Spielraums des Erscheinens, *Entzug* als Verhinderung einer sprachlichen Wendung in das Elementale hinein, *Normalität* als von Elementalem unterfangener Bereich humaner Selbstverortung sowie die *offene Subjektivität* (in Anlehnung an Patočkas Begriff der „offenen Seele") im humanen Chiasma mit Welt und dem Binnenweltlichen machten deutlich, inwieweit eine Phänomenologie nach dem Ausgang aus der Substanzmetaphysik auf Fragen gestoßen wird, die nicht nur logische Plausibilitäten des philosophischen Genres tangieren, sondern das menschliche Zusammenleben *in toto* zur Frage erheben. Philosophie, Kunst, Politik und Pädagogik erweisen sich in diesem Zusammenhang als

Spielarten des einen Bemühens, nach dem Ausgang des Menschen aus der selbst-verschuldeten Unmündigkeit nun die unverschuldete Undurchsichtigkeit von Menschen und Dingen zur Sprache zu bringen und in alternativen Antwortbahn-nen anzugehen.

Diesem Bemühen sind die Beiträge des vorliegenden Bandes auf jeweils spe-zifische Weise verpflichtet.

Am Zustandekommen des vorliegenden Bandes waren viele beteiligt; ihnen allen sei unser Dank ausgesprochen. Zunächst sind die Kolleginnen und Kollegen zu nennen, aus deren Referaten und Diskussionen zum Thema die folgenden Bei-träge entstanden sind. Viele der vorliegenden Überlegungen hätten ohne diese gemeinsame Arbeit am Problem und ohne diesen Austausch außerhalb der all-täglichen akademischen Struktur- und Zeitzwänge wohl kaum in der vorliegen-den Weise entwickelt werden können.

Sodann hat Susanne Fink durch ihre großzügige Unterstützung sowohl das Treffen ermöglicht als auch die Drucklegung des Bandes nachhaltig gefördert. Franz-Anton Schwarz war ein wertvoller Ideengeber in der Phase der Vorberei-tung. Yvonne Bulander war in der grafischen Gestaltung des Covers eine wert-volle Partnerin und stellte uns dazu dankenswerter Weise ihre elementale Studie zur Verfügung.

Ihnen allen sei herzlich gedankt.

Freiburg, im Sommer 2007

Annette Hilt und Anselm Böhmer

Erfahrung des Entzugs der Erfahrung

Die Unüberblickbarkeit des Elementalen. Überlegungen im Anhalt an Aristoteles, Heidegger und Lévinas

Patrick Baur

Einleitung

In *De anima* stellt Aristoteles die Forderung auf, dass man die *aísthesis*, die Wahrnehmung also, zunächst von dem her bestimmt, worauf sie sich jeweils richtet. Das Wahrnehmen ist in einer gewissen Weise offen: Was das Wahrnehmen ist und wie es sich vollzieht, das bestimmt sich durch das jeweils Wahrgenommene oder Wahrzunehmende. Jede Weise des Wahrnehmens richtet sich auf eine ihr zugeordnete Dimension des Seienden, mit dem das Wahrnehmen zu tun hat: Das Hören geht auf Hörbares, das Tasten auf Betastbares usw. So auch der Blick: Er geht jeweils auf ein *horatón*, auf Sichtbares also.[1] Für Aristoteles heißt das vor allem, dass der Blick mit Farbe zu tun hat, mit *chrôma*;[2] aber man kann dieses Prinzip auch ausweiten und den Blick auf einer mehr inhaltlichen oder sachlichen Ebene von dem her bestimmen, was er sieht.

In diesem Sinn ist der Blick, der auf einen Gegenstand trifft, sicherlich verschieden von einem Blick auf das Elementale. Natürlich muss auch das Elementale in einem bestimmten Sinn *horatón*, d.h. sichtbar sein und Farbe haben; denn wenn es anders wäre, dann wäre ein Blick auf das Elementale gar nicht möglich. Doch ist das Elementale nicht im selben Sinn ein *ón* – ein Seiendes – wie jene Gegenstände, die wir normalerweise wahrnehmen: Es ist kein abgegrenztes Ding, das sich als solches in seinen Grenzen und auf diese Weise als ein Ganzes dem Blick darbietet.

Dieser Sachverhalt muss sich auf die Struktur des Blicks auswirken, der das Elementale sieht; er muss diesen Blick in einer Weise verändern, die für die Betrachtung des Elementalen nicht unwesentlich sein dürfte. Vielleicht ist das Elementale durch eine charakteristische Beziehung zum Blick bestimmt. Vielleicht lässt sich von einer Bestimmung dieser Beziehung her ein Verständnis des Elementalen entwickeln, das nicht-traditionelle Züge trägt – sofern man sagen kann, dass sich das traditionelle Denken der Philosophie auf die Festkörper konzentriert; auf Objekte mit umrissenen Konturen, die sich gedanklich besser in den

---

[1] Vgl. Aristoteles, *De anima* B 7, 418 a 26-418 b 2.

[2] So ist die Sinnlichkeit hier durch eine gewisse Ordnung bestimmt: Sie darf sich nicht verwirren, darf zum Beispiel nicht Synästhesie sein, in der das Hören eines Klangs zugleich die Wahrnehmung einer gewisse Farbigkeit evoziert. Diese Ordnung entsteht durch die Orientierung am intentionalen Gegenstand der jeweiligen Sinnlichkeitsweise: Das Sehen darf nur auf Sichtbares gehen, das Hören nur auf zu Hörendes usw. Hier ist freilich nicht der Ort, um dieses vielleicht allzusehr ordnende Denken einer ausführlicheren Kritik zu unterziehen.

Griff bekommen lassen als beispielsweise das Wasser oder andere ‚Medien' wie die Luft.[3]

Was macht den Unterschied aus zwischen dem Blick, der auf einen Gegenstand im engeren Sinn trifft, und einem Blick auf das Elementale? Ich möchte hier antworten: die Erfahrung einer Überblickbarkeit oder Unüberblickbarkeit. Das Elementale zeigt sich als etwas, das so überreich, so abundant vorliegt, dass es nicht überblickt werden kann. Ich möchte meine Überlegungen mit einer Interpretation der Massenhaftigkeit des Elementalen beginnen; denn mir scheint, dass sich die Abundanz, um die es mir geht, wesentlich in der Massivität des Elementalen manifestiert. Aristoteles wird in diesen Überlegungen dann eher kritisch in den Blick kommen.

I. Abundanz und Immanenz

Das Elementale tritt zunächst als etwas Massenhaftes auf. Diese Massenhaftigkeit besteht nicht nur in einer Materialität als solcher, sondern auch wesentlich darin, dass diese Materialität immer schon in einer unüberbietbaren Abundanz begegnet. Wer sich schon einmal auf offener See befunden hat, ist wohl mit einer Erfahrung des Wassers vertraut, in der die Materialität des Wassers als unüberschaubare und jede Form überfließende Menge in Erscheinung tritt. Mit der Erde, einem weiteren Element, verhält es sich in ähnlicher Weise: Zwar ist sie im Unterschied zum Wasser ohne Weiteres in einzelne, mehr oder weniger feste Stücke abteilbar; aber gerade diese Abteilbarkeit stellt einen permanenten Verweis auf die Herkunft der abgeteilten Stücke aus einer überreichen Grundmasse dar.

Diese Abundanz steht in einem spezifischen Verhältnis zum Blick, das man näher charakterisieren muss, wenn man das Elementale als solches besser verstehen will. Das zeigt sich in der Erfahrung mit den Elementen, die ich gerade erwähnt habe: Beide Male (und vielleicht immer dann, wenn es um das Elementare oder Elementale geht) handelt es sich hier eigentlich um ‚Phänomene', die sich nicht überblicken lassen – wenn Überblicken heißt: den Blick über die Oberfläche einer Sache führen, bis er die Grenze dieser Sache erreicht hat, und ihn dann über diese Grenze hinausgehen lassen zu einem Seienden, das jenseits von ihr liegt und nicht mehr zu dieser Sache gehört.

Das Überblicken oder Überschauen ist nur möglich, wenn es die Begrenztheit des Überblickten konstatieren kann. Es hält sich immer auf einer Grenze des Dinges, die für den Blick zugleich eine Schwelle darstellt, von der aus er zum Erblicken von etwas anderem und damit zugleich auch zu einem anderen Blick werden kann. Von dieser Grenze her blickt der Überschauende auf das Ding zurück und sichert so die Überschaubarkeit seines Gegenstandes. Da das Elementale in seiner Massenhaftigkeit aber noch nicht im abgegrenzten Charakter

---

[3] Vgl. dazu Guzzoni 2005, 11-13.

eines festen Dinges auftritt, wird es einem Blick, der sich auf es richtet, erschwert, wenn nicht verunmöglicht, sich in ein Überblicken zu verwandeln. Das Elementale ist in diesem Sinn das, was sich nicht einfach durch einen Blick transzendieren lässt. In der Gegenwart des Elementalen konstituiert sich eine gewisse Immanenz des Blicks.

Der Blick, der das Elementale als solches sieht, befindet sich also in einem gewissen Sinn innerhalb dessen, was er betrachtet. Er ist von dem umgeben oder getragen, was er sieht; so jedenfalls, dass er nicht einfach über das ihn Umgebende hinaus- oder hinweggehen kann. Die Überfülle oder Abundanz der Erde zum Beispiel manifestiert sich vor allem in der Erde als dem Boden, der den Ort, an dem ich mich befinde, ins Unabsehbare und Unüberblickbare hinein überschreitet. Die Unüberblickbarkeit der Erde macht den Blick immanent, indem er nicht ohne Weiteres über ihre Grenzen hinausblicken kann, sondern stets auf ihrem Boden sieht, was er sieht.[4]

Mit dem Blick ist aber gleichzeitig auch der Blickende selbst in diese Immanenz gestellt. In der Immanenz des Blicks, der nicht mehr transzendieren kann, erfährt sich der Blickende als eingetaucht in das Elementale – oder wenigstens in einer Beziehung zu ihm, die sich nicht ohne weiteres überschreiten lässt. Das Elementale ist etwas, das diesen spezifischen Blick umgibt: Es steht ihm nicht zusammen mit anderen Gegenständen gegenüber. In diesem Charakter des Umgebens bringt das Elementale die Immanenz des Blickenden hervor. Auf die Abundanz des Elementalen zu blicken heißt, sich selbst innerhalb dieser Abundanz zu erfahren, sich von ihr her zu erfahren – während ein Blick, der transzendiert, unmöglich ist ohne eine gewisse Distanzierung des Blickenden von dem, was erblickt wird.

Im Bezug auf das Elementale stehen also Abundanz, Immanenz und Nähe auf der einen Seite, Begrenztheit, Transzendenz und Distanz in einem eigentümlichen und gegensätzlichen Zusammenhang. Vielleicht lässt sich dieser Zusammenhang genauer beschreiben, wenn man den Blick, der auf ihn trifft, noch eingehender oder konkreter untersucht. Ich möchte diesen Blick hier nur in einer bestimmten Hinsicht betrachten: im Bezug auf das Panische, das sich in ihm manifestieren kann.

II. Der panische Blick und die ‚Form‘

Der transzendierende Blick hat ein sicheres Ziel: Er erfasst ein umgrenztes oder eingegrenztes Ding und stabilisiert sich an ihm. Der immanente, der ins Elementale ‚eingetauchte‘ Blick hingegen kann kein überblickendes Erfassen sein. Er ist weniger bestimmt, weniger gerichtet, ist in diesem Sinn anders ‚intentional‘[5]. Es

---

[4] Vgl. dazu Sallis 2002, pass.

[5] Diese Rede von Intentionalität könnte zum Ausgangspunkt einer Diskussion werden, in der man das, was hier *immanenter Blick* genannt wird, mit einem der Grundbegriffe der Phänomenologie Husserls vergleicht: dem Begriff der Intentionalität. Die Anführungszeichen, in

handelt sich hier um einen Blick, der auf das Ganze trifft – aber auf das Ganze nicht wie auf einen Gegenstand. Der ‚eingetauchte' Blick sieht innerhalb des Ganzen das Ganze, erblickt es von einer Position aus, die im Inneren dieses Ganzen liegt. Der immanente Blick ist in einem bestimmten oder allgemeinen Sinn immer ‚panisch', weil er in einem bestimmten Sinn das Ganze (*pân*) erblickt, ohne es zu transzendieren, das heißt, ohne sich durch die Beziehung zu einem umgrenzten Gegenstand zu stabilisieren.

Der Blick, der die Abundanz des Elementalen erfährt, irrt in dieser unüberschaubaren Fülle umher, ohne eine Grenze zu finden, über die er hinauskönnte. In dieser Grenzenlosigkeit erscheint das Elementale bedrängend, weil es sich in einer unüberwindlichen Nähe zum Blickenden zeigt. Der immanente Blick ist etwas, auf das die Fülle des Elementalen einstürzt: plötzlich und, wenn man so will, unsichtbar: nicht konkret sichtbar wie ein abgegrenzter Gegenstand, sondern von überallher und doch aus keiner bestimmten Richtung kommend. Daher ist der Blick, der das erfährt, auf eine konkretere Weise panisch, denn er ist nicht nur ein Erblicken des Ganzen von innerhalb, sondern in panischer Stimmung: Wie der Gott Pan unvermittelt und undeutbar erschreckend auftritt und die Menschen mit seiner Anwesenheit befällt, so kann auch das Elementale in seiner Überfülle als bedrängende Nähe begegnen.

Mir scheint, dass man dieses Phänomen gut beschreiben kann, indem man nicht nur von der ‚Intentionalität' des Blicks spricht, sondern auch dem Elementalen selbst in einem bestimmten Sinn etwas Intentionales zuschreibt. In der panischen Erfahrung zeigt sich, wenn man so will, eine gewisse Intentionalität des Elementalen, sofern es sich auf mich richtet, auf mich einstürzt: Das Selbst wird hier fast zum Gegenstand eines Sich-richtens, einer Gespanntheit (*tensio*), die auf es abzielt und es auf diese Weise ‚meint'. Das Elementale ist in diesem Sinn wie eine Überfülle, die sich scheinbar auf das Selbst zuspitzt.[6] Doch zugleich ist diese besondere ‚Intentionalität' des Elementalen isotrop: Sie geht nicht von einem bestimmten Punkt aus, besitzt keinen Ausgangspunkt oder ‚Ursprung'. Die Überfülle, aus der sie entsteht, macht einen solchen Punkt, oder wenigstens seine Bestimmung, unmöglich.[7] Das Elementale ist in diesem Sinn kein ‚Gegenüber'.

---

denen das Adjektiv *intentional* steht, haben ihren Grund darin, dass hier eine solche Auseinandersetzung nicht beabsichtigt ist. Doch kann man in aller Kürze sagen, dass von Husserls Standpunkt aus wohl auch der Blick auf das Elementale ein im vollen Sinn intentionaler Blick wäre: Erblicken-von-etwas, auch wenn dieses ‚Etwas' nicht so abgegrenzt ist wie ein Gegenstand im engeren Sinn.

[6] Weiter unten wird noch in einem weiteren Sinn von dieser Zuspitzung die Rede sein.

[7] Der ‚Intentionalität' des Elementalen fehlen also mehrere wesentliche Merkmale, die einer Intentionalität im husserlschen Sinn zugesprochen werden muss. Weder ist sie Bewusstsein, noch ein nicht-amorphes, konkretes Seiendes, das sich vollzugshaft in seine eigene Intentionalität hinein öffnet und auf seine Gegenstände in sinnkonstituierenden Akten bezogen ist. Nicht jedes Phänomen einer Richtungshaftigkeit kann ‚Intentionalität' genannt werden; dennoch halte ich es für sinnvoll, hier den Begriff der Intentionalität zu verwenden.

Bis zu einem gewissen Grad erfährt sich der Mensch im panischen Blick selbst als intentionaler Gegenstand des Elementalen. Ich sage ‚bis zu einem gewissen Grad‘, weil diese Intentionalität des Elementalen gleichzeitig als eine Art Gleichgültigkeit erfahren wird: Sie ist nicht Teilnahme am Sein des Menschen, verhält sich zu ihm nicht wie ein anderes intentionales Bewusstsein, das sich auf ihn richtet. Es gibt eine gewisse ‚Ignoranz‘ des Elementalen dem Menschen gegenüber, die sich sowohl dann einstellt, wenn das Elementale unbeweglich ruht (die ruhige See zum Beispiel) und sich nicht um uns zu kümmern scheint, als auch dann, wenn sie uns in irgendeiner Weise bedroht (das Meer im Sturm), ja verschlingen kann.

Diese beiden Momente des Elementalen gehen, so kann man sagen, im Grunde ineinander auf, durchdringen einander: Das Elementale kann als ein ruhiges ‚Vor-sich-hinsein‘ oder ‚Auf-sich-Beruhen‘ beschrieben werden, das gerade in dieser Ruhe oder als diese Ruhe auf mich einstürzt. Es ist immer ‚ruhig‘, weil es nicht durch eine Bewegung der Teilnahme am menschlichen Sein charakterisiert ist; und es kann immer ein Auf-mich-Einstürzen sein, sofern es gerade in dieser Ungerührtheit wie eine Bedrohung auf mich zukommen kann.

Von dieser ‚Intentionalität‘ des Elementalen möchte ich wieder zu dem Blick zurückkommen, auf den sie trifft. In einem gewissen Sinn ist der panische Blick ein Blick ohne Gegenstand – ein Blick, der nicht an einem Objekt stabilisiert wird, sondern sich immer weiter und immer wieder vollzieht, ohne je zu etwas Bestimmtem finden zu können. Insofern ist der panische Blick mehr ein Blick auf der Suche nach seiner eigenen Intentionalität, als dass er im vollen Sinn intentional ist: gerichtet auf etwas Bestimmtes, das sich als endliche Gegenständlichkeit mehr oder weniger ganz in diesen Blick hineinstellt. Die Erfahrung des Elementalen entspricht nicht dem Typ jener Erfahrungen, bei denen etwas in die Sinnlichkeit, in das Denken, in den Weltbezug des Menschen hineingestellt ist; es geht hier vielmehr um diese umgekehrte Erfahrung, dass der Weltbezug selbst in etwas anderes hineingestellt ist, das alle Gegenständlichkeit im strengen Sinn überschreitet. Dadurch wird der Blick panisch – es gibt nichts, an dem er sich beruhigen könnte; er wird hektischer, unsicherer, haltloser.[8]

Das Panische manifestiert sich also nicht nur in einer Abundanz des Elementalen, die dem Blick begegnet und ihn von allen Objekten abdrängt; es bringt auch eine Abundanz des Blicks oder des Blickens selbst hervor: Der panische Blick ist ein unaufhörliches und endloses Umherschweifen, das sich zunächst nicht überschreiten lässt auf eine Beruhigung hin. Die Abundanz des Elementalen wiederholt sich in der Abundanz des panischen Blicks, der das Elementale erfährt und sich nicht in ein Überblicken verwandeln kann.

Das Panische ist etwas, das zu einer Unaufhörlichkeit des Blickens zwingt: Man sucht nach einem Ausweg, aber man findet nichts, man sucht nach einer

---

[8] Obwohl das Wort *héxis* eigentlich ‚Haltung, Zustand‘ bedeutet und sich von dem Verb *échein* ableitet (haben, halten), entsteht das Hektische eigentlich gerade daraus, dass ein solcher Halt fehlt. Es bezeichnet eher das Sichaufhalten oder Sichhalten innerhalb einer solchen Unruhe: zum Zustand gewordene Sprunghaftigkeit.

Grenze, die sich aber nicht einstellen will, und doch ist es in den Augenblicken der Panik nicht möglich, diese Suche aufzugeben und nicht mehr auf diese Weise umherzublicken. In der Panik manifestiert sich also eine besondere Gebundenheit des Menschen an das Blicken. Auf eine besondere Weise ist sie ein Zu-Blicken-Haben; Panik ist – um zwei Begriffe von Heidegger in verändertem Sinn zu gebrauchen – Geworfenheit in den Blick, Faktizität des Blickens. Die Immanenz des Blicks, von der eben die Rede war, besitzt daher einen doppelten Sinn: zum einen ist der panische Blick immanent in etwas unüberblickbar Größerem; zum anderen ist er aber auch selbst nicht transzendierbar – beispielsweise in Richtung einer ordnenden oder beruhigenden Vorstellung oder auf einen nicht-sinnlichen Begriff hin. In diesem zweiten Sinn ist die Immanenz des Blicks die Immanenz des Existierens im Blicken.

Das Existenzielle am Elementaren liegt darin, dass es den Menschen auf Seinsvollzüge wie diesen zurückwirft, indem es die Beziehung zum abgegrenzten, innerweltlichen Seienden verwehrt. Das Elementale fügt sich nicht der heideggerschen Unterscheidung in Dasein und innerweltliches Seiendes; es ist weder das eine noch das andere. Mit dem Elementalen kommt das eigene Sein auf den Menschen zu, doch ohne dass beide, Elementales und Sein, ein und dasselbe wären.

Die Panik angesichts des Elementalen entspricht der Angst vor dem eigenen Sein, die ineins Angst um dieses Sein ist. In gewisser Weise ähnelt das In-der-Welt-sein selbst bei Heidegger dem Elementalen: Es ist etwas, *in* dem man ist und das von überallher auf einen zukommt. In der Panik angesichts des Elementalen wohnt die Angst vor der Finalität des eigenen Seins; das Entsetzliche an der Abundanz ist die Erfahrung einer Gebundenheit an die eigenen Grenzen – die Erfahrung, dass man im Grenzenlosen und als ein Grenzenloses nicht existieren kann.

Dieser Panik steht die Tendenz gegenüber, dem Elementalen eine Grenze zu setzen, ihm Überschaubarkeit zu verleihen und damit die panische Erfahrung zu verringern oder einzuschränken. Hier kommt das produktive Handeln ins Spiel. Emmanuel Lévinas hat in *Totalität und Unendlichkeit* sehr eindrücklich auf den Unterschied hingewiesen, der zwischen dem Elementalen und dem Dinglichen besteht:

> „Die Dinge beziehen sich auf den Besitz, können fortgetragen werden, sind *Mobilien*; das Milieu, aus dem die Dinge mir zukommen, ist herrenlos, gemeinsamer Grund oder Boden, nicht-besitzbar, wesentlich ‚niemandem' gehörig: die Erde, das Meer, das Licht [...]. Alle Beziehung oder aller Besitz finden statt inmitten des Nicht-Besitzbaren, das umfaßt oder enthält, ohne enthalten oder umfaßt werden zu können. Wir nennen es das Elementale." (Lévinas 1987, 185.)

Diese Bestimmung des Elementalen als Milieu bedeutet zunächst: Das Elementale ist nicht Teil, aus dem etwas Größeres zusammengesetzt ist; vielmehr ist das Elementale selbst etwas unabsehbar Größeres, in dem etwas ist, sich hervorhebt oder sich abzeichnet. Element im Sinne des Elementalen ist nicht Bestandteil;

Element ist ein endloser Raum, ein Medium oder Milieu, in dem ich, wie Lévinas sagt, bade (ebd. 185 f.). In diesem Sinn ist das Element oder das Elementale ohne Form. Das Ding entsteht erst aus einer Ab-Teilung oder Abgrenzung, die man innerhalb des Elementalen vornimmt.

In der Beschreibung des Dinges, die Lévinas hier vorlegt, treten bei genauerer Betrachtung zweierlei Arten der Bewegung auf. Zum einen ist das die Mobilität des Dinges, das von einem umgrenzten Ort an einen anderen bewegt werden kann – zum Beispiel in das Haus, von dem Lévinas spricht. Dort kann das Ding zur Gabe werden, die ich dem Anderen zukommen lasse.

Aber Lévinas greift auf das Phänomen der Bewegung auch noch in einer anderen Weise zurück, die an Husserls Beschreibung der Kinästhesen denken lässt. Auch was Lévinas in dieser Hinsicht sagt, wird wiederum ein Kriterium für die Abgrenzung des Dinges vom Element. Das Element „hat nur eine Ansicht: die Fläche des Meeres und des Feldes, der Windstoß; das Milieu, in dem diese Ansicht sich abzeichnet, setzt sich nicht aus Dingen zusammen." (Ebd. 185.) In einem wörtlichen Sinn handelt es sich hier um eine *Einseitigkeit* des Elements, in der es undurchdringlich wird. Das Elementale ist immer Oberfläche oder Begegnung; die Tiefe, die Lévinas ihm zuschreibt, hat einen anderen Sinn.

Wie um diese Sätze von Lévinas zu kommentieren, schreibt John Sallis in seinem Aufsatz „Die elementare Erde":

> „Die Seite, die ein Element darbietet, ist nicht eine Abschattung eines Dinges, und die Tiefe des Elementaren birgt keinen Reichtum an anderen Abschattungen in sich, die verschiedenen Perspektiven dargeboten werden können. Die Oberfläche der Erde ist nicht einfach eine Abschattung unter anderen, welche die Erde darbieten könnte; sie ist in einem gewissen Sinne die einzige Seite, die von Versuchen, zum Beispiel durch Ausgrabungen, andere Seiten zu öffnen, nur abermals dargeboten würde." (Sallis 2002, 28.)

Das Ding hingegen ist von dieser Einseitigkeit unterschieden, und zwar dadurch, dass es eine Bewegung erlaubt, die ganz um es herumführt. „Gewiß", so schreibt Lévinas, „auch das Ding bietet nicht mehr als eine einzige Seite; aber wir können um es herumgehen, und die Rückseite ist so gut wie die Vorderseite." (Lévinas 1987, 185.)

Die Abgrenzung des Dinges aus der Abundanz des Elementalen erschafft also nicht nur eine Mobilität des Dinges; sie bringt auch eine bestimmte Mobilität dessen hervor, der in dieser Weise abgrenzt. Die Grenze des Dinges ist eine, um die man herumgehen kann. Sie hat selbst verschiedene Seiten – nicht nur Vorder- und Rückseite, sondern auch ein Diesseits und ein Jenseits, ein Innen und ein Außen.

Die Abgrenzung des Dinges verändert so den Raum, indem sie Seiten schafft und Gegenden, zu denen man sich bewegen kann. Sie ordnet den Raum in Dinge und Aspekte. Der panische Blick ist ein Umherirren, das keinen Ausweg findet, keinen anderen Ort, weil der Raum, in dem dieser Blick sich vollzieht, selbst abundant und amorph zu sein scheint. Der Blick in einem Raum der

Dinge hingegen ist nicht so gebannt. Er schafft bereits Möglichkeiten der Bewegung, Räume, in denen es nicht einerlei ist, wohin ich sehe und gehe.

Lévinas behauptet zwar eine Gleichrangigkeit von Vorder- und Rückseite; aber diese Gleichrangigkeit zeigt gerade an, dass es in meinem Belieben liegt, wohin ich im Raum der Dinge gehe, das heißt, dass ich die Unterschiede selbst setzen kann. Der nicht-panische Blick, der Blick als ein Überblickenkönnen streift über Seiten und Grenzen und wählt selbst, worauf er sich richtet – er ist in diesem doppelten Sinn intentional: auf etwas Bestimmtes gerichtet und durch eine Absicht gelenkt.

Wer das Elementale zu einem Ding, einem Gegenstand oder Objekt formt, setzt dem Elementalen also in mehrfacher Hinsicht eine räumliche Grenze: Einerseits ist diese Grenze räumlich, insofern die Produktion dem Elementalen eine begrenzte sterische Gestalt verleiht, es auf diese Weise von anderem Seienden unterscheidbar macht und es in eine Überschaubarkeit bringt; andererseits ist sie räumlich, indem sie selbst, wenigstens in der Phantasie, vollständig umgehbar ist. Dinge lassen sich in einem doppelten Sinn umgehen: Man kann sie umrunden, aber man ihnen auch ausweichen. Dadurch entsteht für das Selbst die Möglichkeit einer Bewegung, die in sich selbst Eingrenzung des Elementalen ist.

Drittens aber liegt die Begrenztheit, die hier wirksam wird, darin, dass die Produktion dem Elementalen ein *télos* setzt: eine endlich-zielhafte Begrenztheit, einen Zweck. Dem panischen Blick, der dem Elementalen als solchem begegnet, ist die Tendenz zur zweckgerichteten Formung entgegengesetzt. Das produktive Tun vollzieht sich auch in der Abgrenzung von einer Panik angesichts des Elementalen.

Für Aristoteles stellt sich die Problematik des Elementalen in gewisser Weise als die Frage nach dem sinnlich-konkreten Einzelding im Verhältnis zu seinem Stoff, seiner *hýle* dar. Er versucht, die Problematik des Elementalen mit dem Begriff des *télos*, aber auch demjenigen des *eîdos* zu lösen. Als Grundwirklichkeit wird das sinnlich-konkrete Einzelding angesetzt: das eingegrenzte und zuerst als vollendetes begegnende Seiende, dessen *hýle* sich vom *eîdos* her zeigt. Dieses *eîdos* ist, wie Heideggers frühe Aristoteles-Interpretation hervorhebt,[9] nicht einfach ‚Form'. Es ist vielmehr der spezifische „Anblick", den ein Seiendes bietet; *eîdos* ist das, was die Phänomenalität dieses Seienden ausmacht.

Doch zugleich sichert das *eîdos* auch die Überblickbarkeit dieses Seienden, indem es dem Hyletischen eine gewisse Abgegrenztheit auferlegt. Das Seiende darf nicht primär auf eine unüberschaubare Abundanz verweisen, es muss in seiner *hýle* geordnet und abgrenzbar sein. Anders gesagt: Die Abundanz des Stofflichen soll sich erst von der Grenzhaftigkeit und Überblickbarkeit der „Form" und in ihr zeigen.

---

[9] Vgl. z. B. Heidegger 1994b, 90. Diese Interpretation des *eîdos* als ‚Aussehen', ‚Anblick' oder ‚Sichausnehmen' entwickelt Heidegger jedoch bereits früher: in den *Phänomenologischen Interpretationen zu Aristoteles* bzw. in dem Text „Anzeige der hermeneutischen Situation" – jetzt in Heidegger 2005, Anhang III, 343-419.

Aristoteles – und nicht nur er – distanziert sich von der Idee des *ápeiron*;[10] das Unbegrenzte oder Grenzenlose gilt ihm nicht als das ursprüngliche Phänomen. Das Formen, auf das Aristoteles vertraut, stellt in dieser Hinsicht nicht so sehr einen Akt der Auslegung dar, des Mitpräsentierens der *hýle* – eher ist es Veränderung, Eingrenzung, Bändigung, Modifikation. Die ‚Form‘ oder Gestalt ist nicht so sehr ein hermeneutischer oder gar phänomenologischer Zugang zum Hyletischen; sie ist in gewisser Weise eher eine Verstellung des Elementalen, die auf die panische Erfahrung reagiert und sie zu kompensieren versucht.

III. Phänomenologie und Finalität

Ist nicht auch die Phänomenologie durch einen solchen Bezug auf die Endlichkeit geprägt? Die Phänomenologie ist das philosophische Unternehmen einer Endlichkeit, das immer wieder zu einer Bekräftigung dieser Endlichkeit gelangt: Vor allem das Denken Heideggers hat das gezeigt. In *Sein und Zeit* konzipiert Heidegger die Phänomenologie als Tätigkeit eines Wesens, das wesentlich durch das Sein-zum-Tode bestimmt ist und sich ausdrücklich als solches verstehen soll; und im Spätwerk strebt er nach einem Denken, das von Menschen vollzogen wird, die sich als Sterbliche verstehen und annehmen. Zwar tritt dort das Denken nur noch selten unter dem Titel *Phänomenologie* auf; doch bleibt es auch im Spätwerk der Versuch, etwas zu zeigen, etwas sehen zu lassen, und das zu denken, was sich von sich her zeigt.

Die Phänomenologie als ein denkerisches Zeigen bleibt in diesem Sinn an die Endlichkeit oder Begrenztheit der menschlichen Existenz gebunden. Und zwar nicht in einem privativen Sinn: Die Bindung an die Finalität des Existierens ist für Heidegger nicht wie etwas zu verstehen, das der Phänomenologie weiter gehende Erkenntnismöglichkeiten verwehren würde. Vielmehr konstituiert sich in dieser Endlichkeit erst die Möglichkeit des phänomenologischen Denkens, wie Heidegger es versteht: So etwas wie ein Phänomen kann sich für Heidegger nur für eine endliche Existenz manifestieren. Das liegt daran, dass Heidegger die Welt als den Bereich denkt, in dem das Phänomenale begegnet – und die Sterblichkeit als ein Immanentsein in dieser Welt, als, wenn man so will, die Weltlichkeit des Menschen.

In dieser Weltlichkeit jedoch erweist sich nicht nur der Mensch als endlich oder final. Auch das Phänomen als solches ist etwas, das stets von einer Grenze her sichtbar wird – von der Grenze der Existenz des Blickenden her, aber auch von der Kontur her, die dem jeweiligen Phänomen selbst zu eigen ist. Heidegger bestimmt das Wesen als Anwesen und die Grenze als Wesensbeginn.[11] Das Anwesen, das Sichzeigen einer Sache als Phänomen beginnt von einer Grenze her. Heidegger opponiert vehement gegen die Idee der Unendlichkeit; er spricht von

---

[10] Vgl. Aristoteles: *Physik*, Θ 5, 256 a 29.
[11] Vgl. Heidegger 2000, 156: „Die Grenze ist nicht das, wobei etwas aufhört, sondern, wie die Griechen es erkannten, die Grenze ist jenes, von woher etwas *sein Wesen beginnt*.“

„dem, was man formalistisch als die Unendlichkeit und den unendlichen Reichtum, die Unausschöpfbarkeit, das nie zu Meisternde, das Immer-mehr-Leben und Mehr-als-Leben charakterisiert hat"[12], und bezeichnet diese Unendlichkeit als „die Maske, die das faktische Leben sich selbst faktisch, d. h. seiner Welt aufsetzt und sich vorhält"[13], wenn es sich seiner eigenen Endlichkeit nicht stellen will. „Mit dieser Unendlichkeit blendet sich das Leben selbst, sticht sich die Augen aus."[14] Der Blick, der Phänomene sehen soll, ist in diesem Sinn also nur in der Endlichkeit möglich – und nur dann, wenn sich ihm Endliches zeigt.

Heidegger liest das Denken des Aristoteles als eine Art Phänomenologie *avant la lettre*; und in seinem Frühwerk legt er eine Deutung vor, die die Grundbegriffe dieses Denkens wesentlich von einem Gedanken des *péras* und des *télos* her entwickelt. Auf diese Weise verbindet sich der Gedanke der Grenze oder der Endlichkeit mit der Konstitution des phänomenologischen Denkens, nach dem Heidegger im Frühwerk sucht.

Das griechische Denken ist in der Tat von einem solchen Gedanken bestimmt: Bereits Pindar deutet die Erfahrung an, dass die Grenzhaftigkeit des Seienden jenes *télos* durchscheinen lässt, in dem sich erst das Seiende vollendet und als solches phänomenal gegenwärtig sein kann: *en de peîra télos diaphaínetai* (Nem. III, 70). Das *phainómenon* ist an ein *télos* oder *péras* gebunden, an ein Moment der Endlichkeit also. In einem gewissen Sinn kann man sagen, dass Heidegger diese griechischen Ursprünge fortschreibt; denn auch er denkt, wo er phänomenologisch denken will, von der „Seinsgrenze"[15] her, von der Endlichkeit oder der Finalität des Seins.

Lévinas hingegen ist ein Denker, der durchaus von der Unendlichkeit ausgeht; nur ist die Unendlichkeit bei Lévinas nicht diejenige des Elementalen, sondern sie liegt in dem unendlichen ethischen Anspruch, den der Andere in seiner Ohnmacht an mich erhebt. Darum ist für Lévinas die Transformation des Elementalen in das Ding keine Verstellung, sondern in letzter Konsequenz gerechtfertigt, indem das Ding zur Gabe werden kann, die dem Anderen übergeben wird.

Vielleicht kann man sagen, dass bei Lévinas die Abundanz des Elementalen durch die Abundanz des Ethischen gerechtfertigt und bewahrt wird: durch die Unendlichkeit des ethischen Anspruchs, den der Andere in seiner Ohnmacht durch sein Antlitz an mich erhebt. Man sieht hier, wie ein Denken, das sich für die Unendlichkeit entscheidet, in Bezug auf das Elementale andere Möglichkeiten hat und zugleich den Charakter des Phänomenologischen ablegt zugunsten des Ethischen.

---

[12] Heidegger 1994c, 107. Heidegger bezieht sich in dieser Passage auf die *Nikomachische Ethik* des Aristoteles (B 5, 1106 b 28 ff.).

[13] Heidegger 1994c, 107 f.

[14] Ebd. 108.

[15] Vgl. die Bedeutung des *horismós* in Heidegger 1994a, 24 und insbesondere 297, sowie Heidegger 2002, § 8 pass.

Ich möchte hier nicht von diesem ethischen Aspekt ausgehen, den Lévinas betont; mir ist nur wichtig, darauf hinzuweisen, dass es eine bestimmte Konstellation von Themen gibt: Über das ‚Phänomen' der Abundanz stehen Endlichkeit und Unendlichkeit in einer Beziehung zum Elementalen und zu dem Menschen, der das Elementale in seiner Abundanz erfährt – aber damit zugleich in einer Beziehung zu der Frage, auf welche Weise man das Elementale als solches oder als ‚Phänomen' thematisieren oder denken kann.

In Bezug auf das Elementale stößt man also auf die ontologische Frage nach dem, was das Erste ist: die Abundanz des Elementalen oder die Form. Ist die Abundanz eher privativ zu begreifen, das heißt, tritt sie erst durch eine Privation der Form auf? Dann wäre, ontologisch gesehen, die Form das Erste, und alles träte zuerst als ein schon Geformtes und Abgegrenztes auf. Oder ist die Abundanz das próteron, das Erste? Dann wäre die Form in der Tat eher eine Verstellung der Abundanz, und am Anfang stünde das, was Ovid in seinen Metamorphosen schildert: „rudis indigestaque moles, / nec quicquam nisi pondus iners congestaque eodem / non bene iunctarum discordia semina rerum." (Ovid 1980, 6[16].)

Je nachdem, wie man diese Frage beantwortet, entscheidet sich auch der Rang, den man der Phänomenologie zusprechen muss. Ist das Erste der „Anblick", das „Aussehen", das *eîdos*, das für Heidegger – jedenfalls im Frühwerk – mit dem *phainómenon* praktisch in eins fällt?[17] Oder begegnet die Welt als erstes in der Abundanz des Elementalen? Ist das Elementale in diesem Sinn also früher als das ‚Phänomenale', oder manifestiert es sich als solches erst in der umgrenzten Gestalt eines „Aussehens", wie Heidegger sagt?

„Dasein ist Begrenztsein", heißt es in Heideggers früher Aristoteles-Vorlesung vom Sommersemester 1924 (Heidegger 2002, 72).[18] Damit meint Heidegger nicht nur das Dasein des Menschen oder den Menschen als Dasein, wie in *Sein und Zeit*; Dasein ist hier noch als ein Charakter des Seins überhaupt gedacht – als Anwesendsein, Phänomensein. Und dieses Phänomensein ereignet sich für Heidegger innerhalb einer Grenze.

Das eigentliche Problem, das alle diese Fragen implizieren, ist also das Problem der Grenzhaftigkeit: Zeigt sich etwas erst dann *als solches*, wenn es sich in-

---

[16] I, 7 ff. In der Übersetzung von Erich Rösch: „[...] eine rohe, gestaltlose Masse, / nichts als träges Gewicht und, uneins untereinander, / Keime der Dinge, zusammengehäuft in wirrem Gemenge." (Ovid 1980, 7.)

[17] Vgl. Heidegger 1994a, 12 f.

[18] Es lohnt sich, diese Stelle im Zusammenhang zu betrachten: „Πέρας [*péras*, Grenze also] bestimmt das Dasein des Besorgten. [...] Der Vollzug des Besorgens ist nur möglich dadurch, daß das, was besorgt wird, da ist, daß das Besorgen nicht ins Leere greift, daß das Besorgen den Charakter des πέρας hat. Nur dadurch ist es möglich, daß überhaupt ein Besorgen zu seinem Sein kommt. In dem Sinne von Sein ist das im vorhinein gemeint: Dasein ist Begrenztsein." (Ebd.) Das Ins-Leere-Greifen, das im praktisch-alltäglichen Leben zu vermeiden ist, stellt in der Beziehung zum Elementalen die Regel dar: Nicht ins Leere zu greifen, das heißt im Alltäglichen vor allem, mit begrenzten Gegenständen befasst zu sein und sie mehr oder minder im Griff haben.

nerhalb von Grenzen zeigt, oder anders gesagt: Kann sich etwas erst als es selbst zeigen, sofern es in eine Beziehung zur Grenzhaftigkeit oder Finalität tritt? Ich denke, das ist nicht der Fall, wenigstens nicht in Bezug auf das Elementale; und ich denke, dass der Blick auf das Elementale, den ich hier zu beschreiben versucht habe, zumindest diesen letzteren Punkt aufzeigt.

IV. Die Grenzhaftigkeit

Meine bisherigen Überlegungen hatten das Ziel, den panischen Blick zu interpretieren, um aus dieser Interpretation besser erklären zu können, wie die beiden Triaden miteinander zusammenhängen, die sich in Bezug auf das Elementale ergeben: Abundanz, Immanenz und Nähe einerseits und andererseits Begrenztheit, Transzendenz und Distanz. Ich habe zu zeigen versucht, dass der panische Blick die Erfahrung eines Eingetauchtseins in die Abundanz des Elementalen impliziert – dass er also ein Moment der Immanenz in der Massenhaftigkeit und auch der Nähe dieser Massenhaftigkeit mit sich bringt.

Der transzendierende oder überschreitende Blick dagegen verbindet sich mit der zweiten Trias: Er trifft auf Dinge, die aus der Massivität des Elementalen abgegrenzt wurden, und transzendiert sie. Auf diese Weise schafft er eine gewisse Distanz zwischen dem Selbst und dem in Dinge integrierten Elementalen. Beide Male handelt es sich in einem gewissen Sinn um einen Umgang mit dem Elementalen; nur dass der panische Blick das Elementale als solches erfährt, während das Überblicken bereits eine Transformation – oder besser: eine Formierung und Eingrenzung des Elementalen voraussetzt.

Das heißt, das Elementale verlangt nach einer Phänomenologie, die sich nicht am Paradigma der Grenze orientiert – denn es weist auf eine Phänomenalität hin, die sich dem Gedanken der Finalität und der Grenzhaftigkeit auf eine spezifische Weise entzieht. Das Elementale als solches wird nur sichtbar – nur Phänomen, wenn man so will –, wenn es sich nicht einem Blick zeigt, der eine Grenze überschreitet.

Wenn eine Phänomenologie ohne Bezug auf die Finalität unmöglich ist, kann dann die Phänomenologie das Elementale überhaupt als solches beschreiben? Oder anders gesagt: Wenn sich die Phänomenologie mit dem Elementalen konfrontiert, muss sie sich dann nicht gleichzeitig der Frage stellen, wie sehr sie mit einem Gedanken der Grenze in Verbindung steht und wie sehr ihr diese Verbindung einen Zugang zum Elementalen verwehrt oder ermöglicht?

Es ist sehr schwierig zu sagen, wie eine Phänomenologie der Grenzenlosigkeit aussehen müsste; die Gründe dafür liegen – ich habe das hier zu zeigen versucht – in der inneren Verfassung der Phänomenologie selbst, jedenfalls in ihrer heideggerschen Variante. Doch kann man wenigstens auf drei Problemkreise hinweisen, denen sich eine solche Phänomenologie widmen müsste.

1. Der Begriff der Welt. Vielleicht kann man sagen, dass die Welt im Ganzen etwas ist, das innerhalb einer Grenze liegt. Aber dann ist diese Grenze nicht von der Art jener Grenzen, die hier besprochen wurden. Die Grenze der Welt ist nicht überblickbar wie die Grenzen des innerweltlichen Seienden. Sie ist keine Grenze, die Kinästhesen erlaubt: keine Grenze, um die man herumgehen oder die man umgehen kann. Wenigstens in diesem beschränkten Sinn ist die Grenze der Welt – wenn man zugibt, dass sie existiert – selbst etwas Elementales: Grenze im Übermaß, unüberblickbar, unüberschreitbar. Vielleicht müsste eine Phänomenologie des Elementalen dieses Phänomen besonders in den Blick nehmen; denn in ihm überschneiden sich genau jene beiden Themen, die hier zum Problem geworden sind – das Phänomen der Grenze und das Phänomen der Abundanz oder Grenzenlosigkeit, das sich vor allem im Elementalen findet.

2. Die Luft. Hinsichtlich der Überlegungen, die hier bisher angestellt wurden, kommt der Luft eine besondere Rolle zu. Kann die Luft überhaupt ‚unüberblickbar‘ sein? Unüberblickbarkeit ist eine privative Bestimmung; sie kann nur solchen Sachen oder Sachverhalten zukommen, die sich zumindest erblicken lassen – im Unterschied zu allen übrigen Elementen ist das bei der Luft aber nicht der Fall. Dieses Element ist, so scheint es, weder erblickbar noch unüberblickbar. Auf der anderen Seite steht die Luft aber gerade dadurch in einer besonderen Beziehung zum Blick. Wenn die Luft sichtbar wäre, so würde man nichts anderes mehr sehen als sie; die Luft ist das Element, das uns vielleicht am abundantesten umgibt. Das Atmen ist die Erfahrung dieser Abundanz und der Nähe des Elementalen – sofern es sich ungehemmt vollziehen kann. Es ist daher nicht unmöglich, dass die Luft jenes Element darstellt, das einen ausgezeichneten Bezug zum Elementalen ermöglicht.

3. Das Selbst und seine Individualität. Inwiefern stellt sich in der Beziehung zum Elementalen eine Aufhebung und inwiefern gerade eine Konstitution dessen ein, was man das Selbst nennt? An dieser Stelle wird unter anderem der Begriff des Fleisches wichtig: Ist das Fleisch, das mich zu individuieren scheint, immer schon das meine, oder gehört es zunächst in eine unüberblickbare Fülle des Elementalen hinein, bevor es in jene überschaubare Form oder Grenze gelangt, die man Ich oder Selbst nennt? Muss man die Genese des Selbst als eine Form der Produktion verstehen, hinter der immer wieder die panische Fülle des Elementalen aufscheint? Darf man die ‚Form‘ eines Selbst überhaupt als etwas ansetzen, das sich legitimerweise so überblicken lässt wie ein Ding? Und wie schließlich ist das Verhältnis beschaffen, in dem das Individuum oder das Selbst zur Grenze, aber auch zur Grenzenlosigkeit oder Abundanz des Elementalen steht?

Auf einer allgemeineren Ebene weisen alle diese Fragen auf den Begriff der Immanenz hin. Wenn man sagen muss, dass der Blick (und mit ihm der Blickende) in einem bestimmten Sinn immanent ist, immanent im Elementalen nämlich, dann stellt sich die Frage, wie sich so etwas wie *Selbst* noch denken lässt – wenigstens innerhalb der Erfahrung dieser Immanenz.

Ich habe hier das Verhältnis zum Elementalen vor allem vom panischen Blick her betrachtet, von einer Erfahrung der Angst gegenüber einer Überfülle, die den Raumcharakter des Isotropen besitzt. Heideggers Beschreibung der Angst betont ein ähnliches Moment der Isotropie des Bedrohlichen. Die Angst „sieht"', so schreibt Heidegger in *Sein und Zeit*,

> „[...] nicht ein bestimmtes ‚Hier' und ‚Dort', aus dem her sich das Bedroh-liche nähert. [...] Das Drohende kann sich [...] nicht aus einer bestimmten Richtung her [...] nähern, es ist schon ‚da' – und doch nirgends, es ist so nah, daß es beengt und einem den Atem verschlägt – und doch nirgends." (Heidegger 1986, 186.)

Das Drohende, auf das sich die Angst bezieht, kommt so sehr von überallher und von nirgendsher wie das bedrohlich Elementale. In der Angst vor der Abun-danz des Elements zeigt sich, dass es ‚schon da' ist, ‚und doch nirgends'. ‚Schon da' ist das Elementale als die Stofflichkeit des Selbst. Im panischen Blick erfährt das Selbst, dass es unüberholbar durch das Elementale bestimmt ist, ja dass das Elementale immer schon in die Sphäre des Selbst eingedrungen ist.

In diesem doppelten Sinn habe ich weiter oben von einer Zuspitzung des Elementalen gesprochen: Einerseits spitzt sich das Elementale in seiner Bedroh-lichkeit auf das Selbst zu, bedrängt es; andererseits erweist es sich aber auch als ein konstitutives Moment des Selbst, das in diesem Sinn so etwas wie die äußer-ste Zuspitzung des Elementalen zu denken wäre. In der Tat lässt sich das Ver-hältnis des Selbst zum Elementalen gut durch das Bild der Spitze beschreiben: Das Selbst steht dem Elementalen gegenüber, das sich in dem oben beschriebe-nen Sinn zuspitzt auf das Selbst; doch zugleich ist ein Teil dieses Selbst auch der äußerste Punkt dieser Spitze.

Abschluss. Der Genuss des Elementalen

Meine Überlegungen zum Elementalen haben sich hier vor allem auf die Un-überblickbarkeit und den panischen Blick gegründet, in dem die Abundanz des Elementalen als bedrängend erfahren wird. Das ist aber nicht der einzig mögliche Zugang zu diesem Thema. Die Abundanz des Wassers kann zu einer Erfahrung des Panischen führen – aber sie kann auch verheißungsvoll sein, indem sie von einer Abundanz des Schwimmens spricht, einer Unendlichkeit möglicher Bewe-gungen und Richtungen, in der die Finalität des Selbst und seiner Möglichkeiten an Bedeutung verliert.

Jedes Aufatmen verweist – ich habe das eben schon erwähnt – auf eine A-bundanz der Luft; in der Lebendigkeit des Atemvorgangs liegt auch die Verhei-ßung einer anderen Überfülle, einer Freiheit des Atmens und Lebens selbst. Und die Panik, die sich in einem Anfall von Atemnot einstellt, zeigt gerade die Ein-schränkung der abundanten Zugänglichkeit von Luft als bedrohlich.

Das Elementale in seiner Überfülle ist also nicht nur mit einer panischen Erfahrung verbunden. Es gibt auch eine andere und positive Erfahrung des Elementalen: die Erfahrung eines Genusses, der nicht bei den abgegrenzten Formen der Dinge stehenbleibt, sondern in sich ein utopisches Moment beinhaltet, sofern sich in ihm eine gewisse Irrelevanz der Finalität andeutet. Es handelt sich hier um einen Genuss, der von der Abundanz lebt und in ihr lebt; um einen Genuss, der nicht verdinglicht und nicht verbraucht.

Wie ist diese doppelte Erfahrbarkeit des Elementalen zu begreifen? Es scheint naheliegend, von einer Gleichursprünglichkeit auszugehen, in der das Elementale sowohl bedrohlich als auch genussvoll oder verheißungsvoll sein kann. Ich möchte diesen Weg nicht gehen; denn mir scheint, dass man auf diese Weise das Elementale hypostasiert und die Rolle des Selbst in seiner Beziehung zum Elementalen unterschätzt.

Das Elementale ist nicht einfach ein unberechenbares Subjekt, das aus eigener Vollkommenheit bisweilen entsetzlich und dann wieder lebenspendend ist. Es gibt vielmehr einen Zusammenhang zwischen diesen beiden Momenten – einen Zusammenhang zwischen dem Entsetzenden, das über alle Grenzen hinausdrängt, und dem genussvoll Befreienden, das von Grenzen entbindet; und das menschliche Selbst steht mit diesem Zusammenhang in einer aktiven Verbindung. Innerhalb der Spannung zwischen Entsetzen und Genuss eröffnet sich die Dimension der Geschichtlichkeit, in der Entsetzen durch Genuss ersetzt wird und Genuss wieder in Entsetzen umschlagen kann.

Das utopische Moment in dieser Bewegung ist ein Hinweis auf die Möglichkeit einer Versöhnung mit dem Elementalen, der sich im Genuss öffnet. Versöhnung: Das wäre vielleicht ein Zustand, in dem das Elementale außerhalb von Grenzen es selbst bleiben und sich als es selbst manifestieren darf – und der Mensch, der ihm ausgesetzt ist, genauso. Im Genuss wird das Elementale ebenfalls als solches erfahren wie im panischen Blick; aber der Genuss ist ein Eingetauchtsein in die Immanenz des Elementalen, in dem es nicht mehr ums Leben, um die Integrität des Selbst und um das Sein geht.[19]

Das Bedrängende der Abundanz bleibt hier aus, weil es um dieses Sein, auf das sie zurückwerfen kann, nicht mehr geht – und nicht mehr um die Gebundenheit der Existenz an eine Grenzhaftigkeit. In der Panik tritt das Elementale als entsubjektivierend auf, und in der Produktion des Dinges oder in der Formgebung wird es einer Beherrschung der Natur unterworfen; aber im Genuss des Elementalen deutet sich die Möglichkeit einer Solidarität von Mensch und Element an.

Der genussvolle Blick auf das Elementale ist dementsprechend nicht so gebannt wie der Blick in der Panik. Er verwandelt sich aber auch nicht in ein transzendierendes Überblicken; eher ist er ein gelassenes Umherstreifen über die

---

[19] Ich spiele mit dieser Wendung auf Heideggers Bestimmung des Daseins durch das Charakteristikum an, dass es ihm um das Sein geht: „Das Dasein [...] ist [...] dadurch [...] ausgezeichnet, daß es diesem Seienden in seinem Sein *um* dieses Sein selbst geht" (Heidegger 1986, 12). (Vgl. dazu Baur 2007, insbes. 109.)

Weite des Elements, die sich zeigt, und in ihr. Dieser Blick bestimmt sich aus einer Verheißung, die meines Erachtens in der Abundanz des Elementalen liegt: der Verheißung eines Lebens, in dem die Endlichkeit an Relevanz verliert, ohne dass dadurch die Welt und die Phänomene verlorengehen.

Literatur

Aristoteles (1995): Über die Seele. Übers. nach W. Theiler, hg. v. H. Seidl, Hamburg.

Baur, Patrick (2007): „Das ‚Es geht um‘. Das Es als philosophisches Problem im Rückgriff auf Heidegger und Hegel, in: ALEA 4 (Madrid), 91-126.

Guzzoni, Ute (2005): Wasser. Das Meer und die Brunnen, die Flüsse und der Regen. Berlin.

Heidegger, Martin (2005): *Phänomenologische Interpretation ausgewählter Abhandlungen des Aristoteles zu Ontologie und Logik* (Gesamtausgabe Band 62), Frankfurt am Main.
–, „Anhang III. Phänomenologische Interpretationen zu Aristoteles (Anzeige der hermeneutischen Situation)“, in: Heidegger 2005, 343-419.
–, (2002): *Grundbegriffe der aristotelischen Philosophie* (Gesamtausgabe Band 18), Frankfurt am Main.
–, (2000): „Bauen Wohnen Denken“, in ders.: *Vorträge und Aufsätze* (Gesamtausgabe Band 7), Frankfurt am Main, 145-164.
–, (1994a): *Einführung in die phänomenologische Forschung* (Gesamtausgabe Band 17), Frankfurt am Main.
–, (³1994b): *Prolegomena zur Geschichte des Zeitbegriffs* (Gesamtausgabe Band 20), Frankfurt am Main.
–, (²1994c): *Phänomenologische Interpretationen zu Aristoteles. Einführung in die phänomenologische Forschung* (Gesamtausgabe Band 61), Frankfurt am Main.
–, (¹⁶1986): Sein und Zeit, Tübingen.

Lévinas, Emmanuel (1987): *Totalität und Unendlichkeit. Versuch über die Exteriorität*, Freiburg / München.

Ovid (⁹1980): *Metamorphosen. Übersetzt und herausgegeben von Erich Rösch* (Sammlung Tusculum), München.

Pindar (1992): *Siegeslieder. Griechisch-deutsch. Herausgegeben, übersetzt und mit einer Einführung versehen von Dieter Bremer* (Sammlung Tusculum), München.

Sallis, John (2002): „Die elementare Erde", in: H. Hüni, P. Trawny (Hg.): *Die erscheinende Welt. Festschrift für Klaus Held* (Philosophische Schriften 49), Berlin, 25-39.

The Legacy of Schelling's Philosophy of Nature in Heidegger and Merleau-Ponty

Susanna Lindberg

> "Das Dunkelste aller Dinge, ja das Dunkel selbst nach einigen, ist die Materie. Dennoch ist es eben diese unbekannte Wurzel, aus deren Erhebung alle Bildungen und lebendigen Erscheinungen der Natur hervorgehen. Ohne die Erkenntnis derselben ist die Physik ohne wissenschaftlichen Grund, die Vernunftswissenschaft selbst entbehrt des Bandes, wodurch die Idee mit der Wirklichkeit vermittelt ist." (Schelling I, II, 359).

Matter, wrote Schelling in *Über das Verhältnis des Realen und Idealen in der Natur*, is obscurity itself. It is the reality of nature, the "visible profundity, the mediation between light and obscurity" (I, VII, 211), where "light" can never supress "gravity's" retiring into the "night" of its "eternally obscure ground" (I, VII, 358). Because of this rebellious remainder, *Die Weltalter* goes on to describe material nature as a "nocturnal", "blind and obscure", "dionysian", "insane", "barbarious principle" (I, VIII, 337, 343). The task of philosophy, and especially of the philosophy of nature, is to expose oneself to the "sacred Sabbath of nature" so as to let nature speak to us.[1] This does not mean drowning in a primitive Bacchanalia, however: on the contrary, it means *thinking* nature or, as *Allgemeine Deduktion des dynamischen Prozesses* puts it, "constructing matter" (I, IV, 3). Matter is not the blunt objectivity of material things, it is the a priori principle of their production that Schelling's "spinozism in physics" (I, III, 274) sets out to explore. This is why, when we expose Schelling's concept of matter, we are really seeking to present the *rationality of night*.

In this article I will follow Schelling's descent to the nightly depths of matter in his philosophy of nature, which constitutes the first period of his work. It was his ambition then to construct a modern philosophy of nature. The central problem of matter, as well as its analysis through gravity and light, came to him from Newton. In his debate with Newtonian science, he combatted Newton's

---

[1] *Über das Verhältnis des Realen und Idealen in der Natur*: "Immer zwar scheint es noch ein Geheimnis zurückbehalten zu wollen und nur einzelne Seiten von sich selbst zu offenbaren. Aber wird nicht auch ihn, den bloßen Betrachter der Werke, eben diese göttliche Verwirrung und unfassliche Fülle von Bildungen, nachdem er alle Hoffnung aufgegeben sie mit dem Verstande zu begreifen, zuletzt in den heiligen Sabbat der Natur einführen, in die Vernunft, wo sie, ruhend über ihren vergänglichen Werken, sich selbst als sich selbst erkennt und deutet. Denn in dem Mass, als wir selbst in uns verstummen, redet sie zu uns." (I, II, 378) Cf. Gusdorf 1993, 468.

mechanism by rallying to the dynamist hypothesis, which was a major scientific novelty at the time, and he defended a physicalism against mere mathematicism.

Fundamentally, however, his aim was not to create a science of nature but a philosophy of nature, in the name of which he gradually distanced himself more and more from empirical research and constructed an autonomous ontological domain. In this development he not only referred to Spinoza, Leibniz and Kant, but his thought was also deeply influenced by the ancient elemental philosophy of nature: by the Pythagoreanism of Plato's *Timaeus*[2] on the one hand[3] and by the presocratic theories of *physis*, on the other.[4] Schelling thought of "matter" in the same way as the ancients thought of air, fire, and the "soul of the world" (I, II, 569). *Matter* becomes the most originary *element* of being – not because we would wish to bathe in science, but because we sink in and rise from physical matter, and because we have to learn to *think* of this in a more profound manner.

Schelling in the 20ᵗʰ-century context

In the context of this article, I present Schelling as an important, although some-what ignored predecessor of the 20ᵗʰ-century phenomenology of the elemental. His philosophy of nature grew from a precarious balance of ancient and modern natural sciences, but his step beyond natural science also presaged the later phenomenology of the elemental. The parallelism between Schelling and contemporary elemental thinking can be presented in a conceptual way, but there has also been a direct historical appropriation of Schelling, in particular by Heidegger and Merleau-Ponty.

Conceptually, "the elemental" refers, first of all, to the classical problem of *nature*. The problem stems from the ancient project for discovering the *elements of nature* (*fysis, stokheia, elementa, principia*, etc.), which have always constituted a *philosophy of nature* beyond natural science and technology. Certainly, the philosophy of nature coincides with the whole of philosophy, but it also consti-tutes a particular approach within it insofar as "nature" is often presented as the opposite of human existence, of the political community, and of the moral and political gods that determine another dominant area of philosophy.

This is how the Ancients first regarded the elemental as the inhuman and unholy domain of Panic nature, whose divinities – Chaos, Night, Sky, Earth, Time, etc. – were not worshipped like the Olympian, political gods. The Mod-erns, on the other hand, celebrated the Science of Nature precisely because it represented the possibility of emancipating thought from moral and theological constraints. For us, since our ecological and biotechnological impact on the in-human condition of our human community has made such a qualitative leap, it has become urgent to complement the "neutrality" of natural sciences with con-

---

[2] Schelling wrote a commentary on *Timaios* already in 1794.
[3] Cf. I, VII, 360.
[4] Cf. p. ex. I, II, 187; I, III, 274; I, VII, 447 f.

sideration of nature's political and existential roles. Currently, "the elemental" represents an attempt to respond to this need by giving a phenomenological account of the ground of our lifeworld. This is my ultimate horizon, too, but in this article I will merely prepare such a reflection by studying one historical source of modern elemental thinking.

The contemporary phenomenological notion of "the elemental" no longer refers to the conceptual clarity of the natural sciences but rather to nature's *being*. As an ontological term, "the elemental" is the name of a dark and obscure dimension in which we bathe but that we cannot objectify. It means "being" in an almost material, qualified sense; above all, it means the "elemental nature", which withdraws in each natural object – even though the objects' very form and existence rise from this elemental depth.

Because the elemental is an illimited dimension rather than an object, we cannot think of it directly: we cannot sense it, our understanding cannot deduce its structure. We need another approach than reflection. The other approach is all the more difficult to characterise, however, since it would seem that *we* cannot decide to think of the elemental unless *it* "decided" to reveal itself to us (as if letting a light rise from its nightly depth, like the lucid dream of an Apollonian prophet). It is not easy to understand how to think through such passivity or through such a detour.

Schelling prefigures contemporary elemental thinking insofar as he faced both of these difficulties: the dissolution of the object and the disintegration of consciousness. This has often been presented through his mature philosophy as the shattering of *what is* in the thought *that* it is (p. ex. Schulz 1955, 21 f.; Tilliette 1992, 46; Courtine 1990, 162). The apparition of the "that" liquefies reason, for reason cannot know *why* there is something rather than nothing.

On the other hand, the abyss of nothingness that dissolves being is also its "ground", since it is not possible to deny the factuality of being. This (non)ground (*Abgrund*) might finally turn out to be "inexisting god, that is pure thinking" (Schulz 1955, 292). Nevertheless it cannot really be converted into a positive idea, for there is a savage and elementary remnant in the ground that withdraws from any ideal light (Jankélévich 2005, 44 f.).

My aim in this article is to trace the prefigurations of these fiery ontological formulations in Schelling's philosophy of nature in which the nothingness of the primordial (non)ground appears as the obscurity of matter, which is also our innermost night, and as the weight of gravity, which escapes light. The nocturnal ground of nature cannot be objectified, but it is accessible to the "intellectual intuition" that requires of us that, instead of returning into ourselves in order to reflect on the knowledge we already have (as in Hegel, cf. Fischbach 1999, 13), we rather get *out* of ourselves. In order to face nature we have to achieve a *reduction* of our ordinary consciousness in order to attain a more originary one – or to be in an *ecstatic* manner. Schelling puts this briefly in *Aphorismen zur Einleitung in die Naturphilosophie*:

"Since Descartes, I think, I am is the fundamental error of all knowledge...
all is of god and of the all... we do not possess reason, there is only one
reason that possesses us" (I, VII, 148 f.).

The elemental being is manifest, and we think it by being exposed to it – which
also means being exposed to the ambiguity of the "sacred Sabbath of nature".

I will follow Schelling by taking a few steps towards this "sacred Sabbath of
nature", because he confronts most coherently the double difficulty that is at the
heart of any "elemental thinking" – even though he considered the elemental
being ito be only an aspect, and an inferior one, of the absolute, that cannot be
reduced to its elemental ground. I will also follow his thinking in order to measure his influence on 20th -century phenomenology at the time when mere transcendental reflection was abandoned when exploring the possibility of a phenomenological ontology.

Here I will just mention two important appropriators of Schelling: Heidegger and Merleau-Ponty. They gave rather different formulations of a phenomenological ontology, but both could be described as ontologies of the elemental:
Heidegger's mature interpretation of being is based on an appropriation of the
elemental physics of the presocratics, and late Merleau-Ponty's "flesh of the
world" is also an interpretation of elementary being (Merleau-Ponty 1964, 182).
Both Heidegger and Merleau-Ponty invite us to traverse Schelling's strange ro-
mantic science in order to articulate a thought of the elemental.

There is a remarkable kinship between Schelling's and Heidegger's gestures
of thought. Walter Schulz has already pointed out their parallelism: both describe a finite subject who is a pure self-relation and who is confronted with the
pure *that* of being, nothingness that gives being (cf. Schulz 1955, 287 ff.). To put
it briefly, Schelling's "that" prefigures Heidegger's "ontological difference".
Even though Schelling's subject is reason and Heidegger's is existence, and although the former describes being as pure mediation whereas the latter describes
it as being itself, the distinction between reason and being becomes uncertain
when both are thought in terms of nothingness that gives being, on the one
hand, and of a ground that remains retired on the other.[5]

We could pursue their parallelism by stating that, in order to describe the
dimension of the world, both reject modern natural sciences and draw from the
ancient formulations of the being of nature, although Schelling thinks it in terms
of *living nature*, whereas Heidegger coins the still more originary thinking of the
fysis. Finally, Heidegger blocks these parallels, however. Even though Schelling's
Freiheitsschrift would point towards the overcoming of metaphysics, his philosophy would remain a summit *of metaphysics*. This would be especially true about
his *Naturphilosophie* (Fischbach & Renault 2001, 10f.).

For Schelling, nature is an organism, and whether Heidegger interprets it as
a simple transposition of the Fichtean I (Heidegger 1997, 190 f.), or on the con-

---

[5] Important to Heidegger, the *fysis kryptesthai filei* also charactrises Schelling, cf. Courtine
1990, 195.

trary as the "potency of ground" (Heidegger 1991, 115), that is to say as the living power of a freedom that has not been deployed yet (Heidegger 1995, 113), it remains a *subject*. For Schelling, the essence of subjectivity is will – and will is originary being ("Wollen ist Ursein") (I, VII, 350; Heidegger 1995, 114).

According to Heidegger, will is necessarily directed by representation and idea (Heidegger 1995, 114) – and this is not an overcoming but the *accomplishment* of the epoch of subjectivity and of representation. This also means that nature as a universal organism can only be an infinite subject that merely maintains its own idea.[6] This would be true if the idea was understood "subjectively", as pure productivity (I, III, 284) and as the eternal birth of the finite world (I, VII, 217): but Heidegger only thinks the idea "objectively", as a representation incarnated in nature conceived of as a product. Consequently, he refuses to see the parallel between the two versions of the nothingness that constitutes the "*fysis*": Schelling's nocturnal nonground and Heidegger's own analysis of *fysis kryptesthai filei*. Furthermore, even if he thinks *fysis* in the light of the historiality as *Ereignis*, he remains deaf to the prefigurations of such a thought of historiality in German idealism – although the infinite change and metamorphosis that characterise Schelling's nature, and especially his later thinking on the birth and death of history itself, seem close enough to his thinking.

I will not deal with the problem of history, here. I would simply point out that Heidegger overlooks Schelling's philosophy of nature even though it presents an ontological structure close to his own thinking of being as *fysis*. However, in spite of appearances, Heidegger actually has no philosophy of nature: in his thinking, nature sinks in the obscurity of the Earth.

Merleau-Ponty, on the other hand, is specifically interested in Schelling's philosophy of nature (cf. Gusdorf 1993, 383). In his 1956-1957 lecture course *The concept of Nature*, he follows Schelling's critique of the Cartesian mechanism and of the Kantian hesitation before the "thing in itself". He is fascinated by Schelling's discovery of a "first nature" – of a "pre-being" or the "barbarian principle" that precedes reflection, the world and god (Merleau-Ponty 1994, 61) – and he follows Schelling's exposition of it as a dynamics of pure production, as a pure coming-to-presence against an originary obscurity. Thus, he brings out Schelling as the first predecessor of the phenomenological conception of a primordial earth "below" the scientific view of nature (Merleau-Ponty 1994, 367).

This is how Schelling's "nature" coincides with Merleau-Ponty's own conception of the "flesh of the world" presented in *Le visible et l'invisible* (Merleau-Ponty 2002, 315, cf. Vallier 84 f): like Schelling's "matter", Merleau-Ponty's "flesh" could be described as "the visible profundity, the mediation between

---

[6] When Heidegger interprets the subject of Hegel's philosophy of nature as a repetition of Aristotle's *psyche*, being is surely presented as life, but life is nothing but maintaining-oneself (Heidegger 1988, 206-208). This should apply to Schelling, too, for, notwithstanding the differences between Hegel's and Schelling's philosophies of nature, both take nature to be the *un-* or *pre-historical* ground of existence: incapable of historical change, it can only maintain itself.

light and obscurity". Like Schelling, Merleau-Ponty seeks a thought that goes beyond mere objectifying reflection by seeking a moment "before" the division into subject and object, a moment in which the I and the world are the same or interpenetrate each other. Schelling strives to find this moment through "intellectual intuition", which Merleau-Ponty assimilates into what he calls "perception" (Merleau-Ponty 1994, 362), and what he further develops as "perceptive faith" (Merleau-Ponty 2002, 207, cf. Dastur 2001, 112-113).

Thus, Merleau-Ponty brings out another picture of Schelling than Heidegger: he points at "nature" as the domain of finitude, that cannot be reduced to the "idea" but remains marked by the obscurity of finite things and the life of their reciprocal relations. It is "the elemental" that Schelling studied in terms of matter and organism, and that Merleau-Ponty calls "flesh". These juxtapositions certainly give a novel insight into Schelling's nature, but they also have their limits.

Schelling is a source of inspiration for Merleau-Ponty, but the appropriation is hardly qualified through a critical counterpart – not to speak of a "de(con)struction" such as that provided by Heidegger. It is Heidegger who makes us ask whether we could think of the primordial being in a finite world without surreptitiously presupposing a unitary system. Can we really assimilate *intellectual* intuition, which is thought and intuition in which we also *abstract from* the one who thinks and intuits (Marquet 2006, 103), and perception rooted in the *body*?

Schelling's Philosophy of nature

What, then, is Schelling's nature, which Heidegger casually reduces to an infinite organism and which Merleau-Ponty compares to the primal being of the flesh?

First of all, Schelling's philosophy of nature is not a unitary system, but rather a series of variations on the same theme. Although neither Heidegger nor Merleau-Ponty dissociate its phases, it is helpful for us to separate the principal positions. As Tilliette proposed, it is possible to distinguish the first philosophy of nature, that is developped in particular in *Ideen zu einer Philosophie der Natur* (1797) and *Von der Weltseele* (1798), and the second one, that begun with *Erster Entwurf eines Systems der Naturphilosophie* (1799) (on the transition, see Tilliette 1992, 172, 323-324; for a more detailed presentation of the debate concerning the periodisation of Schelling's philosophy of nature, see Bonsiepen 1997, 147 f).

The first phase is still a transcendental philosophy of nature that conceives of nature through the sciences. In his second philosophy, instead of celebrating the sciences Schelling pushes them aside, and physics gives way to pure metaphysics that commands science, or to a pure philosophy of the absolute. During this period, Schelling wrote new introductions and supplements to his preceeding works, and several new works.

I will pay special attention to *Aphorismen über die Naturphilosophie* (1805) and *Aphorismen zur Einleitung in die Naturphilosophie* (1806), and I do not intend to follow his development further than his famous *Über das Wesen der menschlichen Freiheit*, where the modifications that would lead to his late philosophy are generally acknowledged to be. On the whole, I will not discuss the periodisation in detail. Instead, I will present Schelling's conception of nature through three successive answers to the question concerning nature's essence: I will study it as antagonism, action and existence.

Nature as antagonism

Schelling's starting point in his first philosophy of nature, that is to say in particular in *Ideen zu einer Philosophie der nature* and *Von der Weltseele*, is the problem of matter. As mentioned above, he summons the enigma of matter by calling it the "obscurity itself" which requires of us an exposition to the "sacred sabbath of nature". Matter is neither a simple existent (*Vorhandenes*) nor nothing (*Nichts*), but it is rather like the Spinozian attibute of the absolute, or the integral concept (*Inbegriff*) of all such attibutes (I, II, 359). It is, as he was to put it in *Einleitung zu dem Entwurf eines Systems der Naturphilosophie*, the object of a "speculative physics" or of "Spinozism in physics" (I, III, 273). It names the problem of the reality of being itself: real darkness.

As mentioned, in the present context I will present Schelling's theory of matter as his interpretation of elemental nature. He points out himself that his "speculative physics" has the same orientation as ancient physics, and one could indeed say that the structure of his philosophy of nature resembles the first Greek physics of the elements or of atoms, and that his symbolism is reminiscent of Pythagorean and Platonian mathematism (Gusdorf 1993, 470). On the other hand, his vocabulary and problematics come from modern science.

The modern perspective on matter was set by Newtonian mechanics. Schelling adopts Newton's way of examining matter through attraction, repulsion and universal gravitation: the opposition of gravity and light (*Schwere* and *Licht*), which is also central to his later philosophy, is also a de(con)structive repetition of Newton's theory of gravitation and his *Optics'* theory of light. In Schelling's view, however, Newton separated the forces (attraction, gravitation, etc) from the matter on which they act, transforming them into mere occult qualities and theoretical fictions, and leaving the enigma of matter itself untouched (I, II, 192, cf. *e.g.* Tilliette 1992, 145 f., Bonsiepen 1997, 202 f.). This is why Schelling rather referred to Kant's dynamics, according to which matter is not a question of forces *between* particles but it *is* nothing but equilibrium between the elementary forces of attraction and repulsion, or more precisely a combination of their differences, (Renault 2002, 66).

In *Weltseele* Schelling posits that these forces do not *exist per se*, but only in conflict in which each one arouses the other, and their conflict constitutes the existent being in its momentary apparition (I, II, 409, cf. Marquet 2006, 136 f.). In other words, matter is an *originary physical difference* – and not only a domain of differences that *our* understanding projects onto it: "Nature should be spirit made visible, spirit the invisible nature" (I, II, 56). Henceforth, the main problem consists in finding out how such a difference can come to be.

In *Ideen*, Schelling specifies that mechanical motion is communicated to the body through external forces, whereas the motion in a body itself is *chemical* (I, II, 185). One of the reasons for the success of theories of dynamics at the turn of the century was the crisis in chemistry and the discovery of new scientific objects such as magnetism, electricity, and galvanism (Renault 2002, 18). Reflecting this change of paradigm, Schelling's *Ideen* is really an inquiry into the possibility of chemistry. He examines the chemical process through combustion and light (which he takes to be a mere modification of matter (I, II, 88, 99,107)), and in relation to electricity, magnetism and Newton's theory of attraction and repulsion.

In his references, he happily mixes modern science, ancient elemental physics of fire, air and water, and even alchemy (but then, Newton himself wrote more on alchemy than on universal gravitation). A firm philosophical idea emerges from this colourful but outdated material, however: Schelling describes matter as a *pure physical difference* (instead of explaining these "magical" phenomena in terms of caloric, electric or magnetic *substances*, as was still accepted at the time). He thus saw heat as the pleroma of matter's attractive and repulsive tendencies, electricity as their polarisation, and magnetism as "the apparition of the concept into difference" (I, II, 164). "Nature is the plastic aspect of the universe" (I, II, 226): the becoming of real difference, opposition, polarity, balance, etc (cf. I, II, 489; I, IV, 35). Interpreted through the framework of chemistry, matter is dynamic and changing – living (I, II, 147) – and its life is its gradual differentiation.

The fundamental principle that Schelling puts forward is as follows: dynamism always grows out of polarity or antagonism. The antagonisms between an acid and a base in chemistry, between positive and negative electricity, between the poles of a magnet, between male and female in biology, for example. are concretisations of this general principle. Fundamentally, this means that only antagonism can give matter limits and therefore a finite existence. Only antagonism keeps matter moving: it shows the instability of the originary difference – because of which matter cannot stay what it is, but always strives to attain an inaccessible stability (I, II, 74).

Such is the outline of the dynamic conception of nature appropriated by Schelling. One could say that he develops the impulse § 76 of Kant's *Kritik der Urteilskraft* by setting it against Plato's *Timaeus* so as to generalise its principle to the whole of nature. For him, nature is not just *like* a teleological whole: it *is* an organism, whose being is life, as if it were an absolute animal (I, II, 189) or, as he puts it more firmly in *Von der Weltseele*, the soul, *anima*, of the world (I, II, 381, 569). Being is life, and life is also the heart of matter. Nature is an infinite activity: this is self-evident and does not need further explanation. Solidity is the exception that requires explication, not the other way round (cf. Tilliette 1992, 163).

How could such pure life be conceived of? How to think the pure differential life itself, and not just singular living beings? Ordinarily, we see stability before forces; similarly, Newtonian science saw matter as compact inertness, as "dead matter". This is because normally, we look with our senses and think with our understanding. In order to see the life of matter, we need another regard. Schelling's principal name for this other regard is the famous "intellectual intuition". This is not developped very far in *Ideen*, but it is stated that intuition is the capacity to see the finite as a conflict and as a unity – and unity of conflict is precisely the movement of life that only the spirit can see (I, II, 221). Ordinary regard, in contrast, only sees dead objects and not the life in them. Thinking matter is intuiting the "night" of pure differentiation before any stable beings.

Schelling's early philosophy of nature hardly explains the source of the originary antagonism of matter, nor the possibility of intuiting it. However, it already sketches the fundamental structure of the visible world. It is organised around gravity, *Schwere*, which is the "heart of things" (I, II, 371, cf. I, VII, 177). Schelling saw gravity not as a "law of nature" projected by our understanding, but as nature's own *being*. On the one hand it is the All, the infinite bond that binds material bodies together. On the other hand, it is also the weigh of each and every singular being, or the position of their determinate existence (*Dasein*): in this sense, gravity determines the absolute as finite and plural nature (I, II, 367). Contrary to the abstract notion of matter presented in *Ideen*, real material bodies are not simple internal differences but are formed in their differences with other bodies (cf. I, VII, 237) – and "gravity" is the sign of this interaction.

In positioning material bodies into finite existence gravity also positions them according to space and time. In *Ideen*, Schelling deduces space and time from the primitive forces of repulsion and attraction (I, II, 229). Pure repulsion would be an infinite progression: space is this infinite flight. Attraction is in opposition to repulsion and that brings the being back into itself. Time is this return to the self: a primitive auto-affection. Schelling distinguishes gravity from mere attraction in his introduction to *Weltseele* (cf. *Entwurf*: I, III, 263; Marquet 2006, 164), for gravity now becomes a principle of existence. Space is now the simple fact that finite beings are multiple, outside of one another (cf. I, II, 363): it really is the substance as *res extensa*, a plurality without unity.

Time comes to beings by means of gravity, which *relates* them to one another instead of merely spreading them according to the inessentiality of pure space (I, II, 364). Gravity transforms the simple multiplicity of material bodies into their active difference and antagonism, and this is how each one of them is necessarily determined by the others (I, II, 356). Instead of pursuing their primitive impulses infinitely, beings clash against one another.

The later *Aphorismen über die Naturphilosophie* explains the same logic as follows. Space is pure dispersion that is negated in the singular, which is a pure "this". Such a singular is constituted by a return to the self – a return caused by another being that appears as an obstacle to the first being's primitive desire for illimited expansion. Further, this return to the self is time: time is the movement of auto-affection because of which each singular being is, for Schelling, a "subject". Time and space do not exist as such, in the abstract: they only exist in the singular, and their reciprocal negation is real corporeal matter (I, VII, 221 f.). Time is finite in two ways at the same time. Firstly, the singular's time is finite because it can never reach its eternal idea but is just stretched towards it. Secondly, time is also the others singulars' times – that are the obstacle in the singular's primitive striving towards its idea. Common time, which is really the antagonism of singular times, is the time of the decline of each singular, the Kronos that eats its children.

Nature determined through gravity implies two remarkable conclusions. Firstly, for Schelling, neither space nor time exist as such, but they characterise the material bodies themselves. Matter is an equilibrium of repulsion and attraction; its gravity is the bond between beings, and because of this bond they are organised according to space and time. Matter is an originary spacing and temporalizing, and gravity is its spatiotemporal force. Time and space are dimensions of the things themselves: they are not dimensions of our sensibility, as Kant would have it, nor the correlative empty, pre-given dimension in which gravity would act on things. On the contrary, the gravity of things is their own spacing and temporalizing.

Secondly, because gravity determines a real, spatiotemporal nature instead of abstract particles, natural plurality is full of tensions. No doubt gravity binds all finite beings into an All and an Eternity – but it is just as essentially the gravity and the weight of each singular being. These are neither indifferent to each other, as Epicurus would have it, nor accorded by a pre-established harmony, as in Leibniz. They evolve in reciprocal antagonism, each one being formed by the others: to be more exact, finite things are provisional residues of primary antagonism, according to which things are their differences from other things before being anything in themselves.

Thus, Schelling considers matter to be a spatiotemporal movement issue from an unstable antagonism. It is concrete, nevertheless, and that is why it is not a pure difference, but each material body is the history of its own becoming. Matter is metamorphosis, a formative force (*Bildungskraft*). But this is just a start. The inorganic matter defined by gravity is not the first constituent of reality – on the contrary it is the most abstract point of view on it. Schelling states in *Weltseele* that the very opposition between organic and inorganic nature disappears in favour of organicity, which is the most originary level of nature (I, II, 500). Organic life is more concrete than inorganic movement, and in fact the inorganic only exists as a limit of the organic. Reality is life, and life is an infinite process. When such a process is reduced to a stable product, this product is nothing but dead matter, an abstract residue of an originary organic process (I, II, 494).

Singular living beings are expressions of the general logic of life. On the one hand, in terms of the infinite, life is the act of living that is the same in every living being. It is the positive principle and the originary cause of every living being, like a preliminary affirmation of life as supreme good. On the other hand, in terms of finitude, each separate being has material conditions that delimit it – but at the same time these negative conditions also *form* the being (I, II, 505). Organic bodies are formed through their clashes with other bodies rather than by any pre-existing ideal forms, and their formative instinct, *Bildungstrieb*, produces their figure precisely through modifications imposed by contingent alien influences (I, II, 527, 566). Even though their existence is also the existence of the infinite idea, they will not rejoin their infinite forms in their finite existence because they are constantly pushed back onto themselves by other finite beings. In other words, living beings have an originary cause on the one hand, and particular conditions on the other: the living being results from the interaction between the cause and the conditions (cf. Courtine 1990, 161-163). The positive principle is one, unity; negative conditions are many, and they give birth to the multiple reality.

What are these finite conditions of a living being that constitute its negativity and thereby its form? They are what appears to be its exterior and inorganic "others". On the most simple level, the "other" of the living being is its nourishment: when an animal eats, "dead matter" maintains its life. Animals are also capable of irritability and of sensibility, the latter being a perfection of the former, because sensibility also constitutes an active relation to the surrounding world. Finally, reproduction relates the living being to its otherness in its own kin (mates and progeniture).

On each level, exterior forces form the animal. The animal is formed in function of what it eats, what it reacts to, what it senses, what it recognises as kin and enemy, and so on. In a word, the animal is its own *Bildungstrieb*. *Bildungstrieb* is more than the simple *Bildungskraft* that is active in inorganic nature: it implies its part of necessity (one finds oneself somewhere and must adapt to this place, not to another), but it also contains an element of freedom (in the limits of one's idea, that is to say one's species, one can choose how one forms oneself. One is what one makes oneself.) A living organism is this combination: an absolute idea, which is essentially the will to live, and the finite being's formation. The organism is nothing but a bridge between two worlds: the interior and the exterior, the superior and the inferior. It is the medium that reunites them and keeps them apart – and this medium is not a passive in-between, but precisely the activity that the organism is (Marquet 2006, 170).

The logic of life, or the "soul of the world", is this twofold unity. On the one hand, it is the infinite principle of life that expresses the unity of the world, and on the other, it is the finitude constituted by the antagonism that causes instability and seeks stability, but which as a whole can never stabilise itself. Life, for Hegel, is maintaining oneself in contradiction,[7] while for Schelling, it is antagonism[8] and contradiction.[9] Both maintain that finite life is a movement caused by an insurmountable internal difference. This finite nature, where beings are their difference from other beings before being anything in themselves, seems to be very close to Merleau-Ponty's flesh of the world (although Merleau-Ponty analyses "bodies" in the quasi-sensible terms of touching rather than in the physical terms of gravity) and to Nancy's singular plural being, which is actually articulated in terms of "gravity" or "weight" (*poids*), too.

What about the other aspect of Schelling's material nature, namely its infinity and unity? Is it not fundamentally incompatible with the 20th-century phenomenologies of the finite world? If nature's unity was brought about by a mythical *figure* of an all-encompassing world-subject, this would mark a difference rupture between Schelling and late phenomenology. As I will show, however, the unity is that of an *act of being*, and that is why it is not easy to differentiate between the "unity" of Schelling's nature and the "totality" of Merleau-Ponty's nature (Barbaras 2002, 6).

Nature as action and existence

Entwurf eines Systems der Naturphilosophie of 1799 marked the beginning of Schelling's move from a transcendental philosophy of nature, "going from ideal to real", to a *Naturphilosophie* "going from real to ideal" (I, III, 272): from then on, he described the productivity of nature by itself, regarding it as a subject that posits itself in reality (cf. Renault 2001, 48). This is the realism of the nature that is present as such – but at the same time it is a "speculative physics" that breaks free of ordinary experience and scientific explanation.

According to *Entwurf*, being is *action* (I, III, 12), and to its *Einleitung*, it is *production* (I, III, 283). It is nothing but this pure productivity (and not *a* supreme being that can act or suspend its action). How, then, does such a pure activity give rise to a concrete, material world – how does pure production get limited in finite products? Reflecting Spinoza, Schelling states that the produc-

---

[7] „Das Lebendige begibt sich immer in die Gefahr, hat immer ein Anderes in sich, verträgt aber diesen Widerspruch, was das Unorganische nicht kann." (Hegel 1986 1, 338) „[Das Lebendige...] ist der absolute Widerspruch [...] Wenn man sagt, dass der Widerspruch nicht denkbar sei, so ist er vielmehr im Schmerz des Lebendigen eine wirkliche Existenz." (Hegel 1986 2, 481)

[8] „Der Grund des Lebens ist in entgegengesetzten Prinzipien enthalten, davon das eine (positive) ausser dem lebenden Individuum, das andere (negative) im Individuum selbst zu suchen ist." (I, II, 503) "Die negative Bedingung des Lebensprozesses ist ein Antagonismus negativer Prinzipien der durch den kontinuierlichen Einfluss des positiven Prinzips (der ersten Ursache des Lebens) unterhalten wird. Soll diese Antagonismus im lebenden Wesen permanent sein, so muss das Gleichgewicht der Prinzipien in ihm kontinuierlich gestört werden." (I, II, 507)

[9] „Alles Leben muß durchs Feuer des Widerspruchs gehen; Widerspruch ist des Lebens Triebwerk und Innerstes" (I, VIII, 321).

tivity and the product are not two distinct spheres of being, but are more like two modes of a unique reality. Being is identic as *natura naturans*, productivity, and *natura naturata*, products, or as subject and object (I, III, 284), and as such it is unconditional. How, then, are we to understand their identity?

First of all, Schelling asserts that a perfectly pure activity would be so illimited and infinite that nature would not be any *thing*: nothing could *exist*. The primordial activity has to produce something – become a product – for if it did not, it would not have been truly productive, as its concept requires. For such real production to happen, there must be something in nature itself that hinders the primordial activity, puts obstacles in its way (I, III, 287): a product is suspended productivity. On the other hand, the product of primordial productivity is not a simple inactive, material thing, which would be nothing but a *dead* object. Instead, it is productivity in itself: a determinate activity that counteracts the pure activity. This is why it tends to break free from the limitations of its finitude, and thus to realise the universal active principle in itself. It is also why nature is an infinite development and metamorphosis (I, III, 290, 300). It cannot stay within the limits that it nevertheless requires: it *has to* become something (limited), but as soon as it is finite, it *has to* find its own infinity. It breaks the limits that it makes for itself: this is the logic of production that is common to all German idealists, but which the *Einleitung* to *Entwurf* presents in a very pure manner.

Real things are passages between pure productivity and simple products or, as Marquet says, between "the free and the bound" (Marquet 2006, 156). An originary heterogeneity separates pure and determinate activities, or the production and the product. Nature is this originary scission, and the "identity" or "copula" that joins the infinite production and the finite product is the very act of creation, of the coming to presence of the existent. The opposition between productivity and product is much more radical than the one between the two commensurate poles of the magnet or the two fundamental chemical principles that prevailed in *Weltseele*. The oscillation or the wavering, *schweben*, between production and product (I, III, 277) confronts two incommensurable poles, which are not stable entities but activities. It really is the difference between what is and its being. Being cannot be reduced to either of its extremes: it is never only pure activity or pure product, but a wavering between the two (I, III, 298 f). Thus, nature never *is* but always *becomes*.

Schelling's interpretation of identity as the identity of productivity and products rather than something simply situated between the terms of a proposition, brings him very close indeed to Heidegger's thinking of identity as an "ontological difference". Schelling's intellectual intuition is akin to Heidegger's thinking of being insofar as both aim at seizing being in beings. For if, in *Ideen*, intellectual intuition is presented as the capacity of seeing the *antagonism* in things, the *Entwurf* presents it as the capacity of seeing the *production* in products, or the very *becoming* of things: not as their finite production by other products, but as their infinite coming into being. Intellectual intuition is neither the immediate observation nor the scientific reflection, both of which see only the "dead" products: it is the capacity of seizing the very productivity that makes finite things to be. On the other hand, the pure productivity of nature is empty, and intuition can only comprehend it in its products (I, III, 287, cf. Bonsiepen 314 f). This is why intellectual intuition starts from finite beings and proceeds by shattering them, so that their apparent stability proves to be an instability, a wavering between being and nonbeing.

On the other hand, in *Der Satz der Identität* for instance, Heidegger finally discards the German Idealists' way of thinking of identity in terms of belonging to a *system*, in order to think of the being's belonging to the human *Dasein*, that is to say its *Ereignis* (Heidegger 1990, 16 ff.). Schelling certainly defines intellectual intuition as the advent of reason in us, but he hardly studies it as an experience, and actually abstracts it from the person and his/her historical situation (*e. g.* I, IV, 87-88). This is also why, for him, primordial productivity comes out not as a (finite) *world*, like in Heidegger's thought, but as the (infinite) *nature*. In this regard, Schelling's philosophy of nature only aims at the absolute, and is not *finite thinking*. To what extent could it still be a *thinking of finitude*?

It has been said that Schelling's philosophy is hostile to the individual. For him, finitude would essentially be a fall, a mere means of the infinite, as the individual would only be a means of the species and not the other way round (*e.g.*, Brito 1987, 25). It is true that he maintained that there is no greater idea than the divinity of the All (I, VI, 140). However, for instance in *Aphorismen zur Einleitung in die Naturphilosophie*, he resumes his specifity as follows: "What can I be proud of? – Of my unique gift: having proclaimed the divinity of the singular, too... and thus the infinity of philosophy" (I, VII, 143).

In *Aphorismen über die Naturphilosophie*, Schelling underlines that it is the pure being-there (*Dasein*), the pure existence (*Existenz*) of the singular, as "the eternal night of what is in and for itself non-manifest", that provokes the most profound sacred terror - and also the greatest philosophical wonder (I, VII, 198). Is there an antagonism between these two points of view? There is not, because the All is fundamentally only the *being* in the singulars (I, VII, 199, 205).

Schelling's Absolute is neither a separate being (an object of contemplation) nor an independent subject (the agent of creation, the producer of the beings' production). He does not separate the infinite and the finite into two ontological regimes, but maintains that the infinite is nothing *other* than the act of being and of ideating *of* the finite. The absolute is nothing other than the being of the beings. It transcends singular beings in the sense that not one of them is the source of its own being, and in the sense that being is the being of each and every one of them. At the same time, it is no *other thing* than the singular existents. Being is: *that* beings are.

As such, the singular beings are articulated according to gravity and light. In Schelling's later philosophy of nature, the fundamental mystery of philosophy is no longer matter, nor is it called production, but it is the *existence* of the existent. Correlatively, gravity and light are no longer physical laws, but are purely ontological potencies (*Potenz*).

What is gravity as ontological potency? Even though it no longer characterises simple matter, the point of view of matter has not been entirely abandoned: it still belongs to the singular as the "site" of its singularity – as the mere physicality of space, time, contact, etc. (I, VII, 201) that constitute it as an "eternal night that cannot become manifest" (I, VII, 198). Physical matter is an irreducible reality, whose "heart" can never be "sublated" (*aufgehoben*) nor brought to the "light" of reason. Nevertheless, it is no longer the focal point of philosophy, and only comes out as a simple *condition* subordinated to existence as the fundamental *cause* of existents.

"Gravity" is this "cause" – "cause" in the sense of the ontological *ground* of the singulars' existence, as far as it is manifest and inexplicable at the same time. On the one hand, gravity is the existence of each singular regarded separately. As M. Vetö puts it, gravity is "the egoist principle of things" (Vetö 2002, 138) that leads to the individual's isolation from others and to the crumbling of matter in indifferent particles. This breaking of all ties is a source of the inherent evil and violence in nature. Gravity leads to singularization because it is first of all the nocturnal, mysterious and "groundless" ground of existence (I, VII, 198). It is an affirmative ground, for existence is the singular's unique aim: *that* it is, *that* it affirms itself infinitely before any choice or judgement (I, VII, 199).

Singular beings are flashes of the infinite affirmation (I, VII, 162) – that is precisely the affirmation of *their* being, not of any separate supreme being's being. It is also a desctructive ground, because in the end, gravity will be the fall of each singular. On the other hand, like universal gravitation, gravity is the *bond* between singulars. In terms of finitude, it indicates why singular beings *condition* one another, thus forming the totality of nature as a relational whole. In terms of the infinite, it is the *thought* of the ground of the All of nature as an unknowable and uncontrollable profundity. As stated in *Freiheitsschrift*, nature is what in God is not God but the infinite desire of engendering God (I, VII, 359) – it is the *lack* of god, an eternally obscure night, a rebellious remainder that cannot be converted into the ideal positivity of "God" (I, VII, 360).

In Schelling's later philosophy, mythological phenomena describe this profundity as accurately as scientific phenomena. This is why gravity now describes nature as the inform chaos of the elemental gods (I, VII, 201), as "subterranian god, stygian Jupiter" (*e.g.* I, VII,236), or as the barbaric being of Dionysus (I, VIII, 337). The universal gravitation that binds beings together is now a "silent feast of nature" (I, VII, 230) and a "god that is in gravity, the sacred in nature" (I, VII, 229).

Light rises up from gravity. It is the ideal element of existents, which rises from them as their intelligibility: it is "something comprehensible and singular, not through an exterior representation, but through a real imagination (*Ein-Bildung*), because what is born is imagined in nature, or more exactly, by waking up (*Erweckung*), because understanding lets the unity or the idea come forth from a divided ground" (I, VII, 361-362). In a sense, light is the visibility of things. However, it is neither a sensible visibility in *our* experience nor the rational visibility that *our* representations (*e.g.* scientific theories) can give to nature's beings. It does not *depend* on us, even though it is also a visibility for us, as far as it is the engendering of the things' own reason – that reflects itself *in* us. Gravity engenders light: in (at least apparent) contradiction to Hegel's idea of the "impotency" of nature in relation to reason (*Ohnmacht der Natur*, in Hegel 1986 1, 33), Schelling's nature is a "potency", a power of creating the ideas themselves.

On the one hand, light is really each singular existent's *own* light. "The Eternal does not create nor affirm according to general concepts, but it creates each thing as if it was a world apart and as if there were nothing outside of it" (I, VII, 233). Substance as gravity is not a passive, powerless *hyle*, on which transcendent ideas are imprinted (I, VII, 210). Light rises from gravity, when gravity comes out as an ideal form. The idea is the bond between gravity and light, the movement in which they produce one another in a singular being. Sometimes, for instance in *Weltseele*, Schelling describes the ideal form of a singular being as a result of the being's "life history", which reflects its interaction with other beings (cf. also I, VII, 214).

Reflecting the Aristotelian idea of *morphe*, the Schellingian *idea* is a dynamic principle of organisation, like a rhythm that determines the existent's individuality. It is not a soul in a body, but a single movement in which matter gets animated and soul gets incorporated. A singular body is the unstable unity of two tendencies, which are really only two sides of a single event of existence: the gravity's pull towards the night of a singular existence, and the light's rising towards organisation and intelligibility. Sometimes, as in *Aphorismen*, Schelling on the contrary describes the singular's idea as if it were only a simulacrum, an allegory or an ectype of a prototypical idea in the absolute (I, VII, 164). Nevertheless, there is no contradiction between these two points of view: the idea is not a *model*, but purely the infinite affirmation of *being* in the singulars (I, VII, 162, cf. I, VI, 217). In a sense, the idea remains a *telos* towards which a finite existent being strives: but this striving is to be understood as a singular's desire to illuminate the whole of its gravity, that is to say, to become wholly rational. A finite being can never reach this point however, if only because it cannot explain its own existence.

On the other hand, light is also the *absolute's* presence in nature. Nature itself, as *natura naturans*, is the "ideal world of light", in other words the universality that contains the reason of nature. This is not to be understood as if the absolute's ideal dimension was an absolute *figure*, however; this would amount to imagining that Schelling really saw the absolute as a gigantic animal, with a head and a tail to wave. The absolute in nature is the divine imagination (*Einbildungskraft*) (I, VII, 202): it is not a reserve of fixed images but the *act* of a transcendental imagination, whose activity produces the forms of everything in the eternal movement of real life.

Sometimes, Schelling says that natural beings are *"real simulacra"* (I, VII, 172), produced by nature's own "imagination" when its activity is suspended in finite beings – and the absolute shows them to be *true ideas* when it shows their infinite connection. The divine imagination itself is nothing else than the activity of engendering and destroying such simulacra, and of showing their mutual connection in the All of nature.

Only philosophy, rising to intellectual intuition of the all of nature, sees the transcendental imagination of nature as a subject: as "the sacred soul of the world". "Subject" must not be understood in the Cartesian sense here, as a consciousness separated from its objects, nor as an agent separated from its products. It is like the "soul" in the ancient sense of the word: the movement of life that synthetizes an infinite connection of its parts. Schelling refers to the whole of nature as an "organism" because he could no longer think of it as a "mechanism" – and not because he would posit it as a separate *person*. The absolute as nature is the constant craving for light and the constant falling to the nocturnal nonground: it is alive precisely because it cannot abstract itself from its own gravity, but it lives of it.

The intellectual intuition of nature in its absoluteness is not a *Dasein*'s experience of nature as an organism. It is the manifestation of reason, which *cannot* not think of nature as a unity, and which *cannot* understand this unity otherwise than as a life, which is the engendering of being out of nothingness, and the engendering of sense out of chaos. The intellectual intuition of nature seizes the reason (light) of its being (gravity) – or the infinity of the finitude of being. For Heidegger, even though Schelling ignores it, such an intuition would still determine a *Dasein* – a *Dasein* that is no longer ours, for it is only a pure form of reason. Perhaps something of such a *Dasein* remains pertinent for us, however.

Schelling's heritage

How is Schelling's *Naturphilosophie* reflected in the modern phenomenology of nature? While Heidegger rejects it altogether, the late Merleau-Ponty appropriates a number of its main features in his ontology of nature. Both Schelling and Merleau-Ponty interpret the elemental ground of being as *living nature*. Both assert that only a certain *retreating of consciousness* can reveal elemental nature.

For Schelling, the reduction of the consciousness reveals an elemental reason that is articulated in fundamental laws of nature and of being: the global articulation of elemental nature is an infinite organism. For Merleau-Ponty, on the contrary, the reduction of the consciousness reveals the anonymous body: the elemental is the "flesh", that is the horizon of bodily experience. Notwithstanding the manifest opposition between "organism" and "flesh", these two conceptions of the elemental are actually very close to one another.

Both Schelling and Merleau-Ponty describe elemental nature as the domain of pure *difference* (the real antagonism between dynamic poles or between existence and the existent vs. the experience's *écart* between touching and the touched). Beings are their difference from other beings before being anything in themselves, and nature is an originary plurality precisely because it is a real, active difference. Finite beings are determined by their relations to other finite beings, and not by a transcentental form. This is why both Schelling and Merleau-Ponty hold that beings are not *in* a general space-time, but that each one is its own spatialization and temporalization (cf. Barbaras 2002, 7).

Likewise, the being's *forms* are essentially traces of this interaction: for instance, if Schelling defined an animal species as antagonism towards alien individuals and as recognition of individuals of the same kin, Merleau-Ponty defines it as interanimality (Merleau-Ponty 2002, 224) founded on *active, creative* kinship (Barbaras 2002, 8). The general idea that reason (Schelling) or language (Merleau-Ponty) extract from this interaction is not an ontological *model* of individuals, but simply the emergence of a *logos* in a primordially given reality.

Both Schelling and Merleau-Ponty consider nature from the perspective of its *being*. For Schelling, *existence* is the wonder at the origin of the philosophy of nature; for Merleau-Ponty, flesh is really the name that *there is* (*il y a*) being (e.g. Merleau-Ponty 2002, 140, 263). Both consider existence in terms of tension between what comes forth and what retires, so that these are not two domains of being but are rather two layers of the same existence. Both are close to Heidegger's description of being as *fysis kryptesthai filei*, except that they interpret it in terms of a "living nature".

While Schelling speaks about light, Merleau-Ponty defines flesh as visibility, "Sichtigkeit" and "Urpräsentierbarkeit" (Merleau-Ponty 2002, 171, 175); while Schelling speaks about gravity, Merleau-Ponty describes the thickness of flesh as a retiring into the invisibility, latency and profundity (Merleau-Ponty 2002, 173, 177) of a "Nich-Urpräsentierbar" (Merleau-Ponty 2002, 266). The Schellingian tension between "gravity and light" is reproduced in the Merleau-Pontian tension between "visibility and invisibility" of flesh – like it will be reflected again in Jean-Luc Nancy's *Être singulier pluriel*, according to which "bodies" (*corps*) are nothing but a tension between "weight and sense" (*poids et sens*), that is to say between a single movement in which the body *is* the withdrawing of its being and the exposition of its sense. I would thus say that Schelling and Merleau-Ponty look at the "same" nature.

However, their *views* of the "same" nature are different. Both start by seeking a level of an "elemental thinking", in which nature's differential being (or "life") can only be reached by going beyond ordinary immediate consciousness and beyond scientific reflection. They "reduce" the conscious ego in order to bring forth an extatic exposition to the "savage being" before the division into subject and object or into essence and existence. One can only reach the elemental in such a movement of the "retreating" of the consciousness.

Schelling finds this extasis in "intellectual intuition", which remains *intellectual* and connected to reason, whereas Merleau-Ponty finds it in "perceptive faith", which is *sensible* and rooted in the *body*. The difference between the two does not reproduce the naïve distinction between the contemplation of disincarnated ideas and the immediate perception of natural facts: such a distinction only characterises knowledge, whereas here it is a question of our access to being itself. The perceptive faith in the savage being underlies all of our experience: it does not sense any immediate natural things but the ontological fact *that there is being (qu'il y a l'être)* (e.g. Merleau-Ponty 2002, 136-137) – a sensible world, a nature (*ibid*, 263, 315).

The "flesh" is the visibility of this world, entirely "exposed" (visible) but never really "naked" (its profundity is invisible). Schelling's intellectual intuition starts from the wonder of singular existence too, but it is not "sensible". On the contrary, he questions the supreme rationality of this wonder through a radical ontological reinterpretation of the scientific terms gravity, gravitation, space, time and organism, and of the metaphysical term cause. He refuses to start with the empirical I: his intellectual intuition is not *my* experience of the world, but on the contrary the world reason's experience of itself that takes place *in* me when I leave my empirical self and accompany reason's auto-exposition. Merleau-Ponty's perceptive faith seems closer to the empirical I, since I, however, (Merleau-Ponty 2002, 181, 185, 251, 263), and mainly shows how "we are the world thinking of itself" (*ibid*, 175). Both are instances of elemental thinking, but the former reveals the elemental *reason* that animates the world, whereas the latter reveals the elemental *horizon* of bodily experience.

When nature is regarded *as such* it is difficult to differentiate between nature as an organism and nature as flesh: but when it is regarded as a function of the two *philosophical positions* of intellectual intuition and perceptive faith, the difference becomes evident. One cannot *sense* the system-organism, one can only think of it; and one cannot *think* of the flesh, one can only sense it. Only reason sees the world as a subject, as an *organism*. Perceptive faith, on the contrary, denies the possibility of such an overall view: no doubt it relates to the *entire* horizon of an experience, but this *flesh* is more like a tissue without an organising overall structure. We are taken in it, we are *of* the world (*ibid*, 175), our passage to the savage world is necessarily incomplete (*ibid*, 229). This is how different *experiences of thought* give two different *articulations* of the "same" nature: "organism" and "flesh".

Merleau-Ponty does not analyse Schelling's thinking in any detail. He might critically suggest that Schelling's *Naturphilosophie* is a doctrine of reflection, that leaves nature in the state of an object (Low 2000, 41), or he might generously agree to understand intellectual intuition as a "surreflexion" that only breaks faith in the world in order to see it better (Dastur 2001, 163).

In the end, however, he would probably count Schelling among the thinkers who transform the "good" dialectic (considering the ambiguity and the plurality of relations) into a "bad" dialectic that makes a new *thesis* of the world (cf. Merleau-Ponty 2002, 127). In other words, Merleau-Ponty would probably finally share the conclusion of Heidegger's much more detailed deconstruction of

Schelling: Schelling's conception of nature as an organism would be an essential consequence of his way of thinking of being as subjectivity, which would bind him to the epoch of metaphysics. The absolute is nothing but a novel thesis of the world-subject as a universal organism.

Like Heidegger, Merleau-Ponty seeks a sense of the world that is no longer that of the organic totality of nature. Starting from experience, he seeks the primordial structures of a *lifeworld*: the "infinity of *Offenheit*, not the *Unendlichkeit* - the infinite of *Lebenswelt* and not the infinite of idealisation" (Merleau-Ponty 2002, 221). This is why he speaks of perception instead of matter, and of language instead of ideas: he describes the human experience of the world, not its divine thought.

In our time it might be easier to share Merleau-Ponty's experiential point of view of nature than Schelling's scientific mythology. Nevertheless, we should not underestimate the radicality, even the wildness of Schelling's conception. I have shown that Schelling's nature-subject is not a thesis of a figure, but rather the *event* of its own reality: it is a pure "will to give birth to itself" (I, VII, 359), and to be connected as a whole.

Nature is the free productivity of being and the free activity of the divine imagination; it is the apparition of being out of nonbeing and the emergence of a form out of formlessness. From the finite point of view, each birth happens against the negativities of difference and non-being; in a living being's case that would be the negativities of (sexual) difference and of death (of the parents). From the infinite point of view, each birth is a coming-to-be against an ontological negativity: in nature it is the irreducible obscurity of gravity, in the human world the irreducible ambiguity of human liberty. The very life of what Schelling calls the "totality of being" contains an irreducible obscurity that fights the luminous ideal unity – and often overcomes it. It is nature's capacity of breaking free from ideal love: for nature is mysterious precisely because she does not bend, impotent, to reason's legislation, but in each and every one of her creations she has the potency for rebellion. This is what Heidegger would not take into consideration, and what Merleau-Ponty (cf. Vallier 2000, 96) and Nancy might tacitly recognise in Schelling.

This night of chaos and unreason gives to Schelling's nature a finitude that is comparable with the retiring of being in Heidegger's *fysis kryptesthai filei* and with the invisible profundity of Merleau-Ponty's flesh. On the other hand, the light of reason also gives it a figure of infinity that contemporary phenomenology cannot share. Originally, gravity and light refer to the solar system (cf. I, VII, 141), and the idea of a world soul reproduces the reference to a magnificent world system, whose majestic movement is the ultimate image of reason's infinity. This reference was abandoned in 20th-century thought (and science).

In *Écriture du désastre* Blanchot expresses the explosion of the closed planetary system as a "disaster" (*dés-astre*), that exposes the cosmos as an infinity of stars (*astre*) without a centre. In the absence of a univocal centre, thought has to start from the finite perspective of the singular experience. For Heidegger this meant abandoning the question of nature as such, and opening up the question of our native world, instead, so that nature is hardly more than an obscure glimpse of Earth at the margin of *Dasein's* world.

For Merleau-Ponty, it meant looking at nature from the midst of its tissue, with no possibility of an overview. His "flesh" might be infinite, but its infinitude is only the illimited character of a horizon, which opens in an experience that is *of* the same world. It is a finite thought of a horizon with no issue, of an illimited tissue, of a life without superior organisation, and that certainly forms no subjectivity of its own. Analogically, Nancy's world of singular plural "bodies" happens as endless lateral touches but knows of no general organisation.

In the end, my aim is not to choose between the diverse representations of nature as organism, earth, flesh or body, but to uncover a common structure. All of the philosophers under scrutiny in this article seek to go beyond the natural beings *hic et nunc* (and beyond the scientific, esthetic or other representations that capture their presence) in order to find what is absent in the common presence of natural things: "nature itself" as the elemental basis of our existence.

This movement does not produce just another transcendental philosophy of nature, since these analyses seek to go beyond the transcendental subject. All of them show that the elemental cannot be the object of a subject: on the contrary, in order to break the "closure of subjectivity", it requires of us an extasis where *we* are not there, either (*Da*), but an elemental thinking happens *in us*. Absent from ourselves, we then believe to be exposed to the absent first nature, as a dreamer believes he or she is exposed to the night. Do these two absences really coincide? Can elemental thinking truly reveal the elemental being? Can one dream about the night?

In terms of common sense, the supposition of such a coincidence is, of course, unjustified: *it* is the very insanity and madness that hide in the abyss of Schelling's nocturnal nonground and at the non-presentable profundity of Merleau-Ponty's flesh. However, one aim of elemental thinking is precisely to make us *comprehend* the darkness at the heart of the first nature. Natural science abstracts from "my consciousness", too: it simply rests unconscious of this unconsciousness. Instead, elemental thinking shows why consciousness, even the scientific one, necessarily faints before nature: this unconsciousness is the "nocturnal" nonground of nature.

Thinking this night is another aim of elemental thinking. We cannot think it as such, but we can make it appear as the shadow of ignorance in the words of our knowledge – just as we cannot dream the night itself, but we can sense its profundity in the visions that it sends to us. Schelling's "organism" might be a dream of reason, Heidegger's "Earth" might be a poetic dream, Merleau-Ponty's "flesh" might be a bodily dream. If they do not illuminate our world, they remain the philosopher's daydreams. But if they give at least some more sense to our existence, we can consider such figures to be nocturnal nature's dreams in us: true figures of elemental nature.

Literature

Barbaras, Renaud (2002) : "Merleau-Ponty et la nature", http://pedagogie.ac-toulouse.fr/philosophie/forma/barbaras.htm

Bonsiepen, Wolfgang (1997): *Die Begündung einer Naturphilosophie bei Kant, Schelling, Fries und Hegel. Mathematische versus spekulative Naturphilosophie*, Frankfurt am Main.

Brito, Emilio (1987) : *La création selon Schelling*, Louvain.

Courtine, Jean-François (1990) : *Extase de la raison. Essais sur Schelling*, Paris.

Dastur, Françoise (2001): *Chair et langage. Essais sur Merleau-Ponty*, La versanne.

Fischbach, Franck (1999) : *Du commencement en philosophie. Étude sur Hegel et Schelling*, Paris.

Fischbach, Franck et Renault, Emmanuel (2001): "Introduction" à Schelling, *Introduction à l'Esquisse d'un système de philosophie de la nature*, Paris.

Gusdorf, Georges (1993) (1. ed. 1984) : *Le romantisme II*, Paris.

Hegel, Georg Wilhelm Friedrich (1986 1) (1830): *Enzyklopädie der philosophischen Wissenschaften II*, Frankfurt am Main.
– (1986 2) (1816): *Wissenschaft der Logik II*, Frankfurt am Main.

Heidegger, Martin (1997): *Der deutsche Idealismus (Fichte, Schelling, Hegel)*, (Vorlesung von 1929), *GA 28*, Frankfurt am Main.
– (1995): *Schellings Abhandlung über das Wesen der menschlichen Freiheit (1809)* (Vorlesung von 1936), Tübingen.
– (1991): *Die Metaphysik des deutschen Idealismus (Schelling)*, (Vorlesung von 1941), *GA 49*, Frankfurt am Main.
– (1990): (1957), *Identität und Differenz*, Pfullingen.
– (1988): *Hegels Phänomenologie des Geistes*, (Vorlesung von 1930-1931), *GA 32* Frankfurt am Main.

Jankélévitch, Vladimir (2005) (1933): *L'odyssée de la conscience dans la dernière philosophie de Schelling*, Paris.

Low, Douglas (2000): *Merleau-Ponty's Last Vision. A Proposal for the Completion of The Visible and the Invisible*, Evanston, Illinois.

Merleau-Ponty, Maurice (2002) (1964): *Le visible et l'invisible*, Paris.
– (1994) (cours de 1956-1957), *La nature. Notes, cours du collège de France*, Paris.
Marquet, Jean-François (2006): *Liberté et existence. Étude sur la formation de la philosophie de Schelling*, Paris.

Nancy, Jean-Luc (2000): *Être singulier pluriel*, Paris.

Renault, Emmanuel (2002), *Philosophie chimique. Hegel et la science dynamiste de son temps*, Bordeaux.
– (2001): *Hegel. La naturalisation de la dialectique*, Paris.

Schelling, Friedrich Wilhelm Joseph von (1856-1861): *Sämmtliche Werke*, hg. v. K. F. A. Schelling, Stuttgart, Augsburg.

Schulz, Walter (1955): *Die Vollendung des deutschen Idealismus in der Spätphilosophie Schellings*, Stuttgart, Köln.

Tilliette, Xavier (1992) (1970): *Schelling. Une philosophie en devenir. T. I. Le système vivant*, Paris.

Vallier, Robert (2000): "Être sauvage and the barbaric principle: Merleau-Ponty's Reading of Schelling". *Chiasmi international 2*, 83-106.

Vetö, Miklos (2002): *Le fondament selon Schelling*, Paris.

Die anthropologische Frage nach dem Nichts:
Zum Problem des „Schaffens" bei Fink und Nietzsche

Annamaria Lossi

> „Geschaffenes als Geschaffenes verstehen kann grundsätzlich nur ein Wesen, das sich in seinem Sein zum Nichts verhält".[1]

> „[...] Nur als aesthetisches Phänomen ist das Dasein und die Welt ewig gerechtfertigt".[2]

1.

Die Perspektive, aus der heraus wir Finks und Nietzsches Auffassung des Schaffens im Folgenden betrachten möchten, ist die Perspektive des Nichts. Wie bekannt eröffnet sich die Frage nach dem Nichts nicht nur bei diesen Denkern; in ihrer prägnantesten Weise tritt sie bei Heidegger, in seiner Antrittsvorlesung *Was ist Metaphysik?* auf, und zwar an der Stelle, wo er vom wissenschaftlichen Verständnis des Seienden spricht. Heidegger schreibt der Philosophie in dieser Vorlesung die anspruchsvolle Aufgabe zu, das Sein des Seienden überhaupt zu denken, und entsprechend ließe sich ableiten, dass sich auch erst damit *philosophisch* die Möglichkeit auftut, das Nichts zu denken.

Die ganze metaphysische Tradition kennzeichnet das Nichts in einem negativen Sinne; sie kann als der Versuch verstanden werden, den Menschen der nichtigen Sinnlosigkeit des Lebens zu entziehen. Durch diesen titanischen Versuch wurde sie dazu getrieben, das Wesen des Menschen in etwas zu gründen, was der Sinnlosigkeit des Lebens radikal entgegensteht: im Übersinnlichen.

Der Sinn dieser metaphysischen ‚Umdrehung', den Menschen auf der Basis einer ihm zunächst fremden und ihn *ver*fremdenden Welt zu begreifen – derjenigen des absoluten Seins –, liegt zuletzt darin, das Ungewisse und Vergängliche in ein tröstend Unveränderbares umzuwandeln. Der Ausgangspunkt von etwas, das ewig dauert und sich ewig bewahrt, erzwingt wiederum, den Menschen als ein mangelhaftes Wesen zu verstehen, das fundamentale Orientierungspunkte (wie Gott, Werte, das Gute) für sein allzu sinnlich geprägtes und im Werden sich vollziehendes Leben benötigt. Das hat Nietzsche in einer prägnanten Weise demaskiert, wenn er in Bezug auf das asketische Ideal schreibt:

> „Dass aber überhaupt das asketische Ideal dem Menschen so viel bedeutet hat, darin drückt sich die Grundthatsache des menschlichen Willens aus, sein horror vacui: er braucht ein Ziel, — und eher will er noch das Nichts wollen, als nicht wollen« (GM III, KSA 5, 339)."

---

[1] Fink 1995[2], 116.
[2] Nietzsche, GT 5, KSA 1, 47.

Wie verhalten sich dieses metaphysische Verständnis des Menschenwesens und sein impliziter »horror vacui« zu den Auffassungen von Nietzsche und Fink? Wie lässt sich bei ihnen der Gedanke des Schaffens mit dem des Nichts verknüpfen? Der Zusammenhang zwischen dem Elementalen (sowie den unterschiedlichen Gedanken und Interpretationen zu diesem Neologismus) und dem Nichts ist von eigentümlicher Art: der ‚negative Sinn' des Nichts erscheint in der Tradition der Metaphysik zum einen als eine Art Verdrängung des Nichts, zum anderen, wo das Nichts vom Übersinnlichen her verstanden wird, als eine Form von Privation.

Wie aber kann das Nichts selbst einen anderen Sinn gewinnen oder anders formuliert werden? Wie kann man es gerade in seiner Sinnlosigkeit als Grenze verstehen?[3] Wenn das Nichts als das Elementale auch und gerade als eine besondere „Fülle" bestimmt werden kann, möchte ich im folgenden versuchen, diese „Fülle" mit Nietzsches Formulierungen und Finks Bemerkungen über das Schaffen als einen Komplementärbegriff zum ‚negativen' Nichts herauszustellen.

Wir möchten also die These verfolgen, dass das Schaffen als menschlicher Grundzug erst in einem nihilistischen Zusammenhang wirklich verstanden werden kann, und das bedeutet: nur wenn das Nichts so ernst genommen wird, wie es in Nietzsches Auffassung des Menschen einerseits und derjenigen Finks andererseits geschieht.

Nietzsches und Finks Versuch, den Menschen auf eine menschliche Ebene, nämlich auf die des horizontalen Bezuges zu sich selbst, zu stellen, kann in seinem ganzen Umfang nur durch ein positives Verständnis des Nichts erschlossen werden. Zunächst einmal hat Nietzsche mit dem Wort „Gott ist tot"[4] die metaphysische Auffassung erschüttert in einer Weise, die die Begriffssphäre des Übersinnlichen zusammenbrechen ließ, so dass das Sinnliche in all seiner Vieldeutigkeit hervortrat. Diese ‚Umdrehung'[5] besteht jedoch nicht einfach darin, das Sinnliche nun an die Stelle des Übersinnlichen zu setzen, als bezweckte Nietzsche allein, ein Werte schlechthin vernichtendes und bloß destruktives Denken durchzusetzen. Es geht ihm vielmehr darum, das Werden auf eine nicht mehr negativ bezogene, das heißt passive, sondern auf eine originäre und aktive Weise ins Sein bringen zu können. Nietzsches bekannte Worte lauten ja:

---

[3] Mit Merleau-Ponty kann man auch die Frage stellen, ob es eine Undurchdringlichkeit im Nichts (oder der *chair*) gibt, oder ob hier gerade ein anderes Modell – das von Schichten des Erscheinens und Verbergens, die erfahren werden können – weiterführt. Diese Frage wurde im Laufe der Tagung mehrmals und auf verschiedene Weise diskutiert. Wir verweisen in diesem Zusammenhang auf die Merleau-Ponty gewidmeten Beiträge in diesem Band.

[4] Im Anschluss an Nietzsches Nihilismusauffassung schreibt Nielsen: „Der mit dem Gottestod auseinanderfahrende Horizont des Phänomenalen hinterlässt kein Residuum mehr, auch nicht Rückstand der Welt im transzendentalen Bewusstsein. Was hervorbricht, ist vielmehr die Wirklichkeit als ein *Chaos*". (Nielsen 2005, 64).

[5] Vgl. Nietzsches Worte: „Meine Philosophie ist *umgedrehter Platonismus*: je weiter ab vom wahrhaft Seienden, um so reiner schöner besser ist es. Das Leben im Schein als Ziel". (N Ende 1870-April 1871, 7 [156] KSA 7, 199).

„Dem Werden das Sein einzuprägen: das ist der größte Wille zur Macht"
(N 7 [54], KSA 12, 312).

Trotz seiner Nietzsche-Interpretation, die einem „traditionellen" Deutungsmodell verhaftet bleibt und den Aspekt eines umfassenderen, das Nichts einbeziehenden Schöpferischen vernachlässigt[6], wird der Mensch auch in Finks existenzial-anthropologischem Blick, wie er vor allem in den *Grundphänomenen des menschlichen Daseins* expliziert wird, als derjenige aufgefasst, der aus dem Horizont des Nichts sein Welt- und Selbstverständnis bildet. Das Selbstverständnis des Menschen nimmt vom Nichts seinen Ausgang und es bleibt in seinem Dasein in Raum und Zeit durch und durch vom Nichts bestimmt. Es mag zwar auch eine Überwelt existieren, aber ihr wird keine Bestimmungsfunktion für den Menschen zugedacht.

Die Bestimmung des Menschen geschieht *im* Vollzug des Lebens, d. h. darin, dass der Mensch sein Leben in Gemeinschaft konkretisiert und prägt. Hier, in dem Gedanken eines „horizontal" zu entfaltenden Wesens des Menschen, der bei Fink in aller Deutlichkeit auftritt, wird Nietzsches Einfluss offenkundig. Aber mehr als das gibt es bei Fink von Anfang an eine ähnliche Bewegung des Denkens in die schon von Nietzsche aufgenommene Richtung. Der erste Schritt zur Veranschaulichung dieses eigentümlichen Verhältnisses zwischen Nichts und schöpferischer Kraft geht von der sowohl Nietzsches als auch Finks Denken prägenden Grundeinsicht aus, dass der Menschen das einzige Wesen ist, das sich zum Nichts verhält. Von hier aus kann der Begriff des Schaffens in einem tieferen Sinne erläutert werden.

Zugleich sind damit nämlich Fragen zum Selbst und zum möglichen Ganzseinkönnen des Menschen im Spiel: Mit Nietzsches ‚Wille zur Macht' ist da einmal der Steigerungsgedanke, der zunächst rein quantitativer Natur erscheint. Mit der Umbildungs-, Nachformungs- und Ausheilungskraft treten dagegen vor allem qualitative Züge hervor, die nicht unbedingt mit einem Steigerungsgedanken einhergehen. Die damit angesprochenen verschiedenen Seiten des Gedankens vom ‚Willen zur Macht' umreißen einen Umgang mit der menschlichen Not, wie ihn auch Fink vor allem in seinen pädagogischen Schriften schildert. Sie zeigen den Menschen zum einen als dasjenige Lebewesen auf, das sich auf das Ganze der Welt bezieht, zum anderen als das mit der Erde verbundene *animal*, das sich nicht jenseits von Wechsel und Veränderung verstehen kann. Beide Aspekte haben mit einem Urbegriff des Schöpferischen zu tun insofern, als dieser im Sinne eines Vermögens zugleich zur Vernichtung wie zur Neu- und Umbildung zu verstehen ist.

---

[6] Vgl. Fink 1986[5].

2.

Dass sich der Mensch als ein auf das Nichts geöffnetes Wesen zu seinem eigenen Leben verhält, zieht eine Reihe von allgemeineren Überlegungen nach sich: nach dem, was seine Seinsverfassung ausmacht. Der Mensch bringt sich als ein solches offenes Lebewesen in Form, indem er die Aufgabe der Selbst-Gestaltung ausdrücklich übernimmt und hier durch einen Kampf von divergenten Kräften, Trieben und Gefühlen zu sich kommt.

Von einem anthropologischen Gesichtspunkt aus weist die einheitliche Gestaltung des *In-dividuums* auf ein zunächst Gestaltloses und Undifferenziertes, auf ein *Dividuum,* zurück. Hier sei an die in der *Geburt der Tragödie* durchgeführte Analyse des *principium individuationis* und dessen Auflösung im Dionysischen, im Geiste der Musik, und d. h.: der Kunst, erinnert.

Nietzsche zeigt, wie der Selbstgestaltungsprozess des Menschen die Einführung einer Schaffenskraft notwendig mit sich bringt, die bei ihm erst den Namen „plastische Kraft" und dann „Wille zur Macht" trägt[7]. Sie kommt im Rahmen von Nietzsches Kritik an der naiven Systematisierung und „Katalogisierung" des Lebens zum Vorschein. Anfang der 70er Jahre spricht Nietzsche von der plastischen Kraft des Menschen im Werk *Vom Nutzen und Nachteil der Historie für das Leben*. Dabei denkt er zunächst an eine allgemeine Kraft des Lebens, die zugleich als Lebensvollzug zu denken ist. Sie kommt ins Spiel, sofern das Leben einer Versammlung des Vorübergehenden bzw. einer Interpretation des jeweils Zustoßenden bedarf, was eine „Umbildungs-", „Nachformungs-" und „Ausheilungskraft" voraussetzt. Werden die Wirkungen dieser Kraft bzw. wird die Kraft als solche beseitigt, geht nicht nur ein Aspekt des Menschen verloren, geschieht nicht nur eine ins Theoretische führende Ausdörrung des Lebens, sondern der Mensch selbst geht zugrunde.

Nietzsche interpretiert damit auf kritische Weise die Auflösung der eigentümlichen Balance von Werden und Sein in der Epoche des Rationalismus und Historismus. Mittels der Logik hat sich der Mensch zu einem rationalisierenden und rechnenden Lebewesen gewandelt, das einen bloßen Aspekt seiner eigenen vielfältigen und reichen Natur bis zum Äußersten getrieben hat, um den Preis, dass er sich nicht mehr im umfassenden Spielraum des Lebensvollzuges zu bewegen vermag. Als eine Konsequenz hat diese Durchsetzung der Logik auch die ausschließlich negative Bedeutung des Nichts mit sich gebracht. Nietzsche bringt das zur Sprache, wenn er die theoretische Erstarrung als eine Ermüdung des Denkens begreift, indem er sie mit einer Art von „Schlaflosigkeit" und einem „Grad von Wiederkäuen und historischem Sinne" in Zusammenhang bringt, „bei dem das Lebendige zu Schaden kommt, und zuletzt zu Grunde geht" (NNHL 1, KSA 1, 250). Unmittelbar damit verbunden sind Gedanken und Überlegungen

---

[7] Mit „Wille zur Macht" benennt und betont Nietzsche zugleich das Moment des Schaffens, aber doch auch und vielleicht maßgeblich dasjenige des Befehlens. Dazu Figal 1999, vor allem 230-236 und 245-252.

zum Griechentum und dessen „goldener Zeit". Im Umkreis der *Zweiten Unzeit-gemäßen Betrachtung* heißt es dazu:

> „Das künstlerische Schaffen fällt für den Griechen eben so sehr unter den unehrwürdigen Begriff der Arbeit, wie jedes banausische Handwerk. Wenn aber die *zwingende Kraft des künstlerischen Triebes* in ihm wirkt, dann *muß* er schaffen und sich jener Noth der Arbeit unterziehn. [...] Das lustvolle Staunen über das Schöne hat ihn nicht über den Werdeprozeß verblendet, der ihm wie alles Schaffen in der Natur erschien, als eine gewaltige Noth, als ein gieriges Sich-Drängen zum Dasein. Dasselbe Gefühl, mit dem der Zeugungsprozeß als etwas schamhaft zu Verbergendes betrachtet wird, obwohl in ihm der Mensch einem höheren Ziele dient als seiner individuellen Erhaltung: dasselbe Gefühl umschleierte auch die Entstehung der großen Kunstwerke, trotzdem durch sie eine höhere Daseinsform inaugurirt wird wie durch jenen Akt eine neue Generation" (N 1871, KSA 7, 339-740, Hervorh. AL).

Die Schaffenskraft wird als eine „zwingende Kraft des künstlerischen Triebes" aufgefasst. Als Trieb stellt sich das Schöpferische als ein lebensnotwendiger und basaler Impuls des Lebensvollzuges dar. Es ist die *Zweite Unzeitgemäße Betrachtung*, in der Nietzsche sich in besonderer Weise auf die von ihm so genannte „plastische Kraft" in Bezug auf das Leben und auf das, was sich zunächst als das bedrohlich Fremde im Vergleich zum Vertrauten darstellt, besinnt. Er sagt, es gehe dabei um eine besondere Kraft, die es vermag,

> „aus sich heraus eigenartig zu wachsen, Vergangenes und Fremdes umzubilden und einzuverleiben, Wunden auszuheilen, Verlorenes zu ersetzen, zerbrochene Formen aus sich nachzuformen" (NNHL 1, KSA 1, 251).

Insofern das Leben zum einen nach einer sich möglichst vom Ganzen abgrenzenden Form, zum anderen aber nach keinem festen Modell sucht, bestimmt sich auch sein Wesen immer wieder neu. Nur als ein zunächst an Sein Mangelndes bzw. als Nichts lässt sich das Leben gestalten und immer wieder neu gestalten. Es muss dabei besonders betont werden, dass in Bezug auf den Menschen unter „Wesen" kein schon etabliertes Muster, kein in seinen Konturen ein für allemal umrissener Boden verstanden werden darf. Wenn man das Sein nicht im Sinne eines unveränderbar Zugrundeliegenden (*hypokeimenon*) achtet, sondern als sein „Wesen" das im Werden Gestaltete, und deshalb immer wieder neu Gestalt- und Erkennbare, das doch zugleich in seinen unendlichen Figuren und Bildern als ein dem Leben in seiner jeweiligen Verbindlichkeit zuverlässiger Orientierungspunkt angesehen werden muss, lässt sich auch das Leben selbst neu verstehen: als das, was und wie es jeweils *werden kann*.

Das, was Nietzsche in seinen Überlegungen bis zur äußersten Konsequenz verfolgt, ist das Moment der Darstellung und Gestaltung als einer Lebensbedingung des Menschen. Denn es liegt gerade in der Gestaltgebung, dass das schöpferische Moment als eine Mischung von Sein und Nichts, als Werden und Vergehen, in seiner Unvollkommenheit und Bestimmbarkeit zugleich als eine Lebensbedingung des Lebens selbst erscheint.

Die Aufgabe der schöpferischen Kraft betrifft demnach zum einen das Verhältnis des Werdens zum Sein, das jeweils in eine Bestimmtheit zu fassen ist, ohne es doch als Werden oder als Sein anzuhalten. Das Werden im Zusammenspiel mit dem Sein, welches zugleich selbst im Sinne einer *via negationis* ‚geleugnet‘[8] wird, lässt sich demnach in der Form einer „Nebelhülle" immer wieder neu gestalten. Aber es ist bemerkenswert, dass sich das Schaffen in seiner Doppelvalenz zum anderen als ein zur Entstehung bringendes wie zugleich vernichtendes darstellt, wie es in der *Fröhlichen Wissenschaft* heißt:

> „[...] Der Schein von Anbeginn wird zuletzt fast immer zum Wesen und *wirkt* als Wesen! Was wäre das für ein Narr, der da meinte, es genüge, auf diesen Ursprung und diese Nebelhülle des Wahnes hinzuweisen, um die als wesenhaft geltende Welt, die sogenannte *„Wirklichkeit"*, zu *vernichten*! Nur als Schaffende können wir vernichten! — Aber vergessen wir auch diess nicht: es genügt, neue Namen und Schätzungen und Wahrscheinlichkeiten zu schaffen, um auf die Länge hin neue „Dinge" zu schaffen" (FW 58, KSA 3, 422).

Nietzsches Verständnis des Schöpferischen gehört in den Zusammenhang eines vollzogenen, auch ‚ekstatisch‘[9] genannten Nihilismus. Der Nihilismus gilt sogar als umfassender Ausgangspunkt der Besinnung auf das Schaffen. Nietzsche versteht darunter eine Grundstimmung und eine historische Epoche zugleich. In einer Spätnotiz beschreibt er den „ekstatischen Nihilismus" mit folgenden Worten:

> „Eine pessimistische Denkweise und Lehre ein ekstatischer Nihilismus kann unter Umständen gerade dem Philosophen unentbehrlich sein: als ein mächtiger Druck und Hammer, mit dem er entartende und absterbende Rassen zerbricht und aus dem Wege schafft, um für eine neue Ordnung des Lebens Bahn zu machen oder um dem, was entartet und absterben will, das Verlangen zum Ende einzugeben" (N Mai-Juli 1885 35[82] KSA 11, 547).

Nietzsche bringt hier die äußerste Konsequenz eines Nihilismus zur Sprache, der nicht nur als negativer Bewegungsvollzug die ehemaligen Orientierungspunkte und Werte abschafft, nicht nur das Nichts als *nihil absolutum* darstellt, sondern der auch einen neuen Raum für andere, noch immer als „Werte" bezeichnete Lebensperspektiven hervorbringt. Wenn der Nihilismus nur die Konsequenz nach sich zieht, dass das, was früher als Sein erschien, nun als bloßes Nicht-Sein bzw. „Schein", und d. h. als Illusion und Irrtum, entlarvt werden soll,

---

[8] „Man muß das Sein leugnen" schreibt Nietzsche in einer Spätnotiz (N Frühjahr 1884, 25 [513], KSA 11, 147).

[9] Im Anschluss an Nietzsches Unterscheidung zwischen aktivem und passivem Nihilismus deutet Heidegger dessen rätselhafte Formulierung des „ästhetischen Nihilismus" wie folgt: „Der extreme, aber aktive Nihilismus räumt die bisherigen Werte mitsamt ihren ‚Raum' (den Übersinnlichen) aus und räumt der neuen Wertsetzung allererst Möglichkeiten ein." In Hinblick auf diesen raumschaffenden und ins Freie tretenden Charakter des extremen Nihilismus spricht Nietzsche auch vom „exstatischen Nihilismus" (Heidegger 1961 (II), 281).

bleibt er „*unvollständig*"[10]. Die Unvollständigkeit liegt gerade in der inneren *Un*fähigkeit der bloßen Abschaffung: vernichten heißt ja einfach „*zum nihil führen*", und dieses lässt die Valenz der Gegensätze unverändert.

Nietzsche versteht aber bis zum Ende seine Philosophie als Gegenbewegung gegen den Nihilismus: und zwar als Kunst, d. h. zunächst als Anwendung der das Leben bedingenden, schaffenden Kraft, wie es vor allem der Nachlass aus dem Frühjahr 1888 zutage bringt[11]. Damit wird der Schein jetzt gerade darin bestehen, dass die in der metaphysischen Tradition als Nicht-Sein abgewertete ‚aktive' Täuschung die ursprüngliche Zerrissenheit von Sein und Werden in der Kunst zu einer Einheit bringt. Das ist das, was Nietzsche aktiven Nihilismus nennt. Es geht dabei nicht nur um ein Abschaffen der ehemaligen Werte, sondern auch um eine Bejahung des Lebens, in das die ursprüngliche Zerrissenheit aufgenommen wird und *durch* die und *in* der Kunst zu einer als Schein bzw. als Täuschung verstandenen Einheit zur Geltung kommt.

Anders ausgedrückt räumt zwar der aktive Nihilismus die ehemaligen Werte und deren Geltungsbereich aus, zugleich aber einen neuen Horizont ein, der nun den fruchtbaren Ort für die neu herzustellenden Werte konstituiert. Als solche ist die nihilistische Bewegung ziellos und deshalb unerschöpfbar, weil sie beide Aspekte, den zur Entstehung und den zur Vernichtung führenden, umfasst. Die beiden Aspekte des Schaffens und des Zerstörens stellen sich überhaupt als Voraussetzungen für Nietzsches Verständnis des Schöpferischen dar. Sie stützen sich auf den Boden der Bejahung des Lebens, der Schönheit[12] und nicht zuletzt der Kunst. Aber sie machen das Elementale, d. h. das Konstitutive, unhintergehbare Phänomenale daran aus. Zu der widersprüchlich formulierten Identität von Schaffen und Zerstören gelangt, erreicht der Mensch jene Transparenz seines ins Werden gehörenden Lebens sowie jene Form der Erkenntnis, die die Kunst, welche „die Häßlichkeit der Welt"[13] zu rechtfertigen vermag, darstellt.

Zusammenfassend kann daher das Schöpferische in seiner Tragweite für die Nihilismusauffassung Nietzsches kaum überschätzt werden. Geläufigerweise gilt der Nihilismus jedoch lediglich als historische Bewegung der Destruktion, die die Metaphysik auflöst, indem sie das Übersinnliche des Platonismus beseitigen und zu einem Nullpunkt des Denkens zurückführen will. Zahlreiche Interpreten haben auf diesen destruktiven, mit Gewalt formulierten und unmittelbar vernichtenden Akt von Nietzsches Denken ihre Aufmerksamkeit gerichtet und ihn

---

[10] Dazu: N Herbst 1887 10[42], KSA 12, 476.

[11] N 1888, KSA 13, 14[14], [35], [47], [117], [119], [170]). Dazu auch Picht 1988, 274 und ff.

[12] „Wo ist Schönheit? Wo ich mit allem Willen wollen muss; wo ich lieben und untergehn will, dass ein Bild nicht nur Bild bleibe" Z II, KSA 4, 156.

[13] „Ich selbst habe eine ästhetische Rechtfertigung versucht: wie ist die Häßlichkeit der Welt möglich? – Ich nahm den Willen zur Schönheit, zum Verharren in *gleichen* Formen, als *ein zeitweiliges Erhaltungs- und Heilmittel*" (N 1885-86 2[106], KSA 12, 113. Hervorh. AML).

in diesem Sinne gedeutet, ohne doch die *pars construens* dieser rätselhaften Denkbewegung in ihrer Komplexität genauer in Betracht zu ziehen[14].

Das Nichts als Nihilismus, und d. h. zunächst als Zeit des Nichts, ist aber nichts anderes als ein Moment des Neugestaltens und Deutens, ja ein produktives Moment des Lebens, das sich im Zusammenspiel von Erde und Himmel, Sinnlichem und Übersinnlichem immer wieder neu ereignet. Das aber spiegelt sich auch in einzelnen Lebensgeschichten wieder: es handelt sich um eine narrative Identität im Sinne verschiedener Perspektiven, die sich dann in gemeinsamen Erzählungen zu Geschichte und Geschichten, zu geteilten Identitäten, zusammenschließen.

3.

In seinem Text *Sterblichsein als Grundzug des menschlichen Daseins* hebt Fink die Stellung des Menschen als ein dem Nichts vorbehaltenes Wesen hervor. Als Sterblicher kann sich der Mensch zum Nichts verhalten „und vielleicht – schreibt Fink – kann auch nur ein dem Nichts eröffnetes Wesen überhaupt ‚schaffen', ‚hervorbringen', ‚erarbeiten'"[15]. Diese Pointierung ist mehr als eine vorübergehende Überlegung, sie bedeutet vielmehr eine Selbstverständigung des Menschen, die sich von der traditionellen metaphysischen Auffassung unterscheidet.

Die bestimmte Unbestimmbarkeit des Menschenlebens und -wesens lässt sich auch für Finks existenziale Anthropologie geltend machen, sofern sich das Wesen des Menschen hier nicht als „Gegenstand des wissenschaftlichen Interesses" erweist, sondern, *„wir es je schon selbst sind*, die hier zum Gegenstand des Interesses werden", so dass „die Tatsache dieser Selbstbefragung und Selbstdeutung eine vergegenständlichende Herangehensweise, wie sie die Wissenschaften, seien sie nun Natur- oder Geisteswissenschaften, verfolgen, strikt von sich weist"[16].

Der den Menschen charakterisierende Grundzug liegt nicht darin, ein *anthropos theoretikos* zu sein; das Betrachten oder das theoretische Begreifen gehören zwar zu seiner Natur, aber kommen nicht als vornehmliche Züge seines Daseins zur Sprache. Fink zeigt vielmehr den wissenden Menschen als ein ganz besonderes Sein-zum-Tode auf:

> „Das menschliche Wissen um sein Hier und sein Jetzt setzt ein Verstehen des Raumes und der offenen Zeit und das heißt auch des *Todes* voraus"[17].

---

[14] Nur Karl Löwith könnte eine Ausnahme repräsentieren, sofern auch er den Nihilismus sowohl als „Symptom der Décadence" als auch als „neuen Daseinswillen" deutet. Dazu Löwith 1941, 289 und ff.

[15] Fink 1995, 116.

[16] Nielsen 2006, 9.

[17] Ebd. 10.

Erst der Tod ermöglicht das Seinkönnen des Menschen, das jedes Individuum jeweils in seinem Dasein verwirklicht. Der Tod wird von Fink aber nicht als die Vernichtung schlechthin verstanden, sondern eher in der Gemeinschaft, im Überleben und Weiterleben der Mitmenschen situiert. Der Tod repräsentiert zwar ein Ende, das Zum-Nichts-Kommen eines Individuums; dieses tritt darin aber in einem umfangreicheren, sich nicht zum ‚Selbst' anhaltenden Grundphänomen hervor. Deshalb kann Fink schreiben:

> „Das Leben unterläuft den Tod mit seiner Fruchtbarkeit" (Fink 1995, 152)[18].

Nur indem der Tod als Abscheiden eines einer Gemeinschaft zugehörenden Lebewesens verstanden wird, lässt er sich zugleich auf eine größere, ursprünglichere Ebene beziehen, die wiederum ein anderes Grundphänomen mit einbezieht, nämlich den Eros. Beide Grundphänomene, Tod und Eros, müssen als ein komplementäres Paar verstanden werden; nur aus dieser Komplementarität lässt sich der Tod zwar mit dem Nichts, oder besser: mit der Vernichtung des Lebens verbinden, kann aber andererseits niemals einem bloßen Nicht-Sein gleichgestellt werden.

Die Durchdringung der beiden Grundphänomene Tod und Eros bedeutet aber wiederum nicht, dass nur das Erotische als das schöpferische, dem Tod entgegenstellte Grundphänomen aufzufassen ist. Bei Fink sind mit dem Eros eher gemeinsam geteilte Erfahrungen, a-subjektive, vor aller Vereinzelung dem *pan* zugehörende und erst durch die Vereinzelung eigens zu gestaltende Phänomene verbunden. Er denkt die *Arbeit* als das Grundphänomen, das den Menschen zu dem macht, was er ist; sie ist es, die dem Menschen seine Form gibt, und nicht seine traditionelle Abgrenzung gegen die totale Unvollkommenheit des Tieres zum einen oder die göttliche Vollkommenheit auf der anderen Seite.

Das Schaffen stellt nun ein noch grundlegenderes Phänomen dar, eines, das sich nicht nur an einem Individuum oder Dividuum, an einem solitären Selbst ausrichtet, sondern auch in Richtung auf das, was hier mit dem Neologismus des „Elementalen" (wie es bei Merleau-Ponty die Natur darstellt) gemeint ist.

Im Zusammenhang der Entfaltung der Grundphänomene gewinnt die Perspektive Kontur, die das Schöpferische mit dem Nichts zusammenbringt. Es gilt zu verstehen, dass der Mensch dasjenige Lebewesen ist, das von Natur sowohl durch seine Sterblichkeit bestimmt ist, wie es zugleich von dem Drang getrieben wird, sich, die Dinge und die Umwelt zu verwandeln und zu formen. Mit Finks Worten ausgedrückt:

> „Die Umweltdinge zu verändern und sich selber zu solchem Verändern zu ändern" (Fink 2004, 260).

---

[18] Ergänzend lässt sich sagen, dass „die Negativität des Todes somit sinnhaft bezogen [ist] auf die schöpferische Kraft des Lebens im Grundphänomen der erotischen Begegnung". (Nielsen 2007, unveröffentlichtes Manuskript).

Die Seinsverfassung des Menschen tritt nach Fink gerade darin hervor, dass und indem der Mensch die jeweiligen Lebensvollzüge verwirklicht und lebt, da das Leben selbst nur mittels solcher Grundphänomene zu denken ist: indem der Mensch arbeitet und d. h. den Naturzustand, den Fink als „Wildnis" bezeichnet, verändert und verformt, indem er kämpft und spielt, aber auch indem er liebt und stirbt, zeigt sich sein Wesen.

In diesem Zusammenhang ist auch zu erwähnen, dass die „Wildnis", der von Fink erörterte ursprüngliche Naturzustand, nicht als das reine und unschuldige Verhältnis des Menschen zur Natur aufzufassen ist, wie es z. B. in dem Verständnis des Menschen als einerseits gemeinschaftlich institutionalisiertes wie andererseits natürliches Wesen bei Rousseau geschieht. Die Natur ist, wie man sagen könnte, zunächst

> „Die zeugend-gebärend-tödliche *Physis*, aus der alles wird und in die zuletzt alles wieder zurücksinkt" [19].

Die Lebensbezüge machen den Kern der menschlichen Existenz aus, konstituieren sein In-der-Welt-sein und tragen dem Menschen in seiner Sterblichkeit Rechnung. Erst durch den Tod tritt das Schaffen als ein die Lebensphänomene fundamental durchdringendes Element zutage. In jedem Lebensphänomen zeigt sich die Zugehörigkeit des Menschen zum Ganzen, das Fink selbst mit dem griechischen Wort *pan* benennt, und zugleich zu einer Vergänglichkeit, die in Form einer dauernden Umwandlungskraft und Neugestaltung zutage tritt. In allen menschlichen Vollzügen erscheint dieser Doppelcharakter des menschlichen Wesens. Nicht nur das künstlerische Ding, sondern alle Artefakte sind als Produkte eines immer werdenden und sich umgestaltenden Bedürfnisses des Menschen zu verstehen, der sich der Welt damit einpasst, und indem er sich einpasst, die Welt selbst und die Dinge weiter verwandelt.

Der phänomenologische „Rückgang auf die originäre Selbstgebung des Seienden"[20] und das, was in dieser originären Selbstgebung zu sehen ist, ist gerade die Möglichkeit eines neuen Horizontes, in dem sich der Mensch zu sich und zu der Welt durch eine im Sinnlichen situierte Vernunft und durch seine schöpferischen Fähigkeiten verhält.

Ein weiterer Aspekt von Finks Auffassung des Nichts lässt sich an seiner Pädagogik verständlich machen. Der Versuch des Pädagogen und Philosophen Fink, die Erziehung neu zu bestimmen, geht von seinem Blick auf die Gegenwart aus, die er als Nihilismus bezeichnet[21]. Das bedeutet aber nicht, dass er diesen Versuch einer Neubestimmung nicht dezidiert aus dieser Perspektive heraus vollziehen wollte – er versteht ihn gerade aus dem und im Zusammenhang des Nihilismus. Ein Zitat aus der Vortragssammlung *Zur Krisenlage des modernen*

---

[19] C. Nielsen: Vortragsfassung von *Zum Problem der* Physis *bei Heidegger und Eugen Fink*. Erscheint in: Nielsen, Cathrin/Sepp, Hans Rainer (Hg.): Welt kontrovers. Eugen Finks Alternative zu Husserl und Heidegger, Würzburg 2007.

[20] Fink 2004, 82.

[21] Dazu verweisen wir auf: Barbarić 2005, 153 f.

Menschen bringt seine Einstellung genauer zum Vorschein und lässt den offensichtlichen Einfluss deutlich werden, den Nietzsche auf ihn ausgeübt hat:

> „In allen Ländern der Erde weiß heute der Mensch nicht mehr um den *Sinn* seines Daseins, überall steigt das drohende Gespenst der Verzweiflung auf; der Mensch hat den Weg verloren, weil er kein Ziel mehr hat" (Fink, 1989,7).

In der Zeit des *un*vollkommenen Nihilismus – mit den Worten Nietzsches ausgedrückt – verliert der Mensch sein offenes Wesen und zugleich seine Verbindung zum Ganzen. Das zieht die Konsequenz nach sich, dass das Schöpferische zur bloßen Produktion, zu einer endlosen Herstellung herabsinkt. Es fehlt dabei die innere Verflechtung mit dem Nichts als dem Ursprung des Entstehens und des Werdens, als positive Kennzeichnung eines sich von sich selbst immer neu entfremdenden Menschen.

Literatur

Barbarić, Damir (2005): *Erziehung und Bildung im Schatten des Nihilismus* in: Hilt, Annette/Nielsen, Cathrin (Hg.): Bildung im technischen Zeitalter. Sein, Mensch und Welt nach Eugen Fink, Freiburg, 148-162.

Figal, Günther (1999): *Nietzsche. Eine philosophische Einführung*, Stuttgart 1999.

Fink, Eugen (2004²): *Nähe und Distanz*, Freiburg
-, (1995²): *Grundphänomene des menschlichen Daseins*, Freiburg.
-, (1989): *Zur Krisenlange des Modernen Menschen*, Würzburg.
-, (1986⁵): *Nietzsches Philosophie*, Stuttgart/Berlin/Köln/Mainz.

Heidegger, Martin (1961 I u. II): *Nietzsche*, in zwei Bänden, Tübingen.

Löwith, Karl (1941): *Von Hegel zu Nietzsche*, Zürich/New York 1941.

Nielsen, Cathrin (2006): *Introduzione all'edizione italiana*, in: E. Fink, *I fenomeni fondamentali dell'esistenza umana*, a cura di Annamaria Lossi, Pisa.
-, (2005): *Überwältigte Natur. Überlegungen zum Gesicht des Nihilismus im Anschluss an Nietzsche*, in: Phänomenologie und Gewalt, hg. v. H. Maye und H. R. Sepp, Würzburg, 64-81.

Nietzsche, Friedrich: *Werke. Kritische Studienausgabe*, hg. v. G. Colli und M. Montinari, Berlin 1967 und öfter. Weitergeführt von W. Müller-Lauter und K. Pestalozzi.

Picht, Georg (1988): *Nietzsche*, Stuttgart 1988.

Das herausgeforderte Denken

Das Phänomen und sein Schatten. Zum Verhältnis der Phänomenalität und des Elementalen bei Maurice Merleau-Ponty[1]

Karel Novotný

Maurice Merleau-Ponty knüpft an die Phänomenologie Edmund Husserls an, insofern sie eine Möglichkeit öffnet, sich selbst zu überschreiten in Richtung einer Philosophie der Fleisches, die bei Husserl selbst im Schatten, eigentlich ungedacht blieb, aber trotzdem angedacht wurde. So schreibt Merleau-Ponty in seinem berühmten Aufsatz *Der Philosoph und sein Schatten*:

> „Von den *Ideen II* an scheint es klar zu sein, dass die Reflexion uns nicht in ein geschlossenes und transparentes Milieu versetzt, dass sie uns nicht, wenigstens nicht unmittelbar, vom ‚Objektiven' zum 'Subjektiven' führt, sondern dass sie vielmehr die Funktion erfüllt, eine dritte Dimension freizulegen, in der diese Unterscheidung problematisch wird." (Merleau-Ponty 2003, 247 f.)

Wenn das Phänomen der klassischen Phänomenologie Husserls ein solches Medium ist, in dem die Korrelation des „Objektiven" und „Subjektiven" als etwas Transparentes für eine gereinigte, Epoché übende Betrachtung gegeben sein kann,[2] dann scheint einer der Wesenszüge der phänomenologischen Philosophie Merleau-Pontys darin zu bestehen, das Phänomenale vom Sinnlichen her aufzufassen, in dem das Transparente, Sichtbare mit einem Schatten, einem undeutlichen Halbdunkel wesentlich verbunden ist.

Während bei Husserl das Empfindungsmäßige zwar als Erlebnis anerkannt ist, das an sich thematisiert werden kann, handelt es sich bei ihm um keine Erscheinung, weil und insofern ihm ein intentionaler Charakter fehlt. Bei Merleau-Ponty wird im Gegenzug dazu bereits in der *Phänomenologie der Wahrnehmung* im Kapitel über das Empfinden (Merleau-Ponty 1945), die engste Adhäsion des sinnlichen Empfindens zum sinnlich Empfindbaren der Welt betont, ein Ver-

---

[1] Der Text ist entstanden im Rahmen des Forschungsprojektes *Výzkumy subjektivity*, das durch die Grant-Agentur der Akademie der Wissenschaften der Tschechischen Republik als Projekt Nr. IAA900090603 unterstützt wird, sowie im Rahmen des Forschungsvorhabens der Fakultät der Wissenschaften vom Menschen der Karls-Universität Prag (FHS UK, MSM 0021620843: "Antropologie komunikace a lidské adaptace").
[2] So z. B. § 38 der Vorlesung *Einleitung in die Logik und Erkenntnistheorie*: Der Phänomenologe „blickt sowohl hin auf die Phänomene als auch auf die in den Phänomenen erscheinenden oder denkmäßig gemeinten Gegenständlichkeiten". (Husserl 1984, 230) „Also ist es von vorneherein zu beachten, dass nicht etwa bloß Wahrnehmung oder sonst ein objektivierender Akt in die Immanenzsphäre gehört, sondern auch in gewisser Weise jeder Gegenstand, trotz seiner Transzendenz." (Ebd. 231) „Wir bewegen uns in der Sphäre der Immanenz, insofern wir [...] unsere Untersuchung auf das einschränken, was im ‚Phänomen' gegeben und gemeint ist." (Ebd. 232)

hältnis, das dem Subjekt und Objekt hervorgeht und beide bedeutungsmäßig prägt.

In der Empfindung, im empfundenen *quale*, sowie in der darauf sich aufbauenden Wahrnehmung bekundet sich die Welt selbst. In der Wahrnehmungsanalyse kann dies auf dem Verhältnis der sichtbaren Figur mit dem unthematischen Hintergrund erwiesen werden, ohne den sie nicht erscheinen kann. Dieses Verhältnis ist eine konkret ausweisbare Weise, die Verbindung des Transparenten im Phänomen mit demjenigen zu zeigen, das nie restlos sichtbar gemacht werden kann. Doch dabei bleibt es nicht: Im Spätwerk Merleau-Pontys wird ein alles umgreifendes „primordiales" Sein, Sinnliches als „eine dritte Dimension" gedacht, in der das Phänomenale mit seiner Schattendimension durchdrungen wird. Dem reinen Phänomen Husserls wird ein unreines, gemischtes Sinnliches als ontologisches Milieu entgegengestellt, von dem nach Merleau-Ponty alle Phänomene letztlich herkommen.

Wie kann dieser Ansatz beim Sinnlichen relevant sein für eine Frage nach dem Elementalen? Wenn das Element so wie bei den alten griechischen Philosophen gemeint ist – „um vom Wasser, von der Luft, von der Erde oder vom Feuer zu sprechen" (Merleau-Ponty 1994, 183 f.)[3] – dann scheint es klar zu sein, dass diese Elemente ursprünglich sinnlich wahrgenommen, oder genauer noch: empfunden werden. Die sinnliche Empfindung gibt uns Zugang zu dem, was und wie Elemente sind. Sofern sie ursprünglich auf diese Weise zugänglich sind, gehören sie in die Schattendimension des Phänomenalen, die aber eben die Phänomenauffassung von Merleau-Ponty prägt. Das Elementale scheint aus dieser Perspektive sogar ein Moment *par excellence* der Phänomenalität zu bilden, sofern sie von Merleau-Ponty gegenüber der klassischen Phänomenologie (vor *Ideen II* in seiner Sicht) modifiziert und erweitert wird, und zwar insofern, als sie ursprünglich nicht anders als sinnlich gegeben sind. Kein Kontakt zum Elementalen und keine „Vorstellung" von ihm sind außerhalb und unabhängig vom Sinnlichen möglich.

Ist aber jeder Bezug auf die Elemente ohne das Phänomenale und seine Vermittlung unmöglich? Die Antwort hängt von Breite und Tiefe des Phänomenbegriffs ab. Es ist überzeugend gezeigt, dass es kein phänomenal Sichtbares ohne eine Schattendimension, keine Figur ohne einen Hintergrund gibt.[4] Aber wie weit reicht das Phänomenale in dieser Schattendimension, insofern es vom Sinnlichen aus aufgefasst wird? Schöpft sich auch das Sein der Elemente im Phänomenalen aus, das um seine Schattendimension erweitert, vertieft ist? Kann das Elementale hinreichend durch seine Phänomenalität im Sinnlichen erfasst werden?

---

[3] So eine der wenigen Stellen, die diesen Begriff in das zum Teil noch redigierte, aber nicht mehr vollendete Werk Merleau-Pontys einführen. Vier Kapitel der Schrift wurden im Nachlass gefunden und zusammen mit einer Auswahl der Arbeitsnotizen nach dem Tod des Autors von Claude Lefort unter dem Titel *Das Sichtbare und das Unsichtbare* veröffentlicht.

[4] Eine sehr nuancierte Darstellung des Verhältnisses Figur – Hintergrund findet sich bei Raphaël Gély, vgl. Gély 2005.

Die Elemente können uns bedrohen, sie haben eine zerstörerische Macht, mit physischer Kraft verbunden. Wir fühlen manchmal diese Bedrohung, es ist unser Gefühl, ein Phänomen also. Aber die Elemente sind eben mehr als Phänomene, unter anderen auch weil sie den Menschen zerstören, töten können, ohne sich selbst dadurch zu verbrauchen und zu annihilieren. Da ist ein wesentlicher Unterschied: etwas vom Elementelen scheint in das Phänomenale nicht eingehen, nicht zum Phänomen werden zu können, weil eines der Grundmomente des Phänomens, die menschliche Leiblichkeit nicht mehr da ist. Kann dieser „Schatten" des Sinnlichen vom Sinnlichen her gefasst werden?

Das sind Fragen, die man sich am Rande der Spätphilosophie Merleau-Pontys stellen kann. Am Rande, denn seine Absicht richtete sich nicht auf das Elementale als solches, sondern auf das Sein als Sinnliches, wobei ihm einmal das Element bei seiner Absicht gedient hat.

Die Hypothese, die meinen Exkurs in diesen Bereich leitet, ist die, dass das Phänomen als ein Sinngebilde aus den unsichtbaren Dimensionen des Sinnlichen hervorgeht, die man als allerdings wesentlich zum Sichtbaren gehörenden Schattendimensionen fassen kann, wobei einige solche Schattendimensionen dem Elementalen analog sind. Jedes Phänomen ist „elemental", insofern sein Sein dem phänomenalen Sein der Elemente analog ist.

Auch Merleau-Ponty – so wie schon Husserl und die klassische Phänomenologie – scheint nicht das Andere, Fremde in seiner Alterität, Fremdheit radikal zu denken, denn alles scheint die *foi perceptive*, die Ur-doxa immer schon als Weltliches umzufassen. Damit hängt zusammen, dass sein Konzept des Elementalen – und darauf möchte ich hier in Bezug auf das Elementale bei Merleau-Ponty aufmerksam machen – nicht das zerstörerische Moment des dem Menschen Fremden zum entsprechenden Ausdruck bringen kann, obwohl er selbst sich eben dieses Moment bei seiner Schellinglektüre vermerkt hat.[5]

Wir würden gerade dieses Moment, als Phänomenologen oder nicht, spontan dem Elementalen zuschreiben: das Bedrohliche, das zerstörerisch werden kann. Wenn das Elementale eine der Schattendimensionen des Phänomens ist, dann ist umgekehrt das Phänomen eine Vermittlung, die zum Elementalen überführt, überschreitet und es sozusagen domestiziert. Wenn im phänomenologischen Denken das Phänomenale mit dem Elementalen im Verhältnis eines Ineinander, eines Chiasmus steht, bleibt dadurch etwas vom Elementalen abgeschnitten, steht etwas wiederum als ein Schatten dieses Denkens außerhalb seiner

---

[5] „Diese erste Natur ist das älteste Element, ein ‚Abgrund von Vergangenheit', der in uns sowie in allen Dingen immer gegenwärtig bleibt. Diese *erste Natur*, der „Grundstoff alles Lebens und Daseins ist [...] das Schrecklichste: eine blinde Macht und Kraft, ein barbarisches Prinzip, das überwunden, aber nie beseitigt werden kann und welches die Grundlage aller Größe und Schönheit ist." Etwas weiter nach diesem Zitat aus Schelling heißt es mit Merleau-Pontys eigene Worte bezüglich der „ersten" Natur „[...] diese zweifellos zerstörerische und wilde, aber notwendige Macht [...]" So die Nachschrift der Vorlesung über den Begriff der Natur (Merleau-Ponty 2000, 62 f.).

Reichweite. Das Elementale wäre dann noch in einem anderen Sinne der Schatten des Phänomenalen.[6]

*

Wenn die Absicht der späten Philosophie M. Merleau-Pontys darin besteht, in der Philosophie den ursprünglichen Kontakt zum Sein als Wahrnehmungsglauben, als *„foi perceptive"* zu erweisen und das primordiale Sein selbst als uns immer schon Umgreifendes zur Sprache zu bringen, dann gehört das Elementale sicherlich in das primordiale Sein. Es ist ursprünglich für uns zumindest kein Gedachtes, sondern eher unthematisch Mit-Wahrgenommenes, ja Empfundenes im lebendigen Kontakt mit dem Sinnlichen der Welt und des eigenen Leibes. Um diesen Kontakt zu fassen, führt Merleau-Ponty den Begriff des Fleisches, *„la chair"* ein. Das Elementale dann, das zweifellos zur Welt selbst, so wie sie wahrgenommen, gelebt, und d.h. in leiblicher Erfahrung erlebt wird, gehört zu dem Fleisch, das im Kontakt mit dem Sinnlichen der Welt erlebt wird und dadurch diesen Kontakt offen hält. Das Elementale als sinnlich Empfindbares verschmilzt mit dem Empfindbaren, das leiblich erlebt wird, das Fleisch des Leibes ist mit dem Fleisch der (elementalen) Welt durchdrungen, ohne allerdings mit ihr zu koinzidieren.

Der ganze Passus, der den Begriff des Elementes einführt, lautet:

> „Das Fleisch ist nicht Materie, es ist nicht Geist, nicht Substanz. Um es zu bezeichnen, bedürfte es des alten Begriffes ‚Element' in dem Sinne, wie man ihn früher benutzt hat, um vom Wasser, von der Luft, von der Erde oder vom Feuer zu sprechen, d.h. im Sinne eines generellen Dinges, auf halbem Wege zwischen dem raum-zeitlichen Individuum und der Idee, ein einer Art inkarniertes Prinzip, das einen Seinsstil überall dort einführt, wo ein Teil davon zu finden ist. Das Fleisch ist in diesem Sinne ein ‚Element' des Seins." (Merleau-Ponty 1994, 183 f.)

Zu einer Annäherung an die Deutung dieser im bestimmten Sinne „alten naturphilosophischen" Elemente scheint – wegen seiner Bindung an das Sinnliche des menschlichen Leibes – ein phänomenologischer Ausgangspunkt geeignet zu sein. Ich möchte von dem Teil des Werkes von Merleau-Ponty ausgehen, in dem das Elementale, so wie man es gewöhnlich versteht – als zur Natur Gehörendes –, am ehesten anzutreffen zu sein scheint. Ich werde also von seinem Ansatz zu einer phänomenologischen Philosophie der Natur ausgehen, der es im Rahmen der Phänomenologie am ehesten erlaubt, einen Zugang zum Elementalen nachzuzeichnen.

---

[6] Daher der Titel des Beitrags, der allerdings zu sehr den Titel bemüht, den Merleau-Ponty selbst für einen seiner wichtigen späten Texte gewählt hat: „Der Philosoph und sein Schatten". Die enge Bindung an diesen Text war eigentlich einer der Schwerpunkte bei der Ankündigung der Tagung, dadurch lässt sich hoffentlich auch meine Anleihe und auch der Umstand, dass ich mich vor allem auf diesen Aufsatz stütze, einigermaßen rechtfertigen.

Dass dieser Ansatz keine marginale Stellung in seinem Werk hat, davon zeugt bereits die Tatsache, dass Merleau-Ponty dem Begriff der Natur dreimal seine Vorlesungen an der *Collège de France* gewidmet hat. (Merleau-Ponty 2000) Dass allerdings Merleau-Ponty ursprünglich die Begriffe des Fleisches und der damit zusammenhängenden Verbindung *(lien)* und Überschreitung *(empiète-ment)* in anderen Zusammenhängen in seinen Werken eingeführt und geprägt hat, davon berichtet auf eindrucksvoll detaillierte Art und Weise Emmanuel de Saint Aubert.[7]

Bei der Natur, so wie sie Merleau-Ponty in seinen Vorlesungen zu fassen versucht, handelt es sich um „ein Objekt, aus dem wir aufgetaucht sind"; so sagt er im entsprechenden *Resumé des cours*. Sein Ausgangspunkt ist auch hier die Wahrnehmung. Auch wenn unsere Wahrnehmung der Natur durch Schichten historischer Bedeutungen geprägt ist, so ist doch die Art und Weise, wie die Wahrnehmung eine Sache und ihre nichteindeutige Evidenz darstellt, „vom Primordialen zumindest ausgeliehen". So sollen wir daher „irgendwie das primordiale Sein anerkennen, das noch kein Sein-Subjekt und auch noch kein Sein-Objekt ist". Was ist der Status desjenigen vorsubjektiven und vorobjektiven Seins, durch das unsere Praeliminaria der Wahrnehmung nach und nach gesetzt wurden bis zu dem Moment, wo sie sich zu einer Existenz verbinden? Was ist der Status desjenigen Seins, das die Existenz weiterhin trägt und unterstützt und ihr die Materie liefert? – So fragt Merleau-Ponty in der Zusammenfassung seiner Vorlesung über den Begriff der Natur (Merleau-Ponty 1973, 89). Die Frage nach diesem primordialen Sein störe in allerlei Hinsicht die Reflexion des philosophischen Denkens.

Einen ähnlichen Akzent finden wir übrigens zeitgleich auch bei Lévinas: Das Elementale stört die klassische Phänomenologie, insofern es sich nicht noematisieren lässt. (Lévinas 2002) Während bei diesem Autor das Elementale ein auf die leibliche Schicht des Lebens bezogenes Außen ist, wobei dieser Bezug auf die Sinnlichkeit beschränkt zu sein scheint, auf die unterste Stufe der Subjektseins, das erst mit der Antwort auf den ethischen Anspruch eigentlich zum menschlichen Subjektsein wird, betont Merleau-Ponty, dass sinnliches primordiales Sein sich „selbst dem Gott aufzwingen würde als Bedingung, die unabhängig von seiner Operation ist". Das zu fassen, ist unser Problem, sagt Merleau-Ponty in diesem Kontext. (Merleau-Ponty 1973, 90)

✻

Ein der Philosophie der Natur entsprechender Ansatz dazu, der zugleich den Weg von der klassischen Phänomenologie zur Philosophie des Fleisches bahnt, findet sich im Aufsatz *Der Philosoph und sein Schatten*, den Merleau-Ponty für die Konferenz geschrieben hat, die anlässlich des hundertjährigen Jubiläums der Geburt Edmund Husserls stattgefunden hatte.

---

[7] Vgl. de Saint Aubert 2004.

„Von den *Ideen II* umgeht die Husserlsche Reflexion", so Merleau-Ponty in diesem Text, „dieses Tête-à-tête zwischen dem reinen Subjekt und den bloßen Sachen. Sie sucht das Grundlegende *darunter*." (Merleau-Ponty 2003, 248) Diese Suche nach einer Schicht, in der es noch nicht das reine Subjekt des theoretischen Setzens und sein Korrelat, das so und so gesetzte Objekt als bloße Sache gibt, soll nicht spekulativ-konstruktiv vorgehen, vielmehr soll die reflexive Methode Husserls beibehalten und auf ihr Ungedachtes hin zugleich eröffnet werden. Das der intentionalen Analyse dienende Rückfragen Husserls, sofern es dazu gelangt, „im Unreflektierten" Synthesen zu vermerken, die „vor aller Thesis liegen" (Husserl 1952, 22), wäre ein Befund, der nach einer Ergänzung, Revision oder gar einem Umbau der reflexionsphilosophischen Ansätzen ruft, der wiederum einen neuen phänomenologischen Ansatz mit sich bringen kann.

Die Reflexion, die einen Rückgang zu den Implikationen des Gegebenen uneingeschränkt praktiziert, führt uns also nicht in ein transparentes Milieu der Erfahrung, in dem alles Gegebene jeweils auf entsprechende bewusstseinstheoretisch aufgefasste, ich-zentrierte Sinngebung zurückführbar wäre. Die Reflexion stößt im Gegenteil auf „Vorgegebenheiten", die durch die syn-thetische Aktivität des Bewußtseins nicht zu erklären sind. Sie stößt somit auf eine Dimension, in der sich etwas von sich aus gibt – die Natur in einem anderen Sinne als im Sinne des Universums der bloßen Sachen, die als Korrelate einer Sinngebung durch das Bewusstsein (in seiner wie auch immer um eigene Horizonte erweiterten intersubjektiv-historischen „Ausdehnung" und Vertiefung) da sind.

Merleau-Ponty unterscheidet in seinem Aufsatz zumindest zwei Gedankengänge Husserls, die er als fruchtbar aufnehmen möchte: 1) den Rückgang zu einem Begriff der Natur in den *Ideen II*: Dieser Begriff baut sich auf dem Sinnlichen, *le sensible*, der in der Empfindung ursprünglich erscheint und die Wahrnehmung und darauf aufbauenden höheren Sinngebilden prägt. 2) Die Konstitutionsanalyse als Methode beim späteren Husserl, um „eine Kehrseite der Dinge zu enthüllen, die wir nicht konstituiert haben". Die konsequente Durchführung der Analyse der implizierten Sinnschichten, Horizonte der Erfahrung führt – so Merleau-Ponty – an die Grenze der Philosophie des Bewusstseins.

Es ist gerade eine Verteidigung der Phänomenologie Husserls, die Merleau-Ponty hier avanciert, um zu seinem eigenen Standpunkt zu gelangen: Vielleicht musste jener „überschwängliche Versuch" konsequent durchgeführt werden, „alles den Regeln des ‚Bewußtseins' [...] dem durchsichtigen Spiel [...] seiner Intentionen und Sinngebungen" zu unterwerfen, „um alles andere zu enthüllen: Jene Seinsarten, unterhalb unserer Idealisierungen und Objektivierungen, die sie heimlich nähren und in denen man kaum Noemata erkennen kann, die Erde zum Beispiel [...]." (Merleau-Ponty 1994, 272 f.) Als andere Beispiele könnte man sicherlich auch die Erde als Element und andere Elemente und ihnen Analoges nehmen.

Im ersten Gedankengang können wiederum zwei Schritte unterschieden werden: Die Umkehrung der Intentionalität und die Mittlerrolle des Leibes. Die Intentionalität ist – dank des Befundes der „Vorgegebenheiten" – nicht mehr als

Sinngebung zu fassen. Weder das Bewusstsein noch der Leib sind es, die den Sinn geben. Das Phänomen als Sinngebilde lässt sich auf entsprechende Aktivitäten des leiblichen Subjektes nicht zurückführen:

> „So muß es für uns Wesenheiten geben, die noch nicht durch die zentrifugale Aktivität des Bewußtseins ins Sein getragen sind, Bedeutungen, die dieses nicht spontan den Inhalten vermittelt, Inhalte, die auf Umwegen an einem Sinn teilhaben, die ihn anzeigen, ohne mit ihm zusammenzutreffen, ohne daß er an ihnen als das Monogramm oder die Prägung des thetischen Bewußtseins schon ablesbar ist." (Ebd. 252)

Dieses von sich aus sich gebende Etwas, jene Wesenheiten, Bedeutungen, Inhalte, die am Sinn teilhaben, ohne mit ihm als einem gesetzten, so und so bestimmten Sinn zusammenzufallen, machen samt ihren wechselseitigen Bezügen, die Merleau-Ponty weiterhin als „intentionale" charakterisiert, die Welt als Dimension der natürlichen Lebenseinstellung aus. Und diese Dimension ist nicht nur da als äußerer Rahmen, in dem sich unser natürliches Leben abspielt, sondern sie wird auch im eigenen Leib erlebt:

> „Unser natürlichstes Leben des Menschen richtet sich auf ein ontologisches Medium, das ein anderes als das des An-sich ist und das also, der konstitutiven Ordnung nach, nicht aus diesem hergeleitet werden kann. Selbst durch die Berührung der Sachen wissen wir von ihnen in der natürlichen Einstellung viel mehr, als die theoretische Einstellung uns über sie sagen kann – und vor allem wissen wir es in anderer Weise." (ebd. 249)

In dieser Dimension stellen wir uns nicht die Welt vor, sondern die Welt bietet sich dem Lebensvollzug selber dar, wobei Merleau-Ponty betont: Die Öffnung der Welt hat auf dieser Ebene „eigene Klarheit und Evidenz, die sich nicht von jener unserer Thesen herleitet". Es geschieht hier „ein Offenbaren der Welt, das sich eben durch ihr Verbergen im Halbdunkel der Doxa vollzieht". (Ebd.) „In diesem Zwischenbereich muß man weiterzuforschen versuchen"(ebd. 252) – so lautet Merleau-Pontys Programm, das er auch in seinem letzten, unabgeschlossenen Buchmanuskript verfolgen wird.

Eine zentrale Vermittlungs-Rolle wird in diesem Projekt nach wie vor der Leib spielen, doch im Vergleich mit der früheren Philosophie setzt Merleau-Ponty die Akzente anders. Renaud Barbaras zitiert dazu ein Zeugnis aus dem Nachlass des Philosophen:

> „Unsere Leiblichkeit: nicht ins Zentrum zu stellen, so wie ich es in der *Phänomenologie der Wahrnehmung* gemacht habe: im gewissen Sinne ist sie nichts mehr als ein Scharnier der Welt, ihre Schwere ist keine andere als die der Welt. Sie ist nichts mehr als ein Vermögen einer [leichten] Abweichung im Bezug auf die Welt." (Barbaras 1998, 217)

Die Verschränkung mit der sichtbaren Welt beschreibt Merleau-Ponty zwar zunächst als Sich-Berühren des eigenen Körpers, eine Art Reflexion, die auf der Ebene des „vor-objektiven" und „vor-subjektiven" die „dritte Dimension" erreicht. Aber worauf es Merleau-Ponty ankommt, scheint nicht zu sein, auf diesem Grunde der vor-bewussten Selbstbezüglichkeit quasi „transzendentalphilosophisch" alle subjekt-objektive intentionale Bezüge zu gründen, sondern es geht ihm viel eher darum, die Reversibilität der Subjekt-Objekt-Relation, die man im Falle des Selbst-Berührens des eigenen Leibes als eine eigenartige Relation, deren Relata ineinander übergreifen, ausweisen kann, auf einen tieferen ontologischen Grund zu stellen, der strukturell, aber auch stofflich gleicher Natur ist: das Fleisch.

Das Argument scheint von der eigenen Leiberfahrung auszugehen:

> „Wenn die Unterscheidung von Subjekt und Objekt in meinem Leib verschwimmt (und zweifellos auch die der Noesis und des Noema?), so verschwimmt sie auch in der Sache, die der Pol der Operationen meines Leibes ist, der Endpunkt, in dem sich sein Erkunden erfüllt, die also in demselben intentionalen Geflecht wie er befangen ist [...] Das Fleisch (*chair*) des Sinnlichen, jene dichte Körnigkeit, die das Erkunden beendet, jenes Optimum, das es abschließt, spiegeln meine eigene Inkarnation wider und bilden ihr Gegenstück." (ebd. 254)

Wenn die Unterscheidungen in diesem Zwischen-Bereich – Nebel oder Halbdunkel des Elementalen – verschwimmen, was bleibt? Was gibt sich da? Merleau-Ponty möchte zeigen, dass sich auf dieser Ebene der Erfahrung die *Ecceitas* der Natur (ebd. 252) kundgibt als ein „Irrelatives" gegenüber allen „Relativitäten" der sinnlichen Erfahrung. Auf diesem Irrelativen, das allerdings den Bereich der sinnlichen Erfahrung nicht verlässt, denn es ist das Irrelative im Sinnlichen, bauen sich alle Konstruktionen des Erkennens auf. Ja, Merleau-Ponty betont den Gedanken, dass die „gesamte Erkenntnis, das ganze objektive Denken von diesem ursprünglichen Faktum" leben, dass ich „empfunden habe, dass ich, mit jener Farbe oder irgendeinem anderen Sinnlichen, eine eigenartige Existenz angenommen habe" (ebd. 254) – das scheint das zu sein, was Merleau-Ponty unter dem Titel „*Ecceitas* der Natur" bei Husserl zu finden, bzw. ihm zu implantieren versucht.

Diese sinnlich angenommene eigenartige Existenz „als eine Konkretion" hat für Merleau-Ponty sicherlich ihre Struktur, Artikulation, die die des wahrnehmenden Leibes beansprucht und einbezieht. Denn sie, die Natur, ist ursprünglicher als er, der Leib, auch wenn sie sich nur in einer bestimmten Verflechtung mit diesem gibt. Das Konzept der Natur, das Merleau-Ponty bei Husserl betont, soll der Grund jenes Irrelativen sein, das sich in der Wahrnehmung gibt, „das Sinnliche", *le sensible*, „als allgemeine Form des rohen Seins". (ebd. 261)

✳

Im Empfinden wird die eigenartige Existenz angenommen in einem Medium, an dem der Leib nicht nur teilnimmt, sondern von dem er selber ist. Darauf weisen die Interpreten hin. Das Elementale ist das Welt-Material, als Vorstufe des Sinnes, sagt Toru Tani im Aufsatz *Phänomenologie und Metaphysik der Natur* (Tani

1999, 84), Material, aus dem sowohl das sinnlich Empfindbare der Natur als auch das des Leibes ist.

Die Husserlsche Version dieses Gedankens rekonstruiert in seiner Lektüre der *Ideen II* auf sehr überzeugende Weise Steven G. Crowell:[8]

> "In tasting the leaf do I reveal a property of 'the leaf', or do I not reveal the elemental as such? It is impossible to taste some 'thing' without resolving it (at least partially) into a non-thingly element which is not easily distinguishable from my Body and its changes. No doubt one will still want to say that the leaf 'has' the property of tasting so-and-so, but the thing-with-properties is already established on the basis of a sensuous revelation of nature in which we are far more deeply implicated. Sensuousness, the 'aesthetic synthesis', pertains to the order of the element." (Crowell 1996, 93)

Emmanuel de Saint Aubert zeigt in seinen Büchern die Komplexität und Genesis, die die Schlüsselbegriffe der Philosophie Merleau-Pontys in sich zum Austrag bringen. Eines der Bücher ist dem Thema „Verbindung der Wesen zu den Elementen des Seins" gewidmet. Ich zitiere hier nur eine Zusammenfassung seiner Ausführungen.

Das Element ist erstens „mein Fleisch", etwas, was sich traumhaft aus dem Körperschema entwickelt, was zu einem unbewussten Bild des Leibes wird – „begehrte oder verdrängte Leiblichkeit, unentwirrbare Mischung von dem Fleisch, das man war, ist und möchte sein".

Element ist zweitens das Fleisch der Welt – „imaginäre Kristallisation vom Sein als ontologischem Milieu, Matrix und Ort des Werdens" meines Fleisches, denn „wir sind die Kinder von Wasser, Erde, Luft und Feuer; wir sind die Kinder des Fleisches und Blutes." Das Element ist schließlich das, was die Einzigartigkeit des Verhältnisses zum Ausdruck bringt, durch welches „mein Leib ein generelles Mittel des Seins zur Welt, des Seins zum Anderen, und des Seins zum Sein" ist.

Das Element ist somit drittens „das Verhalten meines Fleisches im Fleisch der Welt: das Fleisch als Seinsweise, oder Stil". Das Elementale, die Elemente bei Merleau-Ponty tragen in sich diese „drei komplementäre Bedeutungen des Fleisches [...] diese drücken den ontologischen Sinn des Fleisches und zugleich die fleischliche Dimension des Seins aus – das Sein des Fleisches und das Fleisch des Seins". (de Saint Aubert 2004, 318)

*

---

[8] "As a part of the optimal condition for experiencing, the medium belongs to the order of the element, an order which, though not itself constituted as a thing, makes the 'normal' constitution of thinghood possible. The embodied subject too, whose medium, the elemental dimension of nature [...]" schreibt er, und setzt fort ein wenig weiter: "We come closer to the elemental nature of the element if we focus on the 'privilege of the sense of touch,' viz., that by means of it 'I am always in the world perceptually,' whereas vision and the other senses are discontinuous (Husserl IV 70). What Husserl calls 'touch' here is no less than embodiment as such." (Crowell 1996, 91f.)

Renaud Barbaras ist Autor einer der wenigen, wenn nicht der einzigen expliziten Interpretation des Elementalen im Bezug auf die Phänomenalität beim späten Merleau-Ponty. Wie bei den ionischen Prä-sokratikern, bei denen „die Zuständlichkeiten der Materie ausgehend von den ursprünglichen vitalen Erlebnisses aus definiert und geordnet werden (das Feuer durch die Wärme usw.)", so sind es bei Merleau-Ponty „die erlebten Zuständlichkeiten des Fleisches, die ein Element offenbaren, von dem sie herkommen und das sie möglich macht". Die in diesen Zuständen wirkende „Selbst-Affektion schliesst sich also mit der Öffnung der Welt gegenüber nicht aus."

> „Es gibt eine *précession* des Empfindens inmitten des elemental Sinnlichen selbst: das Erlebnis ist Offenbarung des Elementalen als das innerlich Sinnliche." (Barbaras 1998, 220)

Mit der Umkehrung der Intentionalität beim späten Merleau-Ponty, nach der diese „dem Sein inhärent" ist, „öffnet das Sinnliche von sich aus den Zugang zur Transzendenz, von der sie herkommt". Während bei Husserl den hyletischen Inhalten die Funktion der Manifestation verliehen werden musste durch einen Akt der Noese, der eine Einheit des Objektes setzt, liegt der Einheit des Phänomens bei Merleau-Ponty kein Akt und keine Positivität zugrunde:

> „Die Einheit des Erscheinenden ist eher eine Verwandtschaft des Stils, schweigende und implizite Einheit, die sich nicht von der Mannigfaltigkeit unterscheidet, die sie vereinigt, Einheit eher durch die Homogenität als durch Bestimmung." Das Element ist „das unsichtbare Scharnier der Phänomene, eine konkrete Allgemeinheit". (Barbaras 1998, 221)

Zur Frage nach der Phänomenalitätsauffassung beim späten Merleau-Ponty erlaube ich mir jetzt ein Fragment aus den Arbeitsnotizen anzuführen, die in *Das Sichtbare und das Unsichtbare* publiziert sind:

> „Den naiven Beschreibungen der Wahrnehmung muß schließlich eine Art von Wahrheit zugebilligt werden: *eidola* oder *simulacra* usw. das Ding, das von selbst Perspektiven usw. vermittelt. Nur spielt sich all dies nicht mehr in einer Ordnung des objektiven Seins ab, sondern in der Ordnung des Erlebten oder des Phänomenalen, die es nun als Fundament der objektiven Ordnung zu rechtfertigen und zu rehabilitieren gilt. Wenn man nur innerweltliche Beziehungen zwischen Objekten in Erwägung zieht, so kann man der Ansicht sein, die Ordnung des Phänomenalen sei im Verhältnis zur objektiven Ordnung sekundär und nur eine ihrer Provinzen. Sobald man aber den Anderen und selbst den lebendigen Leib, das Kunstwerk und das historische Milieu hinzuzieht, fällt auf, dass man die Ordnung des Phänomenalen als autonome Ordnung zu verstehen hat, und dass sie endgültig *unergründlich* wird, wenn man ihr diese Autonomie nicht zubilligt." (Merleau-Ponty 1994, 267)

Wie steht es mit dieser Autonomie des Phänomenalen? – Wenn Merleau-Ponty gegen die Philosophie der Koinzidenz einer Intuition mit dem Sein im *Sichtbaren und Unsichtbaren* argumentiert, verweist er auf eine Ambiguität des Phänomens selbst, auf seine Abweichung ihm selbst gegenüber, ohne die die Erfahrung einer Sache oder einer Vergangenheit keine wäre.

Renaud Barbaras interpretiert diese Abweichung des Phänomens als Distanz: Die Behauptung, dass eine gewisse Distanz der Erfahrung inhärent ist, bedeutet dann in dieser Interpretation die Anerkennung dieser Distanz als einer für das primordiale Sein, bzw. für die Welt selbst konstituierenden.

> „Es ist nicht mehr eine Distanz zwischen dem Subjekt und der Welt, denn dann wäre diese Distanz zumindest *de jure* reduzierbar, sondern es ist eine Distanz innerhalb des Seins. Mit anderen Worten, und das ist wahrscheinlich einer der Schlüssel, die einen Übergang zu Ontologie ermöglichen: die Subjektivität der Erfahrung drückt die Distanz selbst aus, die dem Sein eigen ist: das Sein bleibt nicht deswegen auf Distanz, weil es sich dem Subjekt gibt, sondern es ist umgekehrt: weil das Sein in der Weise der Distanz ist, kann es sich dem Subjekt geben. Die Endlichkeit, d.h. die der Erfahrung inhärente Unbestimmtheit ist kein Subjektcharakter, sondern ein Seinscharakter. Die Subjektivität im Sinne eines perspektivischen Charakters des Gabevorgangs, der partielle Charakter aller Erfahrung verweist nicht mehr auf ein positives Bewusstsein, das *de jure* adäquat die Welt konstituieren würde: die Subjektivität ist ein Seinscharakter [...] sie verweist auf einen Leib, der ein Vermittler oder Polarisierungspol ist [...].“ (Barbaras 1999 b, 203 f.)

Barbaras verbindet so einen phänomenalen Befund, die Abweichung im Phänomen, mit einer ontologischen Charakteristik. Er deutet die dem Phänomen eigene Abweichung von sich selbst, die an der Abweichung des erscheinenden Gegenstandes von seinen im Phänomen gegebenen Abschattungen ausgewiesen werden kann: in seiner Interpretation des Spätwerks von Merleau-Ponty sowie in eigenen Entwürfen als die Tiefe, die Transzendenz des Phänomens, das als Weltphänomen die Transzendenz der Tiefe, das Unsichtbare der Welt selbst auf eine Weise zur Erscheinung bringt. Ein direkter Weg in die Ontologie, der sich auch die Phänomenalität selbst seinem Zweck anzuverwandeln scheint.

In einer konkreten, und weniger ambivalenten, bzw. mehrdeutigen Art und Weise als es im unabgeschlossenem Spätwerk Merleau-Pontys der Fall war, schreitet Barbaras eher zu einer phänomenologische Ontologie als zu einer Phänomenologie, die vor allem die im zuletzt zitierten Passus (Merleau-Ponty 1994, 267) ausdrücklich verlangte Autonomie des Phänomenalen beachten wollte. Barbaras interpretiert die Ambiguität des Sich-Zeigens, die Abweichung des Phänomens, als Distanz, die - als Wesenszug der Welt durch eine Ontologie des Sinnlichen gefasst – dem Phänomenalen einen Raum und Rahmen vorzuschreiben scheint.[9]

---

[9] In Barbaras eigener Konzeption, so wie er sie vor allem im Buch *Le désir et la distance* vorstellte (Barbaras 1999 a), scheint die Transzendenz der Welt dem durch die Sehnsucht ermöglichten immer weiter Fortschreiten-Können durch die Mannigfaltigkeiten der Abschattungen ins weltliche Unbestimmte und Endlose zu entsprechen, das seinerseits wiederum die

*

Das Spätwerk von Merleau-Ponty selbst mag weniger eindeutig sein als das, was ich über den Ansatz von Renaud Barbaras hier angedeutet habe, und mag das Verhältnis von Phänomenologie und Ontologie vielleicht offener lassen, so dass für eine radikalere Autonomie des Phänomens nicht nur gegenüber der objektiven, sondern auch der ontologischen Ordnung der Welt plädiert werden kann, so wie es Marc Richir zu seiner Zeit vorgeschlagen hatte (Richir 1986).

Merleau-Ponty mag sich für die Autonomie des Phänomenalen gegen die objektive Ordnung in unterschiedlichen Bereichen intensiv einsetzen, doch diese Befunde können nicht darüber hinwegtäuschen, dass er dies im Interesse der Verbindung, des Überlappens, des Ineinander vom Fleisch der Welt und Fleisch des Leibes tut. In dieser Verbindung, in der es zwar nie zu einer Koinzidenz kommt und kommen darf, in der aber alle Unterschiede letztlich zu bloßen Abweichungen verschwimmen, wird das Phänomen – sowohl als das sinnliche Erlebnis, das Fleisch des Leibes, als auch als das Elementale – bloß zum Scharnier der Welt.

Sowohl das Phänomenale (das Phänomenologische) in seiner eigenen Autonomie, in der die verschwimmenden und dabei immer wieder sich verschiebenden Abweichungen in ihrem Spiel der Differenzen ihre eigene Dynamik ausweisen dürfen,[10] als auch das Elementale (die „erste Natur" und ihre Philosophie) kommen in einem Ansatz, der alles auf das Sinnliche zurück bezieht, zu kurz. Einer der Schlusssätze des Aufsatzes *Der Philosoph und sein Schatten*, der programmatisch die (unpubliziert und unvollendet gebliebene) phänomenologische Ontologie des späten Merleau-Pontys ankündigt, scheint mir diese Reduktion, dieses Zu-kurz-kommen bewusst in Kauf zu nehmen:

> „Was der Phänomenologie widerstrebt – das natürliche Sein, jenes ‚barbarische Prinzip', von dem Schelling sprach –, kann nicht außerhalb der Phänomenologie bleiben, sondern muß in ihr seinen Platz finden." (Merleau-Ponty 2003, 270)

Der Differenz-Dynamik der Abweichung im Phänomen, das zwar nicht mehr nur transparent für den reinen Blick ist, sondern durchdrungen wird von einem Unsichtbaren für eine genauso sich selbst nicht mehr transparente Reflexion, wird als einem Medium, einem Milieu, eine Konstruktion des Ineinander des Fleisches der Welt und des Leibes übergestülpt. Das Phänomen ist ein Medium für Anderes, das aber wiederum in diese Medialität einbezogen und in ihr aufgelöst wird.[11]

Subjektivität als Sehnsucht ermöglicht. Aber ein radikal Anderes, Transzendentes lässt jene *distance* der Welt nicht zu.

[10] László Tengelyi hat die Idee einer „diakritischen Methode" geprägt, die sich auf Merleau-Ponty stützt. Vgl. Tengelyi 1998, 38 u.a.

[11] Die Inspiration für diese Betrachtungsart verdanke ich Hans Rainer Sepp. Vgl. z.B. Sepp 2003, 2006.

Hinter jeder Differenz scheint bei Merleau-Ponty ein Übergreifen, Überlappen vom Fleisch der Welt und Fleisch des Leibes durch, in denen zwar das Phänomen nicht nur transparentes Medium ist, aber doch – auf eine eher klassische Weise – als Medium auf das verweist, von dem es sein Sein erhält. Doch dieses Andere des Phänomens als Schatten der Transparenz, als Unsichtbares des Sichtbaren" wird seinerseits nur vom Sichtbaren her gefasst. Sollte das Element in die Phänomenologie, in das Phänomen integriert werden, bleibt das zerstörerische, fremde Moment des Elementes ungedacht, im Schatten des Phänomens, von diesem abgeschnitten. Sollte das Phänomen nicht nur Autonomie aufrechterhalten gegenüber der objektiven Welt, sondern auch Autonomie gegenüber dem barbarischen Prinzip der Natur, der Elemente z.B., sofern diese als unzerstörbar außerhalb vom Phänomenalen wirken? Es muss andererseits etwas von diesem Kosmos, in den auch Elemente gehören, übrig bleiben, was sich nicht phänomenalisiert.[12]

Zusammenfassend bleibt zu sagen: Mein Interesse an der Frage nach dem Elementalen bei Merleau-Ponty war es, anhand dieser Frage den Status des Phänomenalen bei diesem Denker darzustellen. Denn er hat die Phänomenologie, die ich von der Frage nach dem Phänomen aus verstehen möchte, auf bestimmte Weise erweitert und erneuert, in einer Richtung hin, auf die gerade Begriffe wie „das Element" hinweist.

Das Neue der Phänomenalitätskonzeption sehe ich in der Erweiterung des Phänomens um die unsichtbare Dimension des Empfindungsmäßigen, die nie vollkommen transparent werden kann in der Reflexion, sie lässt sich nicht restlos noematisieren, und daher verlässt sie den Rahmen der klassischen Phänomenalitätskonzeption, um eine neue aufzufordern.

Was ist also das Element beim späten Merleau-Ponty: ein Milieu, in dem die Leiblichkeit der Welt und die Leiblichkeit des Menschen verschränkt sind: das Fleisch. Warum Fleisch? Die Art und Weise, wie der Leib des Menschen an der Welt via Empfinden, Wahrnehmen partizipiert, ist sinnlich. Es ist der Leib als Empfindbarkeit, das an der Welt via Empfinden partizipieren kann.

Die sinnliche Empfindbarkeit des Leibes schließt sich so eng an das Empfundene an, dass dies den Gedanken eines gemeinsamen Mediums nahe legt, dem Merleau-Ponty über das deskriptiv Erschließbare hinaus eine ontologische Interpretation beimisst.

---

[12] Dieses Motiv der radikalen Transzendenz des Elementalen wird auch im letzten Buch von Marc Richir verfolgt. „Die radikale Transzendenz des fundamentalen Elementes impliziert jedenfalls, dass sie nichts determiniert, dass die Bestimmungen von uns kommen." (Vgl. Richir 2006, 329). Er spricht sogar von der „[...] absoluten Transzendenz des fundamentalen Elementes" im Bezug auf eine bloß relative Transzendenz der Exteriorité eines Raumes. (Ebd. 330) Nur muss zumindest hinzugefügt werden, dass Richir eben vom „élément *fondamental*" spricht, von einem Elementalen, das in seiner Sicht „immateriell", „weder Wasser, noch Erde, noch Feuer, noch Luft" ist. In einer radikalen transzendentalen Phänomenologie, so wie sie Marc Richir praktiziert, kann „vielleicht ... das fundamentale Element im Unterschied zu den Klassikern als eine phänomenologische und immaterielle *proto-hylé*, als eine transzendentale Matrix aufgefasst werden [...]." (Ebd. 352).

So wie man sagen kann, dass das Elementale der Natur bei Merleau-Ponty, gerade weil es als Sinnliches so eng an die Sinnlichkeit gebunden wird, nie radikal fremd werden kann; so wie man sagen kann, dass es nicht überschritten werden kann in ein Anderes, weil es in allen, wie auch immer abstrakten Bedeutungen mit da ist: so öffnet sich auch das Phänomen nicht gegenüber einer radikalen Transzendenz, sondern wird in dem Sinne gefasst, dass es jede Transzendenz in sich aufnimmt. Die Frage ist aber, ob das Elementale ohne eine solche Fremdheit und Transzendenz die zerstörerische Macht auf den Menschen ausüben kann, die sie wie die Natur hat. Am Element als Phänomen haftet so ein unbedachter Schatten.

Literatur

Barbaras, Renaud (1999 a): *Le désir et la distance*, Paris.
- (1999 b): „Merleau-Ponty aux limites de la phénoménologie", in: *Chiasmi international* I, S. 199 – 211.
- (1998): *Le tournant de l'expérience*, Paris.

Crowell, Steven G. (1996): "The Mythical and the Meaningless: Husserl and the Two Faces of Nature", in: *Issues in Husserl's Ideas II* (Contributions to Phenomenology, vol. 24), hg. v. Th. Nenon and L. Embree, Dodrecht, S. 81-105.

Gély, Raphael (2005): *Les usages de la perception*, Leuven.

Husserl, Edmund (1984): *Einleitung in die Logik und Erkenntnistheorie*, (Husserliana, Bd. XXIV), Dodrecht.
- (1952): *Ideen zu einer reinen Philosophie und phänomenologischer Philosophie*. Zweites Buch, (Husserliana, Bd. IV), Den Hague.

Lévinas, Emmanuel (^{3}2002): *Totalität und Unendlichkeit. Versuch über die Exteriorität*, Freiburg/München.

Merleau-Ponty, Maurice (2003): *Das Auge und der Geist. Philosophische Essays*, hg. v. C. Bermes, Hamburg.
- (2000): *Die Natur. Aufzeichnungen von Vorlesungen am Collège de France 1956 - 1960*, hg. v. D. Séglard, übers. v. M. Köller, München.
- (^{2}1994): *Das Sichtbare und das Unsichtbare. Gefolgt von Arbeitsnotizen*, hg. v. C. Lefort, übers. v. R. Giuliani u. B. Waldenfels, München.
- (1973): *Vorlesungen I*, Berlin/New York.
- (1945): *Phénoménologie de la perception*, Paris.

Richir, Marc (2006): *Fragments phénoménologiques sur le temps et l'espace*, Grenoble.

- (1986): „Der Sinn der Phänomenologie in Das Sichtbare und das Unsichtbare", in: *Leibhafte Vernunft*, hg. v. A. Métraux und B. Waldenfels, München, S. 86 – 110.

de Saint Aubert, Emmanuel (2004), *Du lien des êtres aux éléments de l'être*, Paris.

Sepp, Hans Rainer (2006): „Welt-Bilder. Elemente einer Phänomenologie der Grenze", in: *idee* n. 62-63, S. 139 – 153.
- (2003): „Über die Grenze. Kulturelle Differenz im Ausgang von Jan Patočkas Philosophie der Geschichte", in: *Grenzen des Kulturkonzepts. Meta-Genealogien*, hg. v. St. Nowotny and M. Staudigl, Wien 2003, S. 133-153.

Tani, Toru (1999): „Phänomenologie und Metaphysik der Natur", in: *Phänomenologische Forschungen*, Sonderband *Phänomenologie der Natur*, hg. v. K. K. Cho und Y.-H. Lee, Freiburg/München, S. 77-89.

Tengelyi, László (1998): *Der Zwitterbegriff Lebensgeschichte*, München.

Waldenfels, Bernhard (1995): Die Verflechtung und Trennung. Wege zwischen Merleau-Ponty und Lévinas, in: Ders., *Deutsch-französische Gedankengänge*, Frankfurt am Main, S. 346 - 382.

„Der Leib ist eine große Vernunft". Eugen Finks kosmologisch-anthropologische Interpretation von Eros und Thanatos

Thomas Franz

Die abendländische Philosophie verfolgt seit ihren Anfängen in ihren relevanten Positionierungen ein rationales Projekt. Das heißt, es geht ihr um die verstandes- und vernunftmäßige Erkenntnis von Wirklichkeit, um die Zuordnung von Sein und Erkennen. Logik und Erkenntnistheorie unterstützen das Szenario einer fortschreitenden Rationalisierung der Welt, in der sich alles um die allgemeinen Strukturen der Wirklichkeit dreht. In der vorsokratischen Philosophie gibt es zwar ein Interesse an den Elementen, aber nicht am Elementalen. Auch hier geht es anfanghaft um die Frage von Grund, Zugrundeliegendem und Begründung, die dann die Gestalt der griechischen Metaphysik und ihrer christlichen Fortführung im Mittelalter durchgehend geprägt hat.

Einerseits liegt aller Wirklichkeit ein bleibender Wesenskern zugrunde, andererseits findet die Wirklichkeit ihre letzte Begründung in einem absoluten Grund. Im Sprachspiel Martin Heideggers ist dies die ontotheologische Verfassung der abendländischen Metaphysik, der eine generelle dingontologische Wirklichkeitsauffassung korrespondiert. Im Letzten geht es nach Heidegger um das Seiende in seiner Substantialität und um Gott als das höchste Seiende. Dies heißt im Gegenzug für Heidegger, das abendländische Denken hat das Sein selbst vergessen. Die Seinsvergessenheit ist die grundlegende Gravur der Philosophie.

Der substanzontologische Grundzug bleibt auch dann noch bestehen, als sich im Zuge der neuzeitlichen Metaphysik das Subjekt als die maßgebliche Größe herauskristallisiert. Seit Descartes orientiert sich die Philosophie an der Zuordnung von Subjekt und Objekt. Der entscheidende Protagonist dieser Entwicklung ist das menschliche Bewusstseinssubjekt, die res cogitans, dessen ontologisches Pendant das Ding, der Gegenstand, die res extensa, darstellt. Die transzendentale Bewusstseinsphänomenologie Edmund Husserls, die mit den „Logischen Untersuchungen" anhebt, in den „Ideen" einen ersten Höhepunkt und in den „Cartesianischen Meditationen" ihre Vollendung erreicht, bleibt dieser neuzeitlichen Subjekt-Objekt-Struktur verhaftet. Auf Wahrnehmung, d. h. Wahrnehmung von Gegenständen, bleibt die phänomenologische Arbeit Husserls fokussiert. Erst spät wächst bei ihm die Einsicht, dass aller Wissenschaft und damit auch der Philosophie als strenger Wissenschaft eine elementarere Ebene zugrunde liegt.

Die Phänomenologie mit ihrem Wissenschaftsanspruch fragt nach den Sachen selbst, nach den Phänomenen, nicht nach den metaphysischen Gründen, die den Dingen zugrunde liegen und sie begründen. Husserl fragt freilich nach den Konstitutionsbedingungen der Phänomene und findet diese letztlich in der Egoität des transzendentalen Subjekts.

Die zweite Generation der Phänomenologie, zuerst und vor allem Martin Heidegger und in seiner Spur Eugen Fink, war einerseits dem phänomenologischen Anspruch „Zu den Sachen selbst" verpflichtet, hat aber andererseits die Frage der Konstitutionsbedingungen nicht mehr im Sinne der transzendentalen Bewusstseinsphänomenologie beantwortet. Sie nimmt vielmehr die ganze Breite des metaphysischen Fragens – anders als Husserl – in einem kritischen Sinn auf und formiert so eine ontologisch gewendete Phänomenologie. Sie stellt die Frage nach den Konstitutionsbedingungen der Phänomenalität im Blick auf die traditionelle Metaphysik und ihre Ontologie. Weder die neuzeitliche Subjektphilosophie noch die antik-mittelalterliche Substanzontologie des Dings, sondern die ursprüngliche Frage nach dem Sein, die nach ihrer Auffassung eine elementalere Dimension als das Seiende beinhaltet, ist geeignet, die phänomenologische Konstitutionsproblematik zu klären. Die Betonung der Differenz von Sein und Seiendem, sei es menschliches Subjekt oder dingliches Objekt, gehört zu den emphatischen Signaturen der ontologischen Phänomenologie.

Die kritische Haltung Martin Heideggers wie Eugen Finks zur Denktradition der Metaphysik hängt nicht zuletzt mit ihrer Lektüre Friedrich Nietzsches zusammen, dem entschiedensten Kritiker dieser Epoche der abendländischen Philosophie. Nietzsches Zitat aus dem „Zarathustra" – „Der Leib ist eine große Vernunft" –, das als Leitmotto diesem Beitrag voran steht, hat hierfür paradigmatische Bedeutung.

> „Leib bin ich ganz und gar, und nichts Außerdem; und Seele ist nur ein Wort für ein Etwas am Leibe. Der Leib ist eine grosse Vernunft; eine Vielheit mit einem Sinne, ein Krieg und ein Frieden, eine Heerde und ein Hirt. Werkzeug deines Leibes ist auch deine kleine Vernunft, mein Bruder, die du ‚Geist' nennst, ein kleines Werk- und Spielzeug deiner grossen Vernunft. ‚Ich' sagst du und bist stolz auf dies Wort. Aber das Grössere ist, woran du nicht glauben willst, – dein Leib und seine grosse Vernunft: die sagt nicht Ich, aber thut Ich." (Nietzsche 1988, 39)

Nietzsches durchgängige Kritik an den konzeptionellen Leitlinien der Metaphysik, ihrem Substanzdenken, ihrem theologischen Letztbegründungsanspruch und ihrem idealistischen, auf Erkenntnis konzentrierten Subjektdenken wird auch von Vertretern der ontologischen Phänomenologie geteilt. Nietzsche kehrt das, was in der metaphysischen Tradition als unhinterfragt gilt, vom Kopf auf die Füße. Die Materialität des Menschen, seine irdische Leiblichkeit, seine Fleischlichkeit, nicht seine rationale Subjektivität sind der Ort der Vernunft. Nicht die Erkenntnis, das Handeln bestimmt sie. Dies ist der Ort der großen Vernunft, gegen den die kleine rationale, auf Erkenntnis zielende Vernunft nur sekundäre Bedeutung hat. Das schöpferische Schaffen, das Vollzugsgeschehen des Handelns sind ursprünglicher, elementaler.

Martin Heidegger wie Eugen Fink haben sich mit dieser grundsätzlichen Kritik des abendländischen Philosophie eingehend befasst. Zwar haben beide

Denker Nietzsche noch der von ihm selbst kritisierten metaphysischen Tradition zugerechnet, Eugen Fink ist hier der Interpretationsspur seines Meisters Martin Heidegger gefolgt, aber Nietzsches Scharnierposition bleibt für beide unbestritten. Eugen Fink hat dennoch viel stärker als Martin Heidegger, der in Nietzsche den Vollender neuzeitlicher Subjektmetaphysik sah, nach den operativen Spuren eines nachmetaphysischen Denkens gesucht.[1] Nicht die Destruktion der abendländischen Metaphysik, sondern die vorhandenen Spuren eines nachmetaphysischen Denkens prägen seine Auseinandersetzungen mit Nietzsche, aber auch mit Hegel und Kant.

Im Folgenden soll der philosophische Denkraum der ontologischen Phänomenologie, wie er sich bei Eugen Fink in eigener Weise mit und über Heidegger hinaus entfaltet hat, in drei Schritten expliziert werden. Thematisch maßgeblich ist dabei die Spannung zwischen der Phänomenologie und der Frage nach dem Elementalen.

Zunächst ist zu zeigen, wie Fink in seiner Auseinandersetzung mit der philosophischen Tradition der Metaphysik, vor allem Hegel, diese Spannung exponiert. Zweitens gilt es, seinen Lösungsvorschlag aufzuzeigen, das Elementale mit Hilfe einer phänomenologischen Anthropologie zu thematisieren. Abschließend soll gefragt werden, inwieweit und ob es der Finkschen Spielart der ontologischen Phänomenologie gelungen ist, dem Elementalen phänomenologisch gerecht zu werden.

1. Auf der Suche nach der ontologischen Erfahrung

Das philosophische Denken Eugen Finks hat sich in „Nähe und Distanz"[2] zu den Phänomenologien Edmund Husserl und Martin Heidegger bewegt. In der Genealogie seines Denkens zeigt sich jedoch deutlich, dass Fink spätestens seit 1945 den Boden der transzendentalen Bewusstseinsphänomenologie verlassen hat. Bereits Finks Fortführung der Husserlschen Cartesianischen Meditationen, die VI. Cartesianische Meditation, fragt nach einer methodischen Selbstreflexivität der Phänomenologie, nach einer Phänomenologie der Phänomenologie. Worin besteht diese aber?

Sie kann nicht in einen weiteren Rückgang in den Bereich des Transzendentalen bestehen, sondern sie muss sich ontologisch neu und damit dimensional vertieft gewinnen. Dies ist die Leistung der Fundamentalontologie Martin Heideggers und seiner Analyse der menschlichen Existenz. Der Tod als die radikale Rückführung des menschlichen Daseins in seine Elementalität, in der er vor dem

---

[1] Vgl. hierzu Fink wohl bekanntestes Buch, erstmals 1960 erschienen (Fink 1992). Die Auseinandersetzung mit Nietzsche beschäftigte Fink in allen Epochen seines Schaffens. Dabei geht es nicht um eine philologische Lektüre dieses Denkers, sondern um eine mit Nietzsche gesprochen „genealogische" Problemexponierung. Fink liest Nietzsche ausgehend von seiner eigenen phänomenologischen Problemstellung.

[2] Vgl. Fink 1976.

Nichts steht, macht deutlich, dass die Extramundaneität der transzendentalen Egoität nicht die letzte phänomenologische Konstitutionsbedingung sein kann, sondern es eine elementalere Konstitutionsbedingung geben muss, die nicht auf transzendentale Erkenntnisleistung aus ist, sondern die die Erfahrung menschlicher Existenz ontologisch ausweist. Nicht nur der Mensch wird phänomenologisch in eine ursprüngliche Elementalität zurück verwiesen, sondern die Existentialontologie wird zum Schlüssel für die Frage nach dem Sein selber, dem Elementalen schlechthin.

Die Frage nach dem Elementalen im Denkraum der ontologischen Phänomenologie ist damit gedoppelt. Sie ist gleichermaßen anthropologisch und ontologisch konzipiert. Damit stellt sich einerseits die Frage nach dem Zusammenhang von Sein und Mensch und anderseits die Frage, von woher dann letztlich das Elementale zu bestimmen ist. Im Denkweg Martin Heideggers wird bekanntlich von der „Kehre" gesprochen. Eine solche „Kehre" lässt sich bei Eugen Fink expressis verbis nicht verorten. Finks Denken oszilliert vielmehr zwischen beiden Polen. Dies liegt nicht zuletzt daran, dass der Großteil seiner Schriften aus publizierten Vorlesungsmanuskripten besteht, die durch den vorgegebenen Zeitrahmen jeweils nur je eine Seite, entweder die anthropologische oder die ontologische, in den Blick nehmen konnten. In der Sache verweist dies jedoch auf die Grundspannung der ontologischen Phänomenologie insgesamt.

Die erste für unsere Fragestellung bedeutsame Vorlesung vom Wintersemester 1950/51 wurde 1977 unter dem Titel „Sein und Mensch. Vom Wesen der ontologischen Erfahrung" publiziert. Bereits der Titel markiert die Heidegger geschuldete Polarität von Ontologie und Anthropologie. Fink geht allerdings nicht Heideggers Denkweg von der Existentialanalyse zum Seinsdenken, sondern beginnt mit letzterem. Und er tut dies in Auseinandersetzung mit Hegel und Heidegger.

„Sein und Mensch" vollzieht sich mit und gegen Heidegger. Mit Heidegger, weil er die Rahmenbedingungen seines Denkens voraussetzt, vor allem dessen Auffassung von der Seinsvergessenheit der abendländischen Metaphysik. Gegen Heidegger, weil er dessen Hegel-Deutung nicht mitgeht, Hegel ist für Fink nicht der Kulminationspunkt der Seinsvergesssssheit der Metaphysik durch seine Betonung der Subjektivität und die ontotheologische Fixierung auf das absolute Subjekt. Fink wendet sich dezidiert gegen Heideggers Abhandlung über „Hegels Begriff der Erfahrung" in den „Holzwegen". Hegel fragt für Fink in wenigen einander zugeordneten Begriffen nicht nach dem Seienden, sondern nach dem Sein: Ansichsein und Fürsichsein, Beisichsein und Außersichsein sind ontologische, keine ontischen Begriffe: Hegel fragt nach der ontologischen Erfahrung.

> „Das Grundproblem der Philosophie ist für Hegel gestellt als das Problem einer eigentümlichen Erfahrung. Sie ist nicht das, was sonst unter Erfahrung verstanden wird, ist nicht die Empirie, nicht das immer sich anreichernde Kennenlernen der Dinge in den mannigfachen Weisen des Umgangs, des Sicheinlassens auf sie, der theoretischen Beobachtung und Erforschung usw. Hegel meint damit nicht die menschliche Erfahrung von

Seienden, sofern sie im Gang ist, – und auch nicht das in eins damit sich vertiefende Lebensverständnis. Die Erfahrung, die hier zum Problem wird, ist die Seinserfahrung." (Fink 1977, 150)

Für Heidegger ist das Hegelsche Denken ein „Holzweg", weil er es im Duktus seiner Destruktion der abendländischen Metaphysik unter einer subjektmetaphysischen Voreinstellung interpretiert. Für Fink vollendet Hegel die Metaphysik jedoch nicht in eine Subjektmetaphysik des Geistes, der Erfahrung des absoluten Subjekts mit sich selbst.

> „Hegels ‚Seinserfahrung' ist eine Erfahrung des Denkens mit den Fundamentalgedanken von Ansichsein und Fürsichsein." (Ebd. 183)

Damit geht es Hegel nach Fink wirklich um eine ontologische Erfahrung. Wie die ontologische Erfahrung im Zusammenspiel von Ansichsein und Fürsichsein gestaltet ist, bleibt jedoch für Fink offen. Hier folgt er den Denkbahnen Hegels nicht. Die Bewegung muss nicht vom Ansich zum Fürsich führen. Beide Momente sind vielmehr gleichursprünglich. Das eine muss nicht im anderen aufgehoben werden, sondern bezieht sich gegenwendig auf es. Diese Gegenwendigkeit ist Eugen Finks phänomenologisch gewendete Form der Dialektik.[3] Dies beinhaltet eine Dialektik des Lebens, nicht des Geistes.

> „Als eine wesentliche und bis heute noch nicht verwirklichte Aufgabe einer Hegel-Interpretation sehe ich die Aufgabe an, Hegels Begriff des Lebens, welcher schon die Ur- und Zentral-Intuition seiner theologischen Jugendschriften, nicht von dem subjektivistisch genommenen Begriff von ‚Geist' aus zu deuten, sondern, gerade umgekehrt, von seinem Lebensbegriff aus erst das Leben des Geistes zu erhellen. Das aber würde vielleicht bedeuten, Hegel aus dem geschlossenen Zusammenhang der neuzeitlichen Metaphysik herauszustellen an ihre Grenze als eine Rätselfigur des Übergangs, – der Vollendung und schon der Auflösung und Überwindung. Hegel käme in größte Nähe zu Friedrich Nietzsche." (Ebd. 177)

Die Fundamentalgedanken von Ansichsein und Fürsichsein verweisen für Fink auf jene Spannung von Ontologie und Anthropologie, die bei Hegel thematisch eine Spannung von Ontologie und Theologie ist. Indem Fink darauf insistiert, dass Hegel auch das Ansichsein zum Thema macht, wird er zumindest operativ – wie Nietzsche – zu einem Denker der ontologischen Erfahrung.

Die „größte Nähe" Hegels zu Nietzsche im Begriff des Lebens macht für Fink deutlich, dass die ontologische Erfahrung letztlich nicht eine ausschließliche Erfahrung des Seins, sondern die Erfahrung der Welt ist. Leben ist mehr als Sein. Damit gewinnt die Frage nach dem Elementalen in Finks Denken einen kosmologischen Zuschnitt.

Mit dem schillernden Ende der Metaphysik eröffnet sich die Epoche des Weltdenkens. Hegel wie Nietzsche sind für Fink Denker am Übergang zu dieser kosmologischen Epoche, die nicht mehr das Ding, sondern die Welt denkt. Hei-

---

[3] Vgl. hierzu etwa den Vortrag Phänomenologie und Dialektik, in: Fink 1976, 228-249.

deggers ontologische Phänomenologie mit der Frage nach dem Sein nimmt dabei eine zentrale Stelle ein. Für Fink ist aber die Frage nach dem Sein nur die eine Seite in der Frage nach der Welt. Gleichursprünglich stellt sich auch die Frage nach dem Nichts. Mit der Exponierung des Weltproblems gewinnt die von Heidegger begründete ontologische Phänomenologie einen kosmologischen Zuschnitt. Wie lässt sich aber die Welt denken, reicht hierzu die kleine Vernunft oder bedarf es einer größeren Vernunft?

Die ontologische Erfahrung, auf die nach Fink das philosophische Denken hin unterwegs ist, ist die Welt. Diese Erfahrung denkerisch zu bewältigen, steht einerseits immer in Gefahr mit dingontologischen Modellen der Metaphysik zu operieren. Die Welt ist aber kein Ding und lässt sich dementsprechend auch nicht dingontologisch fassen. Andererseits bleibt etwa Hegels Versuch, die ontologische Erfahrung mit wenigen grundlegenden Fundamentalbegriffen zu begreifen, wiederum der auf Erkenntnis, nicht auf Leben orientierten Denkform der Metaphysik verhaftet.

Elementaler als das Denken ist jedoch der praktische Lebensvollzug. Bereits Heidegger hatte in „Sein und Zeit" gezeigt, wie die Analyse des menschlichen Daseins die Basis für eine Fundamentalontologie abgeben kann. Wie die von Heidegger initiierte Frage nach dem Sein grosso modo die Leitlinien für Finks Frage nach der Welt vorgibt, so liefert auch dessen Existentialanalyse die Leitlinien für Finks Frage nach dem Menschen. Fink erweitert und modifiziert jedoch auch in der Frage nach dem Menschen den von Heidegger vorgegebenen Denkraum der ontologischen Phänomenologie.

2. Eros *und* Thanatos – *Verstehensweisen von Mensch und Welt*

„Sein und Mensch" exponiert ein Problem:

> „Für Hegel ist der Anfang der ontologischen Erfahrung gegeben durch den immanenten Widerspruch der Seinsgedanken des Ansich und Fürsich. Der Denkende war von diesem Widerspruch in eigentlicher Weise betroffen nicht dadurch, weil der Gegenstand seines Denkens sich als widersprüchlich und damit als anscheinend unvernünftig zeigte, sondern letztlich dadurch, daß diese nicht verträglichen Seinsgedanken eigene Setzungen des seinsverstehenden Bewußtseins, also auch des Seins-Denkenden selber waren; das Bewußtsein scheint nicht dahinter zu kommen, daß es sich selber in die Irre führt." (Ebd. 322)

Eine solche „unendliche" Positionierung des Menschen ist einem Denken nach Nietzsche und vor allem nach Heidegger nicht mehr möglich. Denn der Mensch ist ein endliches Wesen. Dies zeigt ihm die große Vernunft seines Leibes. Die elementale Erfahrung des Menschseins ist daher nicht seine Rationalität, sein Status als Bewusstseinssubjekt. Dem denkenden Subjekt, gerade im Gefolge der Hegelschen Philosophie, ist die dialektisch aufgehobene Identität von Sein und

Erkennen zu eigen. Erfahrung und Deutung der Erfahrung fallen in eins. Einem nachmetaphysischen Denken ist eine solche Identität verwehrt.

Die Wiedergewinnung bzw. Entdeckung einer ursprünglichen, kosmischen Erfahrung lässt sich weder dingontologisch noch subjektphilosophisch eruieren. Wenn weder die kategoriale Bestimmung des Dings noch die menschliche Bewusstseinssubjektivität den Maßstab für die Frage nach dem Sein abgibt, bedarf es einer elementareren Zugangsweise.

Bis zu dieser Abgrenzung ist Fink in „Sein und Mensch" vorgedrungen. Die phänomenologische Thematisierung des Menschen selbst gelingt ihm in ausgeführter Weise in der Vorlesung vom Sommersemester 1955 „Grundphänomene des menschlichen Daseins", die posthum 1979 publiziert wurde. Fink greift dabei die formalen Leitlinien der Heideggerschen Exstentialanalytik auf und versucht diese material zu vertiefen, denn der Mensch ist nicht nur in einem formalen Sinn Existenz. Der Mensch ist Existenz und Dasein immer nur als Liebender, Sterblicher, Herrscher, Arbeiter und Spieler. Für den Menschen kennzeichnend sind diese fünf anthropologische Grundphänomene, *Eros* und *Thanatos*, Arbeit und Herrschaft und Spiel, die dialektisch miteinander verknüpft sind. Aus ihnen besteht der „Teppich des Lebens".

Die Grundphänomene sind nicht nur die Seins- und Verstehensweisen des Menschen, sondern auch die Verstehensweisen der Welt, denn im Unterschied zu den Dingen ist der Mensch ein weltoffenes Wesen. Die Grundphänomene sind nicht nur die Erscheinungsweisen des Menschen, sondern auch die Modelle, das Erscheinen selbst zu verstehen. Sie bilden die Symbole und Metaphern, um Verstehensschneisen in die Undurchdringlichkeit des Erscheinens zu schlagen. Die Grundphänomene bieten somit die Verstehensweisen für das Elementale des Erscheinens selber.

Fink unterscheidet zwischen individuellen und panischen Grundphänomenen. Die individuellen Grundphänomene sind Arbeit und Herrschaft, die panische Grundphänomene *Eros* und *Thanatos*. Während Arbeit und Herrschaft in erster Linie die individuelle Phänomenalität des Menschen charakterisieren, verweisen *Eros* und *Thanatos* dezidiert über die Phänomenalität des Menschen hinaus auf die Elementalität des Erscheinens als solcher. Dieser kosmologische Aspekt, weniger die anthropologische Analyse der Grundphänomene soll nun zum Tragen kommen.

Welt ist die Sache, auf die das philosophische Bemühen Finks, eine geeignete Sprachgestalt zu finden, zielt, um diese ontologische Grunderfahrung der Gegenwart und der Zukunft zu beschreiben. *Eros* und *Thanatos* verweisen in je unterschiedlich Weise auf die dialektische Polarität des Erscheinens. Erscheinen meint nämlich nicht nur ins Sein gelangen, sondern auch ins Nichts verschwinden. Beide verweisen als anthropologische Grundphänomene hinaus auf das Elementale.

> „Aber vor allem der Zusammenhang von Tod und Liebe ist komplexer und vieldeutiger, als es ein einfacher Gegensatz wäre. Die Liebe ist die panische Erfahrung des ur-einen, unzerstörbaren Lebensgrundes und ist wesenhaft

auf den Tod bezogen, ist immer toddurchdringend; und der Tod ist für den Menschen nicht das Bewußtsein des schlechthinnigen Nichtseins, er bedeutet die Negation der endlichen Gestalt, ihre Aufhebung und damit die Freigabe für den Urgrund, aus dessen Ahnung die Liebe gerade ihre höchsten Entzückungen schöpft." (Fink 1979, 349).

Die Liebe verweist auf das Sein, der Tod auf das Nichts. Wie Liebe und Tod im menschlichen Dasein zusammengehören, so sind Sein und Nichts die wechselseitigen Pole der Welt. Diese gegenwendige Dialektik ist das Spiel von Sein und Nichts der Welt, in dem Dinge und Menschen zum Vorschein kommen und wieder verschwinden. Letztlich ist das Spiel das Weltsymbol schlechthin, weil es die dialektischen Momente der Welt in ihrer Gegenwendigkeit verdeutlicht.

Fink arbeitet bereits in „Sein und Mensch" in der Auseinandersetzung mit Hegel an diesem Spannungsverhältnis von Himmel und Erde, von Lichtung und Nichtung, von Ansich und Fürsich, von Sein und Nichts heraus. Das Ganze der Welt, die Totalität des Alls ist kein Ding. Sie lässt sich nur negativ von den dingontologischen Bestimmungen her fassen. Fink arbeitet sich mühevoll an dieser Denkformation der Metaphysik ab. Die ontologische Erfahrung ist die der kosmologischen Dialektik von Himmel und Erde, von Seinslichtung und Seinsverbergung. Himmel und Erde, Sein und Nichts sind die gegenwendigen Pole der Welt, die sich jedoch nicht hegelianisch aufheben noch nietzscheanisch ständig wiederkehren. Die Welt ist das *Totum*, das Ganze, das Zeit und Raum gibt, aber selbst nicht räumlich und zeitlich ist. Sie ist der Zeitraum des Erscheinens für alles Erscheinende, das Anwesen für die Anwesenden und das Abwesen für die Abwesenden.

Aus dem Gegenspiel der Welt von Sein und Nichts, von Anwesen und Abwesen, von Himmel und Erde entstehen alle Dinge und kehren wieder zurück. Dem endlichen Erscheinenden geht das unendliche Erscheinen voraus, das selbst kein Erscheinendes ist. Erscheinen meint dabei Hervorgehen in den Zeitraum des Seins und Zurückkehren in das absolute Nichts. Aus diesem gegenwendigen Spiel der Welt erscheinen alle Dinge und der Mensch und sind doch ontologisch von dieser different. Zwischen dem Elementalen der Welt und dem Phänomenalen von Ding und Mensch besteht die kosmologische Differenz.

Mit den Grundphänomenen ist es Fink gelungen, thematische Verstehensweisen für die Welt zu finden, und diese nicht nur operativ von Dingmodellen der Metaphysik abzugrenzen. Diese Problemlösung, nach der Fink seit „Sein und Mensch" sucht, wird auch später wieder aufgegriffen, so etwa in seiner Auseinandersetzung mit Kant in „Alles und Nichts", die folgendermaßen endet.

> „Der Mensch ist das seltsame Geschöpf inmitten des Seienden, das um den Tod weiß und seiner Sterblichkeit gewiß ist. Der Menschentod ist der große Zeiger – auf das absolute Nichts, das nicht irgendwo und irgendwann ist, nicht mit der Weltallheit des zeit-räumlichen Erscheinens wetteifert, nur als die schweigsame Nacht des Hades alles oberweltlich Erscheinende, Scheinende und Leuchtende in eine letzte Fragwürdigkeit reißt. Als der Sterbliche weiß der Mensch um das absolute Nichts, aus dem alles aufgeht

und darein alles vergeht , – weiß er in der bebenden Spannung seines Geistes um Alles und Nichts. Die Welt ist nicht nur das weltweite Anwesen des Erscheinens, sie ist auch das UTOPIA, das Niemandsland des Nichts, auf das die Mysterien von Liebe und Tod deuten." (Fink 1959, 249)[4]

Es ist nicht das bewusstseinmäßige subjektive Wissen, durch das sich dem Menschen diese ontologische Erfahrung erschließt, es ist ein verstehensmäßiges Wissen, das aus dem lebensmäßigen Vollzug des Daseins kommt. Mit Nietzsche gesprochen, dass das Ich des Menschen sich tut. Der Mensch in seinen elementalen Lebensvollzügen wird zum Schlüssel des Weltproblems. Aus dem lebensmäßigen Vollzug weiß der Mensch um seine Endlichkeit und Sterblichkeit, wie alle Dinge endet er, aber weiß verstehensmäßig darum. Im Tod stellt sich für Fink die Frage nach dem ontologischen Status des Erscheinens als individuiertes Anwesen, denn der Tote ist der Abgeschiedene, der sich dem Anwesen entzieht. Der Tod macht die einseitige Betonung des Erscheinens, des Anwesens, des Seins zum ontologischen Problem.

> „Die philosophische Bedeutsamkeit des Todes besteht nun in dem tiefgehenden Bruch des gewöhnlichen Seinsverständnisses. Das Existenzphänomen des Todes wird zur Weisung über das ‚Phänomenale' hinaus, wird zu einem ungeheuren Zeiger, der ins Namenlose und Gestaltlose zeigt, aus allem Anwesenden heraus in eine dunkle, unfaßliche Dimension des ‚Abwesens'. Vom Tode her erhält das bislang selbstverständliche Feld des Seins sein unverscheuchbares Fragezeichen." (Fink 1979, 169f.)

Der Tod stellt die Frage nach dem Zusammenhang von Sein und Nichts. Dabei ist das Nichts keine metaphysische Hinterwelt, sondern eine Dimension der Leere, die nicht zu füllen ist. Jede räumliche und zeitliche Vorstellung, die für die Dimension des Anwesens unverzichtbar ist, wäre hier fehl am Platz. Der menschliche Tod verweist auf eine Dimension der Bergung im Alleinen, es ist ein dunkler Ur-grund und ein kosmischer Ab-grund. Das Todesphänomen weist den Menschen in seiner Weltoffenheit zurück auf die panische Dimension des Nichts.

Leben und Tod gehören anthropologisch zusammen. Sie sind paradoxe, dialektisch verschränkte Phänomene, verweisen den endlichen Einzelnen in seiner Individuiertheit auf den panischen alleinen Weltgrund.

> „Liebe und Tod bilden in ihrer notwendigen Verschlingung ein Wechselspiel von Aufgang und Untergang." (Ebd. 350)

Das erotische Verhältnis der Geschlechter ist eine Weise irdischer Unsterblichkeit, die sich für Fink vor allem in den Kindern erweist. Die Bezogenheit der Geschlechter ist ursprünglicher als ein bewusstes Verhältnis von Mann und Frau. Sie ist ein leibhaftiges und panisches Geschehen zugleich. Wie in der Sterblich-

---

[4] Vgl. hierzu auch die Vorlesung „Metaphysik und Tod" von 1964, publiziert 1969, in der Finks anthropologisch-kosmologische Sicht des Todes von derjenigen der Metaphysik nochmals deutlich abgegrenzt wird.

keit verweist die Liebe auf die leibliche geschlechtliche Materialität des Menschen. Die Grundphänomene verweisen explizit – dies nur nebenbei gesagt – darauf, dass der Mensch keine Einzelperson, sondern für Fink immer coexistential angelegt ist. Der Mensch als Existenz und Coexistenz ist jedoch vor allem ein kosmisches Wesen.

> „In der Liebe geschieht vor allem eine Ineinssetzung, wo nicht ein Endliches sich mit einem anderen Endlichen verschmilzt, sondern zwei endliche Menschen, zwei Bruchstücke des Menschseins, sich eins fühlen mit dem unendlichen Lebensgrunde, dem alle endlichen Gestalten entsteigen und in den sie wieder einmal zurücksinken." (Ebd. 346f.)

Das panische Walten der Welt ist ein dialektisch-gegenwendiges Spiel von Sein und Nichts, Eros und Thanatos sind die endlichen Grundphänomene, deren Charakter als Weltsymbole darin besteht, auf die Alleinheit dieses unendlichen Spiels zu verweisen. Sie eröffnen dem Menschen eine ursprüngliche, elementale Dimension, ohne die Differenz zwischen Welt und Mensch aufzuheben.

> „Die Welt ist kein anthropologischer Befund, keine Existenzstruktur des menschlichen Daseins. Wohl aber ist der Mensch das einzige von allen in der Erscheinung sich zeigenden Wesen, das nicht bloß um die Welt weiß, sie vielmehr als Inbegriff und Urgrund aller Dinge weiß." (Ebd. 450)

Die anthropologischen Selbstvollzüge Liebe und Tod verweisen auf das kosmologische Zusammenspiel von Sein und Nicht, verweisen auf die Welt als den Zeit-Raum des Erscheinens und die Dimension des Abwesens. Diese knappe Skizzierung des Finkschen Denkens wollte die Fragedimension eröffnen, innerhalb derer das Elementale zum Thema wird.

Nach meiner Auffassung zeigt sich das Elementale bei Fink in der Frage nach der Welt, die erst zugänglich wird, wenn das Elementale auch als anthropologisches Thema greift. Die Einsicht in den elementalen Vollzugscharakter des menschlichen Daseins, wie er in der Dialektik der Grundphänomene beschrieben wird, eröffnet den Horizont für das Elementale in seiner kosmologischen Dimension. Hierfür ist Friedrich Nietzsche ein wichtiger Gewährsmann und Martin Heidegger der Vordenker.

Die Frage nach dem Elementalen in der ontologischen Phänomenologie positioniert sich gegen die abendländische Metaphysik des Grundes. Gleichwohl bleibt diese Denkform operativ gerade dort präsent, wo es um das Verhältnis von Elementalem und Phänomenalem geht. Heidegger unterstreicht die ontologische Differenz, Fink die kosmologische.

Ist aber nicht gerade die Differenz von Sein und Seiendem, von Abwesen und Abwesendem, von Anwesen und Anwesendem das Grundthema der Metaphysik, für die die Differenz von Wesen und Erscheinung fundamental ist? Und bleibt in der Differenz von Erscheinen und Erscheinendem nicht diese metaphysische Differenz von Wesen und Erscheinung präsent? Hat nicht eine Philosophie des Elementalen die Frage nach einem Denken jenseits der Differenz von Metaphysik und Phänomenologie zu stellen? Kann sich das (metaphysische)

Wesen nicht im (phänomenologischen) Erscheinen zeigen? Gibt es ein Erscheinen jenseits des Erscheinenden oder nur im Erscheinenden?

3. Unterwegs zu einer Phänomenologie und Metaphysik des Elementalen

Die Schriften Eugen Finks sind Problemexponierungen. Sie eröffnen für das Philosophieren den Horizont eines nachmetaphysischen Denkens, also eines Denkens *nach* der Substanzontologie des Dings. Phänomenologie ist eine Arbeitsphilosophie, sie ist nicht an Positionierungen, sondern an Sachfragen orientiert. Die Sache des Finkschen Denkens ist die philosophische Verhältnisbestimmung von Welt und Mensch: Die Welt als die ontologische Erfahrung des heutigen Menschen und der Mensch, der diese ontologische Erfahrung mit Hilfe seiner eigenen Lebensvollzüge zu verstehen sucht.

Wohl wie kein anderer Phänomenologe war sich Fink über die Spannung zwischen der Sache selbst und den sprachlichen Modellen, mit denen diese Sache auf den Begriff gebracht werden soll, im Klaren. Das philosophische Denken, gerade wenn es nach einem sprachlichen Ausdruck für eine neue ontologische Erfahrung sucht, operiert mit Begriffen, die nicht immer selbst eigens zum Thema gemacht werden und in der Regel einer anderen Denkkonzeption entstammen. Die Differenzierung zwischen „thematischen" und „operativen Begriffen"[5] ermöglicht eine kritische Selbstreflexion im Sinne einer Hochinterpretation des Denkens, die nicht philologisch, sondern genealogisch zu bezeichnen ist. Diese Zugangsweise prägt Finks Auseinandersetzung mit Hegel und Nietzsche. Denn er fragt positiv in deren thematischer Explikationen nach jenen operativen Elementen, die auf die ontologische Erfahrung von Welt verweisen. Fink macht deutlich, dass sich bei beiden operativ diese Erfahrung zeigt.

Im Gegenzug soll nun deutlich gemacht werden, dass in der Thematisierung der ontologischen Erfahrung der Welt und ihrer Verständigung mit ihr durch die anthropologischen Grundphänomene Fink selbst noch operativ dem ‚metaphysischen Denkraum' verhaftet bleibt. Finks phänomenologische Begrifflichkeit paart sich in seiner Auseinandersetzung mit der philosophischen Tradition mit metaphysischer Begrifflichkeit. Exemplarisch sei dies an dem Begriffspaar Wesen und Erscheinung aufgezeigt.

Fink fragt als Phänomenologe nach dem Wesen der ontologischen Erfahrung. In der Metaphysik liegt ein ontologischer Bruch zwischen Wesen und Erscheinung vor. Ersteres ist dem (ontologischen) Bereich des Seins, letzteres dem (ontischen) Bereich des Seienden zugeordnet. Was bedeutet es aber, wenn zum Wesen die Erscheinung gehört und zum Erscheinen das Wesen? In der ontologischen Erfahrung geht es um das Erscheinen als solches. Das Wesen des

---

[5] Vgl. zu dieser Unterscheidung den Vortrag „Operative Begriffe in Husserls Phänomenologie", in: Fink 1976, 180-204.

Erscheinens ist das Erscheinen selber, von daher gibt es – wie in der traditionellen Metaphysik – kein Wesen jenseits des Erscheinens.

Die metaphysische Problematik einer Doppelung von Wesen und Erscheinen lässt sich auch in Finks kosmologische Konzeption wiederfinden. Die Welt weltet, d.h. sie ist der Zeitraum des Erscheinens aller Dinge. Gibt es die Welt jenseits des Weltens, gibt es ein Erscheinen jenseits des Erscheinenden, das Elementale jenseits des Phänomenalen? Eugen Fink hat sich dieser Problematik in einer Vorlesung „Sein, Wahrheit, Welt. Vorfragen zum Problem des Phänomen-Begriffs" gestellt, die im Anschluss an Vorlesung zu den „Grundphänomenen des menschlichen Daseins" im Wintersemester 1955/56 gehalten wurde.

> „Mit der Frage nach dem Wesen des Erscheinens von Seiendem stehen wir vor einem zentralen Problem der Philosophie." (Fink 1978, 131)

Finks Antwort auf diese Frage bewegt sich im Rahmen der bisherigen Überlegungen.

> *„Die Bewegung des Erscheinens ,erscheint' überhaupt nicht an den Dingen.* Die Dinge sind *im* Erscheinen, – aber das Erscheinen ist selbst wiederum nicht dinghaft und dinglich. Als Hinweis auf diese merkwürdige und beirrende Dunkelheit im Begriff des Erscheinens haben wir von ,Gegend' gesprochen. Die Dinge sind je in einer Gesamtsituation, sind in einem umgreifenden und einbegreifenden ,Feld', sind in einer Gegend versammelt." (Ebd. 150)

Mit den Begriffen von Gegend und Feld, es fällt mitunter auch der Begriff Horizont, macht Fink in bekannter Weise deutlich, dass die Welt kein Ding ist. Damit bleibt aber die Dingontologie das Medium, von dem her die Frage nach der Welt angegangen wird. Trotz seiner Kritik an der Dingontologie eröffnet sich damit keine ontologische Alternativkonzeption. Wenn Dinge Seiende sind, die erscheinen, macht dann die Unterscheidung von Wesen und Erscheinung noch einen Sinn? Bereits in den „Grundphänomenen des menschlichen Daseins" wird noch ein anderer Begriff eingeführt, der des Systems, um die Differenz zwischen den endlichen Seienden und der Welt zu erläutern.

> „Das einzige System, das es in Wirklichkeit gibt, ist die Welt. In ihr ist alles, was ist, sie ist das Allumfangende, das nichts außer sich läßt. Sie ist nicht im Raum und nicht in der Zeit, sie ist die allhafte Einheit von Raum und Zeit." (Fink 1979, 450)

Fink operiert, um die Welt philosophisch zu bestimmen, mit diesen Begriffen, ohne diese jedoch ontologisch zu bestimmen; dies wirft die Frage auf, ob nicht mit ,System', ,Feld' und ,Gegend' selbst eine Ontologie angezeigt ist. Letztlich sind auch die anthropologischen Grundphänomene Wesensbestimmungen des Menschen, ohne dass das Verhältnis von Ontologie und Phänomenologie geklärt wäre. Zwar werden die Grundphänomene als Vollzugsweisen des menschlichen Daseins bestimmt, aber der Vollzug – das Erscheinen – selbst nicht zum Thema gemacht. Symptomatisch für die operative Präsenz der Dingontologie ist auch das Begriffsfeld ‚Grund', das kennzeichnend für den metaphysischen Denkraum ist. Der Begriff Leben, der nach Fink für Hegel und Nietzsche so bedeutsam ist, bleibt somit phänomenologisch und ontologisch ungeklärt.[6]

Wenn die bei Fink bestehende Differenz zwischen Welt und Binnenweltlichem, zwischen Erscheinen und Erscheinendem ein operativer Bestand metaphysischen Denkens ist, so bleibt in diesem letztlich die Dichotomie zwischen Elementalität und Phänomenalität bestehen. Es bedarf einer Ontologie des Vollzugs des Leben, die der Erfahrung des Elementalen im Vollzug selber begrifflich nachgeht.

In diese Richtung ist Heinrich Rombach[7] mit seiner Strukturontologie und -phänomenologie gegangen, die den Anspruch erhebt, die philosophische Differenz zwischen Ontologie und Phänomenologie zu überwinden. Nach Rombach gibt es eine Abfolge dreier ontologischer Grundkonzeptionen: das antikmittelalterlich Substanzdenken, das dingontologisch orientiert ist, das neuzeitliche Systemdenken, das kosmologisch ausgerichtet ist, und das Strukturdenken, das sich gegenwärtig abzeichnet und den Menschen zum – hier liegen Entsprechungen zu Finks Denken vor – ontologischen Modell hat.

Von der Rombachschen Konzeption aus gesehen, gelingt es Fink nicht, eine für Welt, Mensch und Ding gleichermaßen zutreffende ontologische Konzeption aus einer phänomenologischen Perspektive heraus zu entwickeln. Solange dies nicht in den Blick des Denkens kommt, bleibt das metaphysische Grundmuster der ontologischen bzw. kosmologischen Differenz virulent und somit das Elementale jenseits der Schwelle der Phänomenalität.

Eine strukturontologische Verhältnisbestimmung von Elementalität und Phänomenalität, die gleichermaßen eine phänomenologische Metaphysik nach dem Substanzdenken und eine metaphysische Phänomenologie nach der transzendentalen und ontologischen Phänomenologie beinhaltet, kann nur als phänomenologische Phänomenologie konzipiert werden. Diese bestimmt die Konstitutionsbedingungen der Phänomene weder transzendental noch ontologisch, sondern phänomenologisch.

Für eine phänomenologische Phänomenologie sind Werden und Vergehen ontologische Konstitutionsbedingung jeglicher Wirklichkeit. Die Welt ist nicht der Horizont oder das Feld, in dem die Dinge erscheinen, sondern die Welt konstituiert sich selbst in ihrem Erscheinen, in das das Erscheinen von Welt und Mensch hineingenommen ist. Dieses Erscheinen geschieht nur als Vollzug, als Strukturgenese.

---

[6] Vgl. hierzu den Ansatz einer radikalen Lebensphänomenologie von Michel Henry (Henry 1997 und 2004). Nicht zuletzt sind die religionsphilosophischen Implikationen der Lebensphänomenologie, die in Auseinandersetzung mit der Theologie getroffen werden, eine große Herausforderungen für ein Denken jenseits der Dichotomie von Metaphysik und Phänomenologie.

[7] Das Rombachsche Denken kann hier nur mit wenigen Strichen angedeutet werden. Vgl. u.a. etwa Rombach 1971 und 2004). Zu einer Fink-Lektüre aus der Perspektive des Rombachschen Ansatz vgl. Franz 1999.

„Alles lebt, auch der Kosmos. Alle in ihm enthaltenen ‚Systeme' sind in Wahrheit ‚Strukturen', die einer ‚Geburt' entstammen, die über ‚Stufen' und ‚Dimensionen' der Selbstgestaltung hinweg eine Spitzenmöglichkeit erreichen und danach diese in Vorgängen der ‚Einrollung', gewöhnlich gesprochen des Untergangs, so sehr auf die Grundform bringen, daß diese von nachfolgenden Strukturen neu entfaltet und in Autogenesen weitergeführt, weitergesteigert, d. h. weiterdifferenziert und komplettiert werden können." (Rombach 2004, 16)

Die Selbstvollzüge des Menschen wie Liebe und Tod beschreiben Konstitutionsbedingungen der Wirklichkeit insgesamt.

„Der gesamte Kosmos ist menschenförmig, nur darum kann der Mensch kosmosförmig (universal) sein." (Rombach 1987, 423)

Solange die Differenz zwischen Wesen und Erscheinung operativ die Frage nach dem Elementalen bestimmt, bleibt dieses jenseits der Schwelle zur Phänomenalität. Wird das Erscheinen strukturphänomenologisch gefasst, bezeichnet es das Vollzugsgeschehen als solches, das zugleich der Geschensvollzug des Alls insgesamt ist – das Elementale im Phänomenalen.

Literatur

Böhmer, Anselm (Hg.) (2006): *Eugen Fink. Sozialphilosophie – Anthropologie – Kosmologie – Pädagogik – Methodik*, Würzburg.

Fink, Eugen (⁶1992): *Nietzsches Philosophie*, Stuttgart.
– (1979): *Grundphänomene des menschlichen Daseins*, hg. v. E. Schütz u. F.-A. Schwarz, Freiburg/München.
– (1977): *Sein und Mensch. Vom Wesen der ontologischen Erfahrung*, hg. v. E. Schütz u. F.-A. Schwarz, Freiburg/München.
– (1976): *Nähe und Distanz. Phänomenologische Vorträge und Aufsätze*, hg. v. F.-A. Schwarz, Freiburg/München.
– (1959): *Alles und Nichts. Ein Umweg zur Philosophie*, Den Haag.
– (1958): *Sein, Wahrheit, Welt. Vor-Fragen zum Problem des Phänomen-Begriffs*, Den Haag.

Franz, Thomas (1999): *Der Mensch und seine Grundphänomene. Eugen Finks Existentialanthropologie aus der Perspektive der Strukturanthropologie Heinrich Rombachs*, Freiburg i. Br.

Henry, Michel (²2004): *Inkarnation. Eine Philosophie des Fleisches*, Freiburg/München.
– (1997): *„Ich bin die Wahrheit". Für eine Philosophie des Christentums*, Freiburg/München.

Nietzsche, Friedrich (²1988): *Also sprach Zarathustra I-IV*, in: KSA 4, Berlin/New York.

Rombach, Heinrich (2003): *Die Welt als lebendige Struktur. Probleme und Lösungen der Strukturontologie*, Freiburg i. Br.
– (1987): *Strukturanthropologie. „Der menschliche Mensch"*, Freiburg/München.
– (²1981): *Substanz, System, Struktur. Die Ontologie des Funktionalismus und der philosophische Hintergrund der modernen Wissenschaft*, 2 Bde., Freiburg/München.
– (1980): *Phänomenologie des gegenwärtigen Bewußtseins*, Freiburg/München.
– (1971): *Strukturontologie. Eine Phänomenologie der Freiheit*, Freiburg/München.

„Die Dichtung ist nichts anderes als das elementare Zum-Wort-kommen". Hermeneutische Phänomenologie des Elementalen

Nebojsa Grubor

I. Das Kunstelementale

Der Zugang zum Begriff des Elementalen/Elementaren[1] bei Heidegger geht aus von einem Satz Heideggers: „Die Dichtung ist nichts anderes als das elementare Zum-Wort-kommen". Dies ist ein Zitat aus Heideggers berühmten Marburger Vorlesungen aus dem Sommersemester 1927 *Die Grundprobleme der Phänomenologie*, der sogenannten „Neue Ausarbeitung des 3. Abschnitts des I. Teils von *Sein und Zeit*"(Heidegger 1989, 1). Heidegger sagt nämlich: „Die Dichtung ist nichts anderes als das elementare Zum-Wort-kommen, d.h. Entdecktwerden der Existenz als des In-der-Welt-seins" (ebd. 244), und was er mit diesem Satz denkt, illustriert er mit einer Stelle aus Reiner Maria Rilkes ,*Aufzeichnungen des Malte Lauridis Brigge*'[2].

---

[1] Wenn die Distinktion zwischen dem Elementalen und dem Elementaren auf die Intuition der Herausgebenden in der Einleitung dieses Bandes zurückgeht, dann könnte in diesem Text ebenso gut statt des Begriffs des ,Elementaren' der Begriff das ,Elementale' stehen, obwohl wir bei Heidegger nur den Begriff des ,Elementaren' finden.

[2] Die ganze relevante Stelle Heideggers Rilkezitats aus den *Grundproblemen der Phänomenologie* lautet: „Es sind primär nicht die Dinge als solche, isoliert genommen, sondern als innerweltliche, aus denen wir uns begegnen. Deshalb ist dieses Selbstverständnis des alltäglichen Daseins nicht so sehr abhängig vom Umfang und von der Eindringlichkeit der Kenntnis der Dinge als solcher, sondern von der Unmittelbarkeit und der Ursprünglichkeit des In-der-Welt-seins. Auch das nur fragmentarisch Begegnende, auch das in einem Dasein vielleicht nur primitiv Verstandene, die Welt des Kindes, ist als Innerweltliches gleichsam mit Welt geladen. Es liegt nur daran, ob das existierende Dasein gemäß seiner Existenzmöglichkeit ursprünglich genug ist, um die mit seiner Existenz immer schon enthüllte Welt noch eigens zu *sehen*, zum Wort zu verhelfen und dadurch für andere ausdrücklich sichtbar zu machen.
Die Dichtung ist nichts anderes als das *elementare* Zum-Wort-kommen, d.h. Entdecktwerden der Existenz als des In-der-Welt-seins. Mit dem Ausgesprochenen wird für die Anderen, die vordem blind sind, die Welt erst sichtbar. Als Beleg dafür hören wir eine Stelle von Reiner Maria Rilke aus den ,Aufzeichnungen des Malte Laurids Brigge'. „Wird man es glauben, daß es solche Häuser gibt? Nein, man wird sagen, ich fälsche. Diesmal ist es Wahrheit, nichts weggelassen, natürlich auch nichts hinzugetan. Woher sollte ich es nehmen? Man weiß, daß ich arm bin. Man weiß es. Häuser? Aber, um genau zu sein, es wären Häuser, die nicht mehr da waren. Häuser, die man abgebrochen hatte von oben bis unten. Was da war, das waren die anderen Häuser, die danebengestanden hatten, hohe Nachbarhäuser. Offenbar waren sie in Gefahr, umzufallen, seit man nebenan alles weggenommen hatte; denn ein ganzes Gerüst von langen, geteerten Mastbäumen war schräg zwischen den Grund des Schuttplatzes und die bloßgelegte Mauer gerammt. Ich weiß nicht, ob ich schon gesagt habe, daß ich diese Mauer meine. Aber es war sozusagen nicht die erste Mauer vorhandenen Häuser (was man doch hätte annehmen müssen), sondern die letzte der früheren. Man sah ihre Innenseite. Man sah in

---

106

Zuerst sollte man im Ausgang von diesem Zitat Heideggers ein Verständnis des Begriffs des Elementalen bzw. der Ursprünglichen gewinnen. Das Elementale als das Ursprüngliche sollte im Umkreis von Heideggers Kunstlehre verstanden werden. Für Heideggers Kunstverständnis ist charakteristisch, dass er nicht unmittelbar und direkt die Kunst oder die Dichtung thematisiert, sie sind kein

---

den verschiedenen Stockwerken Zimmerwände, an denen noch die Tapeten klebten, da und dort den Ansatz des Fußbodens oder der Decke. Neben den Zimmerwänden blieb die ganze Mauer entlang noch ein schmutzigweißer Raum, und durch diesen kroch in unsäglich widerlichen, wurmweichen, gleichsam verdauenden Bewegungen die offene, rostfleckige Rinne der Abortröhre. Von den Wegen, die Leuchtgas gegangen war, waren graue, staubige Spuren am Rande der Decken geblieben, und sie bogen da und dort, ganz unerwartet, rund um und kamen in die farbige Wand hin eingelaufen und in ein Loch hinein, das schwarz und rücksichtslos ausgerissen war. Am unvergeßlichsten aber waren die Wände selbst. Das zähe Leben dieser Zimmer hatte sich nicht zertreten lassen. Es war noch da, es hielt sich an den Nägeln, die geblieben waren, es stand auf dem handbreiten Rest der Fußböden, es war unter den Ansätzen der Ecken, wo es noch ein klein wenig Innenraum gab, zusammengekrochen. Man konnte sehen, daß es in der Farbe war, die es langsam, Jahr um Jahr, verwandelt hatte: Blau in schimmliges Grün, Grün in Grau und Gelb in ein altes, abgestandenes Weiß, das fault. Aber es war auch in den frischeren Stellen, die hinter Spiegeln, Bildern und Schränken erhalten hatten; denn es hatte ihre Umrisse gezogen und nachgezogen und war mit Spinnen und Staub auch auf diesen versteckten Plätzen gewesen, die jetzt bloßlagen. Es war in jedem Streifen, der abgeschunden war, es war in den feuchten Blasen am unteren Rande der Tapeten, es schwankte in den abgerissenen Fetzen, und aus den garstigen Flecken, die vor langer Zeit entstanden waren, schwitzte es aus. Und aus diesen blau, grün und gelb gewesenen Wänden, die eingerahmt waren von Bruchbahnen der zerstörten Zwischenmauern, stand die Luft dieser Leben heraus, die zähe, träge, stockige Luft, die kein Wind noch zerstreut hatte. Da standen die Mittage und die Krankheiten, und das Ausgeatmete und der jahrealte Rauch und der Schweiß, der unter den Schultern ausbricht und die Kleider schwer macht, und das Fade aus den Munden und der Fuselgeruch gärender Füße. Da stand das Scharfe vom Urin und das Brennen vom Ruß und grauer Kartoffeldunst und der schwere, glatte Gestank von alterndem Schmalze. Der süße, lange Geruch von vernachlässigten Säuglingen war da und der Angstgeruch der Kinder, die in die Schule gehen, und das Schwüle aus den Betten mannbarer Knaben. Und vieles hatte sich dazugestellt, was von unten gekommen war, aus dem Abgrund der Gasse, die verdunstete, und anders war von oben herabgesickert, mit dem Regen, das über den Städten nicht rein ist. Und manches hatten die schwachen, zahm gewordenen Hauswinde, die immer in derselben Straße bleiben, zugetragen, und es war noch vieles da, wovon man den Ursprung nicht wußte. Ich habe doch gesagt, daß man alle Mauern abgebrochen hatte bis auf die letzte -? Nun, von dieser Mauer spreche ich fortwährend. Man wird sagen, ich hätte lange davorgestanden; aber ich will einen Eid geben dafür, das ich zu laufen begann, sobald ich die Mauer erkannt hatte. Denn das ist das Schreckliche, daß ich sie erkannt habe. Ich erkenne das alles hier, und darum geht es so ohne weiteres in mich ein: es ist zu Hause in mir." (R.M. Rilke, Werke. Auswahl in zwei Bänden. Leipzig 1953. Bd. 2, p. 39-41) Man beachte, wie **elementar** hier die Welt, d.h. das In-der-Welt-sein – Rilke nennt es das Leben – aus den Dingen uns entgegenspringt. Was Rilke hier mit seinen Sätzen aus der bloßgelegten Mauer herausliest, ist nich in die Mauer hineingedichtet, sondern umgekehrt, die Schilderung ist nur möglich als Auslegung und Erleuchtung dessen, was in dieser Mauer ,wirklich' ist, was aus ihr im natürlichen Verhältnis zu ihr herausspringt. Der Dichter vermag diese ursprüngliche, obzwar unbedachte und gar nicht theoretisch erfundene Welt nicht nur zu sehen, sondern Rilke versteht auch das Philosophische des Lebensbegriffes, den Dilthey schon ahnte und den wir mit dem Begriff der Existenz als In-der-Welt-sein faßten." (Heidegger1989, 244-247; Hervorhebung N.G.).

unmittelbar philosophisches Thema. Was den frühen Heidegger an der Dichtung und der Kunst interessiert, ist vielmehr die Frage, worin der Kunst- oder Dichtungsbezug zur Wahrheit besteht. Die Frage ist, wie das Seiende als Seiendes bzw. das Sein des Seienden in der Kunst zum Ausdruck kommt im Unterschied z. B. zur Philosophie. Das Verhältnis von der Philosophie und der Kunst bzw. des Denkens und des Dichtens ist ein unverzichtbarer Hintergrund von Heideggers Kunstthematisierung. Die Frage, worin das Worauf des Verhältnisses der Kunst und der Dichtung zum Seiendem als Seiendem und die eventuelle Konkurrenz oder die Komplemantarität des Denkens und Dichtens besteht, ist der erste Leitfaden zum Verständnis des Begriffs des Elementalen in diesem Zitat: Dichtung und Kunst sollten im Hinblick auf ihr Worauf ihrer Verhältnishaftigkeit verstanden sein.

Das Dasein als existierendes Miteinander-in-der-Welt-sein ist das gemeinsame Feld für das Denken und das Dichten. Dichterisch erschließt das Dichten dasselbe, was das Denken denkerisch erschließt:[3]

> „Es ist Rilkes dichterische Beschreibung, der beim Abriß eines Hauses stehengebliebenen Innenseite einer Hausmauer, in der er die Wohnwelt des ehemaligen Hauses dichterisch sichtbar macht" (ebd. 18).

Das gemeinsame Feld für das denkerische und das dichterische Erschließen gibt dem Denken und dem Dichten nicht mehr eine hierarchische Stellung zueinander, sondern lässt sie gleichgeordnet sein.[4]

Die Dichtung hat ihr Thema nicht in den Erfahrungsgegenständen der Naturwissenschaften, sondern in der vorwissenschaftlichen Erscheinungsweise der Erfahrung. Diese Weise könnte auch das Elementale genannt werden. Das Elementale ist die Weise, wie sich die Existenz selbst zur Kunst verhält: So ist die künstlerische Verhaltensweise der Existenz das Elementale, und die Weise, in der wir künstlerisch produzieren und rezipieren, ist die Bedeutung des Kunstelementalen. Das Elementale als solches sollte jetzt aber nicht nur im Hinblick auf Rilkes künstlerische Beschreibung, sondern auch im Bezug auf den philosophischen Begriff zu Wort kommen. Das Elementale sollte als ein hermeneutisch-phänomenologischer Grundbegriff verstanden werden.

II. Das Elementale als hermeneutisch-phänomenologischer Grundbegriff

Die Antwort auf die Leitfrage der Ontologie – die Frage nach dem Seienden als Seiendem – wollte Heidegger im Ausgang von der Phänomenologie finden: Hier liegt die entscheidende Grundentdeckung der Phänomenologie, das Phänomen der Intentionalität. Für Heidegger wie auch für Husserl hatte Franz Brentano das Phänomen der Intentionalität entdeckt. Brentano hatte in seiner *Psychologie*

---

[3] Vgl. von Herrmann 1999, 18 .
[4] Vgl. ebd. 19.

vom empirischen Standpunkt (1874) mit dem Terminus ‚Intentionalität' die Struktur psychischen Lebens überhaupt bezeichnet.[5] Er erkannte im Phänomen der Intentionalität die Struktur, die die eigentliche Natur eines psychischen Phänomens ausmacht. Das Psychische ist gerade das Psychische, weil es intentional strukturiert ist; die *Intentio* bedeutet dem Wortsinne nach: *Sich-richten-auf*. Die Intentionalität bezeichnet ein ‚Sich-richten-auf-Etwas'. Vorstellen hat sein Vorgestelltes, Urteilen das Beurteilte und im Begehren ist etwas Begehrtes. Mit Intentionalität sollte die Struktur eines Verhaltens als Verhaltens zu ... bezeichnet werden.

In Heideggers Marburger Vorlesungen *Prolegomena zur Geschichte des Zeitbegriffs* aus dem Jahre 1925 haben wir eine vertiefende Erklärung des Begriffs der Intentionalität in zwei bzw. drei verschiedenen Momenten: Eine Seite der Intentionalität ist bestimmt durch die *Intentio*, das Moment des Richtens-auf ... wie z.B. Denken an ..., Vorstellen von ... usw. Auf der anderen Seite ist das *Intentum*, das Worauf des Sich-richten-auf ..., das Vorgestellte, das Woran wir denken usw. Heidegger stellt aber die Frage, worin überhaupt die Natur von dem *Intentum* besteht Diese Frage stellt sich an dem Beispiel der natürlichen oder einfachen Wahrnehmung, an dem sich das zweite Beispiel zeigt.[6]

In einer konkreten, natürlichen Wahrnehmung des Stuhls haben wir *zuerst* das Moment der *Intentio* – das Wahrnehmen selbst; und dann das Wahrgenommene – den Stuhl selbst – was dem Moment des *Intentums* entspricht. Wir können jedoch in unserem Wahrnehmen des Stuhls auch ein anderes Verhältnis zum Stuhl haben. Wir können *zweitens* auch diesen Stuhl nicht nur natürlich, einfach mit diesen und jenen Eigenschaften wahrnehmen, sondern auch als ein Ding aus unserer Umwelt, und wenn wir dann sagen, dass der Stuhl hart ist, bedeutet das nicht eine indifferente Qualität, sondern, dass er nicht bequem ist. Im *dritten* Fall, könnte der Stuhl auch als ein natürlicher oder naturwissenschaftlicher Gegenstand in seiner Gegenständlichkeit betrachtet werden. Und gerade dies bedeutet hier die entscheidende Differenz.

In allen drei Fällen ist der Stuhl das ‚Worauf', zu dem wir uns verhalten. Einmal ist der Stuhl das Naturding, ein anderes Mal ist der Stuhl das Umweltding und im dritten Fall ist der Stuhl der Gegenstand in seiner Dinglichkeit. Und Heideggers These lautet: Das *echte Intentum* oder das *Intendiertsein* ist nicht primär der seiende Stuhl oder der Stuhl als (einzelnes) Ding, sondern *das Worauf des Verhaltens, die vorgängige Zugangsweise, die Weise der Entdeckung des Seienden/Erscheinenden*. Dieses primäre Worauf des Verhaltens ist gerade die Weise, wie das Seiende gegeben ist. So muss man auf der Seite des *Intentums* zwei Momente differenzieren: Ein Moment ist das Seiende selbst, der Stuhl oder die Mauer, wie in Heideggers Rilkezitat. Das zweite und das entscheidende Moment ist die Gegebenheits-, Zugang- oder Entdeckungsweise des Seienden und im

[5] Vgl. Brentano 1924, 124 f.
[6] Vgl. Heidegger 1987, 37 und weiter.

Beispiel der einfachen Wahrnehmung heißt es das Naturding, das Umweltding oder die Dinglichkeit.[7]

Es muss betont werden, dass mit der Gegebenheitsweise des Seienden auch und zugleich eine Selbstentdecktheit von uns selbst gegeben ist. Die Weise, wie uns das Seiende gegeben ist, ist zugleich die Weise, wie wir uns selbst erschlossen sind. Wir sind immer schon vorweg bei einem Seienden und verstehen es in seinem ‚Wie', und das heißt, dass wir mit diesem Wie selbstgegeben sind. Das ‚Wie von Etwas', vom Seienden ist im eigentlichen Sinne ein ‚Wie unseres Daseins' und unsere eigentliche Seinsweise. Daran, dass wir selbst schon vor und bei Seiendem sind, kann man die Struktur des Seins des Daseins bzw. die Sorge erkennen.

Die Sorge ist nichts anderes als eine einfache Einheit der Mannigfaltigkeit der verschiedenen Weisen, wie wir uns selbst gegeben sind und wie uns das Seiende im Ganzen gegeben ist. Die Sorge ist der andere Name für das Phänomen der Intentionalität. Darum sollte im Hinblick auf den phänomenologischen Ansatz der Philosophie die Frage nach dem Seienden als Seiendem im Bezug auf die Weise des Seins des Daseins und seine Vollzugsgestalt als Sorge verstanden sein.

Wenn das Elementale als ein phänomenologischer Grundbegriff verstanden wird, dann sollte mit dem Begriff des Elementalen gerade eine Zugangs-, Gegebenheits- und Selbstgegebenheitsweise bezeichnet werden. Das Elementale sollte als das echte *Intentum* verstanden sein und das heißt, als das eigentliche Worauf und Wie unseres Verhaltens und Selbstverhaltens.

Die hermeneutische Dimension der Phänomenologie heißt, dass es unter verschiedenen Gegebenheistweisen (dem Naturding, dem Umweltding, der Dinglichkeit etc.) keinen gleichen Rang gibt, sondern (zumindest) eine dieser Weisen sozusagen die eminente und primäre Gegebenheitsweise ist und dass andere Weisen defiziente Modi sind. Der alltägliche, umweltliche Umgang mit den Dingen in ihrer Mittel-Zweck-Relation ist nämlich fundierender Modus oder die eminente Weise der Gebung, gegenüber der die (meisten) anderer Weisen defiziente Modi sind.

Das Verstehen in seiner Erschlossenheit, die mit den jeweiligen Gegebenheitsweisen des Seienden verbunden ist, kann und muss in der Sprache artikuliert sein. Das heißt, dass in der Auslegung (*hermeneuein*), in der sprachlichen Artikulation des Verstehens, die Sache, das Ding, das Seiende auf seine vorprädikative und vorthematische Evidenz interpretiert ist. Das primäre Verstehen des Seienden, der Tafel oder der Kreide – nehmen wir auch hier ein Beispiel Heideggers – ist das Verstehen des Seienden „aus dem Wozu seiner Dienlichkeit" (Heidegger 1976, 144), und das heißt, dass die Tafel und die Kreide zum Schreiben dienen. Wir können sagen, dass die Tafel schwarz oder die Kreide weiß ist, aber auf diese Weise verdecken wir den ursprünglichen Charakter dieses Seienden. Wenn wir während des Schreibens sagen, dass die Kreide zu hart oder zu sandig ist, dann können wir dies mit Heidegger verstehen:

---

[7] Vgl. ebd. 48.

„Diese Aussage: ‚Die Kreide ist zu sändig' ist nicht nur ein Bestimmen der Kreide, sondern zugleich ein Auslegen meines Verhaltens und Nichtverhaltenskönnens – nicht ‚recht' schreiben können" (ebd. 157).

In Heideggers hermeneutischen Argumentation können wir drei Ebenen unterscheiden: Zunächst die Dimension des Verstehens, der Erschlossenheit, die primär auf den umsichtigen Umgang referiert. Dann folgt die Auslegung, der Akt, der die im umsichtigen Umgang vollzogene Erschlossenheit der Welt (Verstehen) zu sprachlicher Ausdrücklichkeit bringen kann, und zwar primär im Hinblick darauf, ‚wozu es dient', auf ihr ‚Wozu'. Das ist die Artikulation der operativen Evidenz, das Niveau des hermeneutischen Als.[8] Schließlich, die Ebene des Aussagens, des apophantischen Als, wenn wir etwas über ein Seiendes in seiner Isoliertheit prädizieren. Hinzugefügt werden muss noch, dass man die Dimension des Hermeneutischen nicht nur auf die Mittel-Zweck-Relation reduzieren darf, sondern dass man diese Dimension auch im Hinblick auf die anderen Weisen der Erschlossenheit verstehen muss: Die Weisen in denen das Ding in einen umfassenden Zusammenhang gestellt und nicht isoliert von anderen Seienden verstanden wird.

Auch hier gilt: Wenn der Begriff des Elementalen nicht nur als ein phänomenologischer, sondern auch als ein hermeneutischer Grundbegriff verstanden werden soll, dann heißt dies, dass das Elementale nicht nur eine vorthematische Gegebenheits- und Selbstgegebenheitsweise ist, vielmehr jedoch die Weise, in der das Seiende nicht in seiner Isoliertheit, sondern im Relationsgeflecht und Relationszusammenhang verstanden wird. Die Natur dieses Zusammenhanges sollte also nicht (nur und primär) im instrumental-pragmatischen, sondern auch im *elementalen* Sinne verstanden sein. Daher nun die Interpretation zweier Wesenszüge des Elementalen: seine *Radikalität* und seine *Transversalität*.

III. Die Radikalität und die Transversalität des Elementalen

Die erste These dieses Textes war, dass eine Gegebenheitsweise des Seienden oder die Zugangsweise zum Seienden auch das elementare/elementale Zum-Wort-kommen der Existenz als In-der-Welt-sein ist. Das elementale Zum-Wort-kommen in der Dichtung bzw. das Elementale selbst – in dessen Hinblick der Dichter schafft – sollte nämlich als eine vorthematische Zugangsweise verstanden sein, als ein ‚Wie-uns-die-Dinge-gegeben-sind'. Jetzt wird die Frage gestellt, worin die Differenz zwischen den Elementalen und anderen Entdeckungsweisen des Seienden besteht.

Wir hatten bereits gesagt, dass mit der Gegebenheitsweise des Seienden bzw. des Erscheinenden auch und zugleich eine Selbstentdecktheit unserer selbst gegeben ist: Die Gegebenheitsweise des Erscheinenden ist zugleich die Weise,

---

[8] Vgl. Heidegger 2001a, 158.

wie wir selbst uns selbst gegeben bzw. erschlossen sind. Es gibt nicht nur eine Pluralität, sondern zugleich eine Hierarchie der Weisen dieser Gegebenheit.

Unter verschiedenen Gegebenheitsweisen des Seienden und zugleich unter den Selbstgegebenheitsweisen gibt es keinen gleichen Rang: Einige Weisen sind sozusagen eminente, primäre Weisen und andere Weisen sind defiziente, derivierte Modi. Der alltägliche, umweltliche, instrumental-pragmatisch verfasste Umgang mit den Dingen in ihrer Mittel-Zweck-Relation ist nämlich der fundierende Modus oder die eminente Gegebenheitsweise. So ist die entlebende, theoretisierende Betrachtung des Seienden defiziente Modi.

Bevor wir die Differenz zwischen dem Elementalen als einer Zugangs- und Entdeckungsweise und anderen fundierenden oder fundierten Weisen erklären, muss jedoch gesagt werden, dass die Transzendenz, die Welt oder noch besser das In-der-Welt-sein, sowohl der letzte und unhintergehbare Grund der Intentionalität selbst ist als auch der Grund aller intentional-strukturierten Verhaltungen. In-der-Welt-sein oder die Transzendenz ist der Rahmen für die Pluralität: sowohl der horizontalen als auch der vertikal strukturierten Weisen des Woraufs unseres Verhaltens.

Die Frage ist: Wie sollte man die Weise des Verhaltens verstehen, dieses Worauf unseres Verhaltens zu ..., die Weise, die wir das ‚Elementale' genannt haben, die Weise, durch welche die Dichtung gerade als elementare Zum-Wortkommen der Existenz ist? Das heißt zuallererst, dass die anderen Weisen keine elementalen, ursprünglichen, unmittelbaren Weisen sind. Die elementale Weise ist nicht nur eine im Horizont und nicht nur eine in der Hierarchie der Weisen, sondern eine radikale und transversale Weise. Worin besteht die Radikalität und Transversalität des Elementaren?

Die Radikalität zielt auf eine Tiefendimension des Elementalen. Das Elementale im Sinne der Welt liegt ‚unter' anderen Entdeckungsweisen, wenn auch nicht ihnen zugrunde, denn die Welt ist der letzte Grund der Möglichkeiten überhaupt. So bietet die Welt als eine Erweiterung zum Begriff des Elementalen eine theoretisierende Erfassung des Seienden, durch die die Seienden untereinander nicht nur differenziert, sondern auch isoliert sind. Das Elementale ermöglicht eine radikale Grenzerfahrung. Obwohl das Elementale keine Bedingung der Möglichkeit der Erfahrung überhaupt ist – das ist die Rolle des In-der-Weltseins –, bezeichnet es nicht nur eine Erfahrung an den Grenzen der Erfahrung, sondern die Erfahrung der Grenzen der Erfahrung selbst. Das Elementale in seiner Radikalität ermöglicht uns nämlich nicht nur, dass wir dem Seienden bzw. Erscheinenden als etwas Neuem und Anderen begegnen, sondern dass wir diesem Seienden als einem ganz Fernen oder sogar Fremden begegnen können.

Die Radikalität des Elementalen bedeutet nicht nur, dass das erfahrene Seiende uns fremd ist, sondern dass wir uns zu uns selbst so – verfremdet – verhalten. Die Grenzen unseres Selbst sind mit dem Elementalen ins Spiel gekommen. Unsere Selbstbestimmung und unser Selbstbewusstsein sind auf die Probe gestellt. In diesem Sinne sollte Rilke verstanden werden:

„Nun, von dieser Mauer spreche ich fortwährend; aber ich will einen Eid geben dafür, daß ich zu laufen begann, sobald ich die Mauer erkannt hatte. Denn das ist das Schreckliche, daß ich sie erkannt habe".

Das Elementale als eine Zugangs- und Verhaltensweise, in unserem Beispiel zur Mauer, ist nicht nur eine Zugangsweise zur Mauer, nicht in einem ungewöhnlichen und nicht selbstverständlichen Sinne, sondern auch Entdeckungsweise von uns selbst als solchen, die sich selbst fremd und schrecklich sind. Das Elementale heißt nicht einfach die Erfahrung des Seienden als des Anderen, Fernen und Fremden, sondern Erfahrung unseres Selbst als Anderen, Fernen und Fremden. Was durch das Elementale destabilisiert wird, ist nicht nur das Seiende bzw. Erscheinende, das Objekt, sondern auch unser Selbst, das Subjekt, und die ganze Subjekt-Objekt-Beziehung.

Diese Behauptung bestätigt der nähere Kontext um Heideggers Rilke-Zitat. Die Marburger Vorlesungen *Die Grundprobleme der Phänomenologie* aus dem Jahre 1927 sollten vier phänomenologische Grundprobleme aus vier traditionell-ontologischen bzw. metaphysischen Thesen *herausschälen*[9] und zugleich die Antwort auf die Grundfrage von Heideggers Philosophie, die Frage nach dem Sinn vom Sein überhaupt, bieten.

In jeder der vier geschichtlichen Thesen über das Sein (,Sein ist kein reales Prädikat'; ,Zur Seinsverfassung eines Seienden gehören Essentia und Existentia'; ,Die Grundweisen des Seins sind das Sein des Geistes und das Sein der Natur'; ,Das Sein der Kopula') liegt ein fundamentalontologisches Grundproblem. Das dritte Fundamentalproblem: ,Die Modifikationen des Seins und die Einheit seiner Vielfältigkeit', wird aus einer kritischen Diskussion der zentralen These der neuzeitlichen, mit Descartes einsetzenden Ontologie herausgearbeitet.

Dieser These gemäß sind die Grundweisen des Seins die *res cogitans*, das Sein des Geistes und die *res extensa*, das Sein der Natur.[10] Dies wird von Heidegger als „These der neuzeitlichen Ontologie" in den §§ 13-15 untersucht. Unser Zitat befindet sich im § 15, in dem wir eine Explikation des dritten phänomenologischen Grundproblems haben. Diese Explikation ist eine Überwindung der Subjekt-Objekt-Beziehung und eines unphänomenologischen Denkansatzes überhaupt. Fichte sagt, so zitiert Heidegger:

„Meine Herren, denken Sie die Wand, und dann denken Sie den, der die Wand denkt." (Heidegger 1989, 231)

Diese theoretisch infizierte und unphänomenologische Denkweise hat als Gegensatz gerade Rilkes dichterische Beschreibung der Mauer. Im Gegensatz zu der neuzeitlich-philosophischen strikten Unterscheidung von Subjekt und Objekt als zwei Konstanten stehen das Verstehen der Mauer und ein Selbstverständnis, die den Abgrund des Selbst und den Abgrund einer Verflechtung der Dinge im Leben darstellen.

---

[9] Vgl. Heidegger 1989, 1.
[10] Vgl. von Herrmann 1991, 36.

Mit dem Elementalen ist der Abgrund unseres Selbst geöffnet. Das Elementale, das nicht nur die Kunstrezeption und die Kunstproduktion, sondern auch die philosophische Bestimmung und das Verständnis der Kunsterfahrung überhaupt ermöglicht, öffnet einen Erfahrungsraum und einen Raum von Möglichkeiten, die für uns etwas Unmögliches sind: Es sind unsere Möglichkeiten, aber um den Preis der radikalen Umwandlung unseres Selbst. Die Selbstverwandlung unseres Selbst ist die eigentliche Konsequenz. Diese abgründige Öffnung der Grenzmöglichkeiten zu sich selbst und zu dem anderen bedeutet eine Krisenerfahrung, die am Ende auch nicht durch die Intersubjektivität des Mit-einander-seins garantiert werden kann. Aus dieser Krisenerfahrung in der die bisherige Identität unseres Selbst auf die Probe gestellt ist, könnten wir auch den zweiten Wesenszug des Elementalen verstehen – die *Transversalität*.

Die Transversalität[11] des Elementalen zielt genau auf diese übergängliche Dimension des Elementalen. Das Elementale als Verhaltensweise ist kein stabiles Eigentum, sondern besteht in einer Dynamik. Die Transversalität als der zweite Wesenszug des Elementalen zielt auf eine flüssige, übergängliche, bewegte und unruhige Dimension des Elementalen selbst. Aber dies meint keine unbestimmte, sondern eine sehr strenge Möglichkeit, welche für jeden einzelnen bestimmend wird.

Das Elementale bezeichnet eine Krisenerfahrung, in der die Krise ein Moment ist, in welchem die Identität des Selbst und der Anderen in die Frage gestellt ist. Das Elementale selbst als eine Destabilisation des Gewöhnlichen ist nicht nur das Zum-Wort-kommen der Krisenerfahrung, sondern noch ursprünglicher ein Zum-Wort-kommen des Nichterkennens der Krise. So paradoxal ist es: Das Elementale bezeichnet eine Möglichkeit der Institutionalisierung, eine Stiftung im Abgrund der Selbsterfahrung und Erfahrung des Seienden im Ganzen. Die elementale Erscheinungsweise oder das Elementale selbst als eine Erscheinungsweise ist nicht einfach nur eine vorthematische, sondern eine *Zwischenweise*, die zwischen anderen Weisen steht und in einem Entzug diese andere Weisen begründet. Diese Weise ist in der Vielfalt des Gewöhnlichen keine freischwebende oder irreale, sondern eine reale und transversale Weise: eben diejenige des Wirkens des Elementalen.

‚Radikalität' meint, dass hier eine radikale Erfahrung im Spiel ist, die als ein Urboden der Erfahrung, Boden der Möglichkeiten des Unmöglichen verstanden sein sollte, und das heißt nicht nur, dass im Spiel etwas Neues, Anderes, oder sogar etwas Fernes kenntlich wird, sondern etwas, das ganz unbestimmt anders und fremd ist: Das Elementale ist als das Schreckliche erkannt.

Diese Weise ist eine reale, aber nicht ganz homogene Weise. Das Elementale ist ein Medium, in welchem wir auch den Übergang zum Fernen, Anderen, Fremden, zu uns selbst, zu unseren Unmöglichkeiten verwirklichen können. In dieser übergänglich operativen Modalität des Elementalen besteht seine *Transversalität*. Das Elementale tangiert in seiner Transversalität die verschiedenen

---

[11] Zum Begriff der „Transversalität" vgl.: Welsch 1996, 748-765.

horizontal verteilten und vertikal hierarchisierten Weisen, aber auf der anderen Seite bedeutet das zugleich eine inhärente Übergänglichkeit, die von ihrer Seite her die Innen-Außen- oder Subjekt-Objekt-Distinktion in die Frage stellt. Jetzt sollte noch gezeigt werden, worin die kunstphilosophische Relevanz des Elementalen besteht.

IV. Die kunstphilosophische Relevanz des Elementalen

Der Begriff des Elementalen hat zuerst seine Relevanz als eine mögliche Erklärung oder sogar eine Vertiefung von Heideggers Philosophie der Kunst, die als eine hermeneutische verstanden sein soll. Es gibt sogar eine relativ alte Kontroverse über die Frage, ob es so etwas gibt, was wir als Heideggers Philosophie der Kunst bezeichnen könnten.

Für O. Pöggeler z. B. gibt es keine tiefere Identifizierung Heideggers mit seiner Hauptschrift über die Kunst ‚Der Ursprung des Kunstwerkes'. Bei Heidegger gibt es keine Antwort auf die Frage: „Was ist Kunst?" – und ohne diese Antwort gibt es auch keine Philosophie der Kunst.[12] Auf der anderen Seite gibt es für F.-W. von Herrmann in Heideggers ‚Der Ursprung des Kunstwerkes' mindestens *die Wegweisungen zur Begründung einer möglichen Philosophie der Kunst*.[13] Meiner Meinung nach könnte Heideggers Philosophie bis 1931/32 in Richtung einer umgreifenden ästhetischen Konzeption operationalisiert werden.

Das heißt, dass Heideggers Philosophie als eine hermeneutisch-phänomenologische Ontologie eine Grundlage zur Entwicklung der Ästhetik bzw. eine Lösung einiger Probleme der philosophischen Ästhetik darstellt. Vor allem bilden die frühen Freiburger und Marburger Vorlesungen eine mögliche Grundlage zur philosophischen Ästhetik[14] – zumindest haben einige Teile der Marburger Vorlesungen einen sehr wichtigen Stellenwert für die Entwicklung und die Begründung einer Ästhetik.

Das wichtigste Beispiel befindet sich gerade in den *Grundproblemen der Phänomenologie* aus dem Jahre 1927. Heideggers Rilkezitat, das uns bis jetzt als ein Ausgangspunkt zur Erhellung des Begriffs des Elementaren diente, ist ein Grundstein der hermeneutischen Phänomenologie der Kunst, bevor Heidegger *Der Ursprung des Kunstwerkes* schrieb und insbesondere auch, bevor Heideggers späte Philosophie der fünfziger und sechziger Jahre entstanden ist. Im Sinne dieser These, dass Heideggers Philosophie bis und im Umkreis von *Sein und Zeit* die Grundlage für eine philosophische Ästhetik bildet, sollte auch eine herme-

---

[12] Vgl. Pöggeler 1992, 173.
[13] Vgl. von Herrmann 1994, 22 f.
[14] Meiner Meinung nach gibt es fünf entscheidende Stützpunkte in Heideggers frühen Freiburger und Marburger Vorlesungen. Diese bilden die Grundlage zur Entwicklung einer hermeneutischen Phänomenologie der Kunst: Heidegger 1999, 73-76; ders. 1992, 398-400; ders. 1976, 362-364; ders. 1989, 242-247; ders. 1990, 191, 199-202. Ich bedanke mich bei Herrn Professor Friedrich-Wilhelm von Herrmann dafür, dass er mich auf die kunstphilosophische Relevanz von Heideggers Vorlesungen des Kriegsnotsemesters hingewiesen hat.

neutisch-phänomenologische Erklärung des Begriffs des Elementalen verstanden werden. Hierzu zum Abschluss noch einige Thesen:

Zuerst wollen wir auf eine Parallelität im allgemeinen Verständnis des Sinns von Kunstwerken in *Der Ursprung des Kunstwerkes* und in *Die Grundproblemen der Phänomenologie* hinweisen. Heidegger sagt über Rilkes dichterische Beschreibung der Mauer:

> „Was Rilke mit seinen Sätzen aus der bloßgelegten Mauer herausliest, ist nicht in die Mauer hineingedichtet, sondern umgekehrt, die Schilderung ist nur möglich als Auslegung und Erleuchtung dessen, was in dieser Mauer ‚wirklich' ist, was aus ihr im natürlichen Verhältnis zu ihr herausspringt." (Heidegger1989, 246)

Dies gilt ebenso für das, was wir in dem Gemälde van Goghs finden:

> „Es wäre die schlimmste Selbsttäuschung wollten wir meinen, unser Beschreiben habe als ein subjektives Tun alles so ausgemalt und dann hineingelegt. Wenn hier etwas fragwürdig ist, dann nur dieses, daß wir in der Nähe des Werkes zu wenig erfahren und das Erfahren zu grob und zu unmittelbar gesagt haben" (Heidegger 2001, 30).

Was in Bezug auf die Radikalität des Elementalen als das Schreckliche in der bloßgelegten Mauer erkannt war, ist eine noch vertiefte Variante dessen, was Heidegger in *Der Ursprung des Kunstwerks'* den „Stoß der Ungeheuren" (ebd. 77) in der Kunst genannt hat. Am Ende könnte der Begriff des Elementalen in der Kunst bzw. in der Dichtung als eine Erhellung des Begriffs des Ins-Werk-Setzens der Wahrheit des Seienden verstanden werden, was der Grundbegriff hermeneutischer Phänomenologie der Kunst überhaupt ist. Im Hinblick auf den Begiff des Elementalen bekommt die Formulierung des Ins-Werk-Setzens der Wahrheit ihre Fülle und Verständlichkeit. Heideggers erste, leitende und für alle anderen kunstphilosophischen Wesensbestimmungen geltende Bestimmung der Kunst – Ins-Werk-Setzen der Wahrheit – hat eine wesenhafte Zweideutigkeit:

> „Darnach ist Wahrheit einmal das ‚Subjekt' und ein andermal ‚Objekt'"(ebd. 91)

Diese Zweideutigkeit des Subjekt-Objekt-Verhältnisses innerhalb der Wesensbestimmung der Kunst könnte im Licht des Elementalen erhellt werden, das selbst eine paradigmatische Überwindung der Subjek-Objekt-Beziehung darstellt.

Wir können auch auf die mögliche allgemein-ästhetische Relevanz des Elementalen hinweisen. Diese Relevanz besteht darin, dass der Begriff des Elementalen als ein möglicher Ausdruck des Hauptproblems der (gegenwärtigen) Ästhetik gelten kann.

> „Die philosophische Ästhetik besitzt [...] einen besonderen Status innerhalb der Philosophie" (Kern/Sonderegger 2002, 7)

Zwei Ästhetikverständnisse stehen hier gegeneinander: Nach dem einem besteht die Aufgabe der philosophischen Ästhetik darin, eine autonome Form der Erfahrung zu erläutern, die Erfahrung der Kunst oder des Schönen. Die ästhetische Erfahrung bezeichnet eine *autonome* Form der Erfahrung und sie steht in keinem Bezug „zu jenen Begriffen [...] die für die theoretische und praktische Erfahrung der Welt konstitutiv sind" (ebd. 7).

Nach dem anderen Ästhetikverständnis beschreibt die philosophische Ästhetik keine autonome Erfahrung, die irreduzibel auf die gewöhnliche Erfahrung der Welt ist, sondern beschreibt die ästhetische Erfahrung als die „*höchste Gestalt*" der Erfahrung überhaupt, als „*gesteigerte*" (ebd. 8 f.) Erfahrung der Welt. Die Aufgabe der philosophischen Ästhetik wäre nun die, die ästhetische Erfahrung als eine sozusagen *souveräne* Form der Erfahrung zu erläutern.

Nach dem erstem Ästhetikverständnis ist sie eine philosophische Disziplin neben der theoretischen und praktischen Philosophie, nach dem anderem ist Ästhetik die einzige, echte und wahre Philosophie.[15] Das Hauptproblem der so verstandenen philosophischen Ästhetik ist das Problem der *Antinomie* oder etwas neutraler gesagt: der *Ambivalenz* der ästhetischen Erfahrung bzw. der Kunst. Damit stellt sich die Frage, ob ästhetische Erfahrung (nur) ein Typ der (*autonomen*) Erfahrung neben der alltäglichen oder gewöhnlichen Erfahrung ist oder ob die ästhetische (*souveräne*) Erfahrung den anderen Weisen der Erfahrung übergeordnet ist. Eine zureichende Bestimmung der ästhetischen Erfahrung kann aber auf keines der beiden Momente verzichten und muss für ihre Spannung eine Auflösung finden: Sie muss die *ungemilderte Spannung* zwischen Autonomie und Souveränität der Kunst zur Geltung bringen.[16]

Heideggers Wesensbestimmung der Dichtung als das elementale/elementare Zum-Wort-kommen der Existenz und der Begriff des Elementalen bei Heidegger könnten eine Lösung für die Ambivalenz der Kunst bieten. Der Begriff des Elementalen und Ursprünglichen bringt sozusagen beide Seiten der Antinomie bzw. Ambivalenz der Kunst zur Geltung. Das Elementale ist *eine* Weise, wie wir uns selbst gegeben sind und wie uns die Dinge unserer Welt gegeben sind. Diese Weise ist nicht, wie wir schon gesagt haben, *nur eine* (*autonome*) indifferente Weise unter anderen Weisen unseres Umgangs mit den Dingen. Sie ist nicht nur eine Weise, wie zum Beispiel die Weise der natürlichen Wahrnehmung, wenn wir den Stuhl oder die Mauer als ein Ding mit diesen und jenen Eigenschaften sehen. Aber sie ist auch *nicht* die *eminente* und *souveräne* Weise, wie zum Beispiel unser Umgang mit den Dingen im Hinblick auf die Mittel-Zweck Relation. Auch ist sie *nicht nur eine* (*autonome*) Weise im Horizont der Weisen, insbesondere nicht eine Weise im vertikalen Sinne und nicht die (*souveräne*) Weise, die ein Höhepunkt ist oder einen paradigmatischen Sinn hat.

Sie ist also nicht nur eine im horizontalen Sinne, nicht eine in der vertikalen Hierarchie, sondern eine sozusagen *transversale Weise*. Und in diesem transversalen Sinne ist das Elementale eine *Zwischenweise* der anderen Erscheinungsweisen. Wenn der Begriff des Elementalen eine Weise formal anzeigt, zeigt er jenes *Wie* unseres Verhaltens an, das der Schlüssel für unser sowohl rezeptives als auch

---

[15] Vgl. ebd. 9.
[16] Vgl. Menke 1991, 10.

produktives Kunstverständnis ist. Das Elementale, als diese Zwischen- und transversale Weise unseres Verhaltens könnte in diesem Sinne die eventuelle Lösung bzw. das Zum-Wort-kommen der Ambivalenz der Kunst sein.

Ob man damit eine Dimension enthüllt, die in der Nähe von Merleau-Pontys Begriff des ‚Fleisches' steht, ist eine offene Frage. In diesem Sinne soll ein Zitat von Bernhard Waldenfels genannt sein, das nun mit dem Begriff des ‚Elementes' verbunden ist:

> „Das Sein ist nicht mehr vor uns, sondern um uns, ein *être brut* oder *sauvage*, das durch keine Vorstellungskraft oder Herstellungskraft zu erschöpfen ist. Der einstige Vorbereich wird zum *Zwischenbereich*, wo jedes sich bestimmt in Abhebung von anderem." (Waldenfels 2001, 63)

So zeigt sich, dass der Begriff des Elementalen im Finkschen Sinne als ein operativer, philosophischer Begriff verstanden werden kann:[17]

> „Das Denken hält sich im Element des Begriffs. Die Begriffsbildung der Philosophie zielt intentional ab auf solche Begriffe, in welchen das Denken sein *Gedachtes* fixiert und verwahrt. Diese nennen wir die ‚thematischen Begriffe' [...]. Aber *in* der Bildung der thematischen Begriffe *gebrauchen* die schöpferischen Denker *andere Begriffe* und *Denkmodelle*, sie *operieren* mit intellektuellen Schemata, die sie gar *nicht* zu einer *gegenständlichen* Fixierung bringen" (ebd. 185 f.).

Die Fruchtbarkeit des Begriffs des Elementalen besteht darin, dass das Elementale nicht nur das Mittel und das *Organon*, sondern zugleich der Gegenstand der philosophischen Untersuchung ist. Das Elementale ist zugleich das Mittel, wodurch oder im Hinblick auf welches wir nicht nur künstlerisch schaffen und rezipieren, sondern womit wir auch philosophisch die Kunst verstehen können. Dieser Begriff könnte als eigentliches Thema einer möglichen hermeneutisch-phänomenologischen Kunstphilosophie fungieren. Das Elementale ermöglicht ein neues *Denken* des künstlerischen Schaffens und Bewahrens.

Wenn im Ausgang vom phänomenologischen Ansatz „Mit dem Seienden als Seienden ist nicht eine allgemeine, immer prädizierbare Eigenschaft am Seienden gemeint (Seiendheit), sondern der apriorische Verständnishorizont des menschlichen Seinsvollzuges und damit des Prädizierens überhaupt (Sein)" (Gethmann 1993, 61) ist, dann könnte auch der Begriff des Elementalen eine Alternative zum traditionellen Substanzbegriff werden.

Wenn im Ausgang von der hermeneutischen Phänomenologie die Antwort auf die Frage nach dem Seienden als Seienden nicht auf ein Seiendes oder eine Seiendheit (*ousia*) zurückgeht, sondern auf das ‚Als' selbst, das ein ‚Wie' unseres Daseins ist, dann könnte im Kontext dieser einfachen Mannigfaltigkeit unserer Selbstgegebenheitsweisen, der Begriff des Elementalen, auch eine Art der Überwindung der Subjekt-Objekt-Beziehung werden. Deshalb ist der Begriff des Elementalen ein möglicher Leitfaden für eine neue hermeneutisch-

---

[17] Vgl. Fink 2004, 180-204.

phänomenologische Wesensbestimmung der Kunst. Auf ihn hin könnten wir die Kunstproduktion, die Kunstrezeption und das Kunstwerk bestimmen. Das Elementale sollte als ein philosophischer Grundbegriff eine allgemein philosophische und spezielle ästhetische und kunstphilosophische Funktion ausfüllen sowie eine genuin philosophische Aufgabe erfüllen.

Die genuin philosophische Aufgabe besteht im Denken des Denkens, auch wenn dies ein wenig altmodisch klingt. Die Philosophie ist nichts anderes als ein Denken des Denkens. Die Philosophie der Kunst ist dementsprechend ein Denken des Denkens der Kunst. Aber die Philosophie der Kunst ist kein Denken des Denkens über die Kunst, sondern *das Denken des Denkens, das der Kunst gehört*, das Denken des Denkens, das der Kunst inhärent ist. Dieses Kunstdenken ist, unserer These nach, ein Denken im Hinblick auf das Elementale. In diesem Sinne, durch das Thematisieren des Elementalen, können wir verstehen, worin die Wesensbestimmung der Kunstproduktion und Kunstrezeption besteht. So ist das Elementale nicht nur operative, sondern thematische Grundbegriff und das Elementale sollte ein eigentliches philosophisches und insbesondere kunstphilosophisches Thema sein, das aber die Aufgabe einer zukünftigen Untersuchung ist.

Literatur:

Brentano, Franz (1924): *Psychologie vom empirischen Standpunkt. Erster Band*, Leipzig.

Fink, Eugen (²2004): *Nähe und Distanz. Phänomenologische Vorträge und Aufsätze*, Freiburg/München.

Gethmann, Carl Friedrich (1993): *Dasein: Erkennen und Handeln. Heidegger im phänomenologischen Kontext*, Berlin/New York.

Heidegger, Martin (2001): *Der Ursprung des Kunstwerkes*, Stuttgart.
- (2001a): *Sein und Zeit*, Tübingen.
- (1999). *Zur Bestimmung der Philosophie*, Frühe Freiburger Vorlesungen Kriegnotsemester 1919 und Sommersemester 1919, hg. v. B. Heimbüchel, Frankfurt am Main.
- (1992): *Platon: Sophistes*, Marburger Vorlesung Wintersemester 1924/25, hg. v. I. Schüßler, Frankfurt am Main.
- (1990): *Metaphysische Anfangsgründe der Logik im Ausgang von Leibniz*, Marburger Vorlesung Sommersemester 1928, hg. K. Held, Frankfurt am Main.
- (1989): *Die Grundprobleme der Phänomenologie*, Marburger Vorlesung Sommersemester, 1927, hg. F.-W. von Herrmann, Frankfurt am Main.
- (1987) *Prolegomena zur Geschichte des Zeitbegriffs*, Marburger Vorlesung Sommersemester 1925, hg. v. P. Jaeger, Frankfurt am Main.

- (1976): *Logik. Die Frage nach der Wahrheit*, Marburger Vorlesung Wintersemester 1925/26, hg. v. W. Biemel, Frankfurt am Main.

Herrmann, Friedrich-Wilhelm von (1999): *Die zarte, aber helle Differenz. Heidegger und Stefan George*, Frankfurt am Main.
- (1994): *Heideggers Philosophie der Kunst. Eine systematische Interpretation
Holzwege-Abhandlung 'Der Ursprung des Kunstwerkes'*, Frankfurt am Main.
- (1991): *Heideggers 'Grundproblemen der Phänomenologie'. Zur 'Zweiten Hälfte'
von 'Sein und Zeit'*, Frankfurt am Main.

Kern, Andrea/Sonderegger, Ruth (2002) (Hg.): *Falsche Gegensätze. Zeitgenössische Positionen zur philosophischen Ästhetik*, Frankfurt am Main.

Menke, Christoph (1991): *Die Souveränität der Kunst. Ästhetische Erfahrung nach
Adorno und Derrida*, Frankfurt am Main.

Pöggeler, Otto (1992): *Neue Wege mit Heidegger*, Freiburg/München.

Waldenfels, Bernhard (2001): *Einführung in die Phänomenologie*, München.

Welsch, Wolfgang (1996): *Vernunft. Die zeitgenössische Vernunftkritik und das
Konzept der transversalen Vernunft*, Frankfurt am Main.

Verdichtungen und Enden
der Lebenswelt

An den Grenzen der Lebenswelt – Atopie und Utopie des Elementalen

Annette Hilt

> *„Als der Sterbliche weiß der Mensch um das abso-*
> *lute Nichts, aus dem alles aufgeht und darein alles*
> *vergeht, – weiß er [...] um Alles und Nichts. Die*
> *Welt ist nicht nur das weltweite Anwesen des Er-*
> *scheinens, sie ist auch das UTOPIA, das Nie-*
> *mandsland des Nichts."* *(Fink 1959, 249)*

Welt als Phänomen öffnet uns Dimensionen von Möglichkeiten, die nicht nur virtuell und hypothetisch, sondern gerade als lebensweltliche Wirklichkeit gestaltbar sind: Welthaftigkeit, Weltoffenheit und Welthabe erlangen ihre Fülle nur dort, wo Sinn nicht einfach in Bahnen der Zeit, des Denkens und Handelns vorgegeben ist, sondern wo sich Sinngebung als Frage und Suche nach einem aufgegebenen Sinn vollzieht. Welt ist Bewegungs- und Spielraum, dessen Grenzen uns Bahnen der Lebenswelt zu erfahren und zu entdecken gibt: durch Gegebenes in der Welt, durch Sinnhorizonte, aber auch gerade durch Nichtsinn oder eine Sinnfülle, die in ihrer Unbegrenztheit die Zugänglichkeit dieser Räume hindert.

Welt im Spiel von Erscheinen und Entzug, im Spiel von Sinn und Nichtsinn bilden nicht nur ein Paradoxon der Phänomenalität unseres lebensweltlichen Daseins – Alles, Ganzes, aber auch Nichts, sowohl Grenze als auch unendliches Feld für stets nur endliche Entwürfe von Sinn zu sein –, sondern stellt in diesen Gegensätzlichkeiten Anspruch an unsere Empfänglichkeit für Erscheinungsweisen von Welt; stellt eine Aufgabe, wie mit dem, was sich uns als Lebenswelt gibt, zu leben möglich sein kann und könnte.

Eugen Finks Ansätze, die Weltproblematik in der Doppelung eines kosmologischen und eines existenzialen Weltbegriffs, in der Begrifflichkeit von Utopia und dem Spiel der ineinander gefügten Grundphänomene, zu denken, bieten in ihrer Problematik, die er als ein „Weg-Stück fragenden Denkens" (Fink 1979, 453) bezeichnet hat, Ansätze für Fragen und für Differenzierungsversuche, wie uns Welt gerade an den Grenzen von Verstehen und Handeln in ihr als eine mit anderen gemeinsam zu gestaltende Aufgabe betrifft.

Durch die Bindung an gelebten und zu lebenden Sinn ist Welt nicht nur Umwelt relativ zum Nullpunkt meines Leibkörpers, sondern gemeinsam geteilte Welt in ihrer Beständigkeit und Alltäglichkeit. Diese Lebenswelt gewinnt ihren Sinn jedoch nicht nur aus dem Alltag selbst, sondern aus Ereignissen und Begegnungen, die Alltag und Alltäglichkeit an deren Grenzen konstituieren. Gerade ihr zeitlicher, ihr geschichtlicher Horizont öffnet sich nicht im gleichförmigen Verlauf, sondern an Bruchstellen, die aber nicht nur ‚das Spektakuläre' sein müssen, sondern auch Begegnungen in und mit der Welt, bei denen wir von Unvertrautem und Fremden betroffen werden, das uns zunächst zwar als gewohnt erscheinen mag, das sich jedoch im Wandel unserer Erfahrungssituation plötzlich als widerständig erweisen kann.

Solche in ihrem Schwellen- und Bruchcharakter konstitutiven Strukturen der Lebenswelt bedeuten Ordnungs- und Spielraum zugleich; als ein Zwischenraum, in dem sich Beziehungen der Welt als Fülle bilden, sind sie atopisch: nicht als festes Gefüge, sondern nur in den Relationen eines Feldes und dem Vollzug der Zeit lokalisierbar; so scheint ihre Gegebenheit ohne Grund: *Wie Nichts* – in ihrer Unfassbarkeit, die doch so konkret wie der Alltag sein, zugleich sich aber auch als der Einbruch von Fremdem oder das Entstehen von Neuem erweisen kann. *Als Niemandsland* – da allen zugehörig und so niemand Bestimmtem, denn dieser Raum zeigt sich an und öffnet sich an Grenzen zum Eigenen und Vertrauten, und so ist das Niemandsland *nicht Nichts*. Gerade hier kann auch das Elementale als diese Erscheinungsdimension Gestalt gewinnen, die alles andere ist als Nichts, ohne als ein Etwas fassbar zu sein.

Mit der Unterscheidung zwischen der Utopie und der Atopie soll einer möglichen Gefahr begegnet werden, die sich mit der Unfasslichkeit des Elementalen,[1] bei Versuchen, dieses Phänomen zu beschreiben und diese Beschreibungen in Handlungen überzuführen, einstellen kann: Das Medium der Sinngebung, des Erscheinens von Raum, Zeit und Welt von der Welt ganz zu entbinden und es quasi ins ,Nichts' zu stellen, womit gerade die Lebenswelt in einer bloßen ,Hohlform', die beliebig gefüllt werden kann, verloren geht.

Die Atopie als Raum eines solchen Zwischen, der über ein einsames Subjekt und seinen Horizont hinausgeht, bedarf einer geteilten (Co-)Existenz, wo sich Menschen begegnen und sich eine gemeinsame Welt bilden. Mit solchen Weisen des Begegnens wandelt sich auch diese Welt; das Begegnen trägt seinen Raum mit sich, und darin ist er atopisch: nirgendwo für sich zu lokalisieren, aber überall dort, wo Menschen miteinander ihre Welt gestalten.

Grenzen haben ihren aufweisenden Schwellencharakter in der Doppelaspektivität von ,Diesseits' und ,Jenseits', ,Drinnen' und ,Draußen', der nur in ihrem Überschreiten erfahren werden kann. Atopische Grenzen sind nicht irgendwo zu verorten, sondern sind gleichsam Begegnung mit einer Grenz-gebungen. Ihre Tiefe und Weite erhalten sie gerade als Grenz*verhältnisse* in der Lebenswelt.

Finks Frage nach der UTOPIA, der Unwirklichkeit, die in jedem Bezug der Welt auf Möglichkeiten steckt und die er vor allem an dem Grundphänomen Spiel expliziert, soll für diese Begegnungen ein Stück weit leitend sein. Sein Zugang zur Weltproblematik verläuft über eine Abgrenzung zur transzendentalen und ontologischen Phänomenologie, deren operative Begriffe von Horizont, Bewusstsein und Sinnzusammenhang (1). Über sie gelangt Fink zur Welt als kosmologischen *apeiron*, das sich im ,Spiel als Weltsymbol' in Ordnungsstrukturen konkretisiert (2). An diese Deutung des Spiels als ,Ferment der Lebenswelt' lassen sich jedoch Fragen nach seinem genetischen Charakter, durch den Ord-

---

[1] Die mit den beiden Eckpunkten ,Phänomen' und ,Schwelle zur Phänomenalität', der Gegenstrebigkeit von Sichtbarkeit und Unsichtbarkeit, von Alles und Nichts nur umrissen ist.

nungen entstehen und sich auch wieder auflösen, stellen: Menschliche Pluralität in Coexistenz ist in ihrem eigenen Raum und ihrer eigenen Zeit erneut zu bedenken, wenn dieses ‚Zwischen', in dem sich Sinnstrukturen öffnen, nicht nur ein utopischer Ort des Ideals sein soll. Finks Grundphänomen Spiel stellt hier ein Strukturprinzip der gemeinsamen Lebenswelt dar, wofür aber bestimmte Dimensionen in ihrem problematischen Charakter gezeigt und anders betont werden müssen. Hier gewinnt das Elementale eine Bedeutung als Dimension, die für den konkreten sozialen Bereich Raum für Handeln und Freiheit gibt (3). Als ‚Weg- oder Spielmarke' auf diesem Gang entlang der Grenzen der Lebenswelt, gerade dort, wo das Spielerische mit Grenzen von Ordnung und Macht kollidieren kann,[2] möchte ich eine Alternative zu Finks Formen des Spiels in der Praxis des Erinnern von Lebensgeschichten andeuten, aus der heraus die Frage nach dem Gestaltungsspielraum der Welt eine ‚phänopraktische Dimension' (Rombach)[3] für den sozialen Raum des Begegnens gewinnt (4), und die in weiteren phänomenologisch-hermeneutischen Analysen von solchen individuellen Ausdrucksformen, von individuellen Lebenszeugnissen eingeholt werden müssten.[4]

1. Grenzen des Bewusstseins und der Sinn des Begegnens

In dem Eingangszitat erscheinen die Grenzen der Lebenswelt als Grenzen zum Nichts, als die Differenz von Binnenwelt und Weltganzem, wobei dieses Nichts aus der menschlichen Endlichkeit heraus erfahren wird: Endlichkeit ist Bahn menschlicher Erfahrung, nicht von unbegrenzten und gleichgültigen Möglichkeiten, sondern gerade im Bewusstsein der Gefährdung und Grenzen von Möglichkeiten. Nicht mehr die metaphysische Grenze zum Nichts als Gegensatz zum Sein wird hier bezeichnet, sondern Grenze, die sich der Gestaltbarkeit eines Feldes öffnet, das Raum und Zeit gibt für Erfahrung und Erprobung der *conditio humana*.

Grenzen werden gewöhnlich erfahren und bestimmt aus einer bekannten Welt heraus, doch dann liegen diese Grenzen noch in dem Horizont dieses Be-

---

[2] Hier sei nur der Konflikt zwischen dem Gründen von Ordnungen und dem Vollzug ihrer Regeln genannt, der selbst ein ‚Niemandsland' von ‚Innen' und ‚Außen' der Ordnung bzw. des Spielfeldes ‚konstituiert', das nicht mehr Teil der Ordnung ist, sich an dieser, an ihrem Regelvollzug, zeigt: Die Figur des Souveräns, der „mystische Grund der Autorität" (Pascal und im Anschluss an ihn Derrida) sind wohlbekannt. Nicht um dieses ‚Niemandsland' und ‚Zwischenreich', der ein weiterer Ansatzpunkt der ‚politischen' Weltproblematik wäre, soll es jedoch im folgenden gehen, sondern um den ‚engeren' Bereich den Schwierigkeiten mit der Übertragbarkeit des Spiels als ‚Weltsymbol' – im Ausgang von Fink.

[3] In der das Spiel nicht nur imaginären Schein hervorbringt, sondern Möglichkeiten des Agierens in einer gemeinsamen Wirklichkeit vorzeichnet, die gerade den Anspruch an Realisierung stellen. Zum Mangel dieser Dimension bei Fink s. Franz (1999), 149.

[4] S. A. Hilt, *Hermeneutik der Transzendenzen: Verstehen und Verständigung an den Grenzen der Erfahrung.* Erscheint im Tagungsband der Tagung am IWM (Wien 2007) zu Alfred Schütz und die Hermeneutik.

kannten selbst: Sichtbar ist immer nur die eine, die eigene Seite, die ihre Sicherung gerade in den erlebten Gegensätzen von Diesseits und Jenseits, von Drinnen und Draußen, Eigen und Fremd, Offenheit und Verschlossenheit, von Nähe und Ferne, Hier und Dort findet.[5] Die eigene Seite wird dann gleichsam als ‚Bild' über die Grenze hinaus- und in einer Spiegelung wieder in sie hineingestellt: Solche Grenzen öffnen nicht den Blick zur Welt, sondern verdoppeln ihn im immanenten Horizont ihrer Appräsentation und sind vielmehr Schranken gegen das Offene.

Über seine Kritik an Husserl radikalisiert Fink den Horizontbegriff und verunendlicht die weltimmanent erfahrene Grenze des Horizonts für eine Praxis von Grenzerfahrungen und Grenzüberschreitungen. Insofern Wissen um die Transzendenz der Welt nicht im theoretischen Abstand zur Welt gewonnen wird, insofern der Welt diese Transzendenz schon eingeschrieben ist, muss eine Sensibilisierung für menschliche Grunderfahrung in mannigfacheren Weisen gewonnen werden als allein über eine Einklammerung der natürlichen Einstellung oder über eine pragmatische Analyse eines relativen *ordinary knowledge*.

Lebenswelt kann nicht auf *eine* Grundwirklichkeit hin reduziert werden, von der her dann der zeitliche Wandel, Individualisierungen, Sublimierungen und E-piphänomene verstanden werden; vielmehr muss geteilte Lebenswelt anders reflexiv eingeholt werden als über die ihrer gelebten Umsetzung immer nacheilenden soziale Konstruktionen, denn dann wäre ihre Wirklichkeit nur bewusst im Modus der Konstruktion und verlöre ihre Wirklichkeit, die sie erst in der lebendigen Praxis und nicht in der planenden Technik findet.

Erfahrung von und Umgang mit der ihre Gestalt suchenden Existenz des Menschen zwischen Unendlichkeit und Endlichkeit, Maßlosigkeit und Formgebung wird für Finks existenziale Phänomenologie, seine phänomenologische Verständigung über Grundphänomene des menschlichen Daseins zentral: Anders als der intentionale Horizont von Wahrnehmung und Denken zeigen sie sich nicht in gegenstandsgerichteten Akten, sondern erschließen Welt vorintentional aus dem Existenzvollzug heraus. Das Zusammenspiel der Grundphänomene in konkreten kulturell geteilten Praxen gewinnt ein lebensweltliches Feld, in dem Grenzen für Ordnungen gegeben werden können.

Erst durch unsere Endlichkeit an Grenzen eröffnet sich Welt, zeigt sich in ihrer Vielfalt und in Unterschieden und doch als das, was alles umgibt, was Raum und Zeit in einem extensiven Ganzen gibt, aber auch Vereinzelung in der Intensität eines Feldes sein lässt. Ohne den Angang solcher Grenzen, wäre die Lebenswelt nur ein gleichmäßiges Feld von Präsentem oder gleich-gültigen Möglichkeiten: Levinas' elementales *il y a* illustriert dies sehr eindringlich.

---

[5] Diese Vielzahl von ‚Verortungen', mit denen B. Waldenfels an den ‚Rändern der Lebenswelt' (vgl. Waldenfels 1985) operiert, gestalten je eigene Formen des Welt- und Grenzverhaltens, sind selbst operative Begriffe, die geschichtlich und in unterschiedlichen kulturellen Rahmen ihre Ordnungen ausprägen.

Andererseits stellt die Endlichkeit den Anspruch an die Gestaltung des offenen, aber unbestimmten Weltganzen, des *apeiron*, und seines Sinns. In seiner Weltoffenheit gewinnt der Mensch erst sein Weltverhältnis; aber als solches Weltverhältnis hat er es nur in Praxen des Überstiegs, der Verwandlung von Bestehendem. Dieses Transzendierenkönnen und -müssen verschärft die menschliche Endlichkeit, wenn es an Schranken gerät, die dem Menschen erst zu überschreitbaren Grenzen zum Anderen seiner Erfahrung werden müssen, um mit mit dem Fremden und Ungewohntem, das ihm an diesen Grenzen begegnet, umgehen zu können.

Wie erfahren wir die Lebenswelt im Widerspiel von Offenheit und Endlichkeit? Fink nimmt die Unterscheidung von Subjekt und Objekt, Ich und Nicht-Ich, die als operative Modelle unserer Denken und Handeln leiten, zurück in die dieser Unterscheidung zugrundeliegende und sie allererst ermöglichende Frage nach unserer Co-existenz. Sie setzt an einer vorthematischen Situation der Sinngebung, an einem ‚Zwischen' der konzeptuellen und intentional gegebenen Relata an: einem ‚Zwischen', nicht einem ‚Draußen', in das wir hinaustreten und Welt antreffen, sondern einem *Zwischen*, das sich erst in Begegnungen und Auseinandersetzungen mit Situationen bildet.

Fink moniert bekanntermaßen an Husserls Konstitutionstherorie, dass es in ihr keinen weltlichen Raum des Konstituierens eines per se endlichen Selbst gibt, der das vereinzelte Subjekt umgreift und es zugleich in seine Coexistenz öffnet. Denn im Rückgang auf die theoretische Intentionalität und deren Verwurzelung in der Autonomie – oder zumindest dem Vorrang – des Cogito, der Vorstellung und der Reflexion wird die Vereinzelung von Subjekt und Objekt leitend für das sich Zeigen von Seiendem. Dabei wird jedoch das *Sein* des Bewusst*seins*, wie es in der Welt als Mitwisserschaft vom Leben *ist* oder besser: existiert, gerade nicht erfasst, sondern vergegenständlicht und veräußerlicht, Teil des Horizontes eines weltlosen Betrachters.

Wird über dieses Reflexionsstruktur auch das Sein anderer Bewusstseine vorgestellt – im Füreinandersein von sich wechselseitig vorstellender Iche –, dann wird dieses Modell des vorgestellten Vorstellens des Selbstbewusstseins nur auf ein Fremdbewusstsein übertragen: Intersubjektivität entsteht in der Anverwandlung des Fremden zum Gleichen, dem Massenhaften. Ich begegne mir im Blick und dem intentionalen Akt des Anderen, er begegnet mir in meinem Blick und meinen Akten, doch die Reflexion ist kein Geschehen zwischen uns, und so bleiben das und der Andere als vorgestellte Vorstellung in den Grenzen des intentionalen Bewusstseins. Was hier fehlt, ist das *Medium* des Denkens, aber auch das der Existenz im Spiel von Aktivität und Passivität, Handeln und Erfahrung.

Welt ist nicht *allein* intentionaler Horizont, aber auch – in Absetzung zu Heidegger – kein Hof der Bewandtnis und Lebensbedeutsamkeit von Dingen, die in praktischen Akten des Umgangs ihre Verweisung aufeinander zeigen.[6] Welt selbst hat nicht den Charakter eines Innerweltlichen, ist weder räumlich noch zeitlich, sie ist auch nicht Gegensatz von einem Anderen zum Sein: sie ist nicht etwas, und darin ist sie Nichts; sie ist „das Universum", das Ganze, das selbst nicht mehr gegeben ist.

Doch was bedeutet ‚das Ganze', das eine Viel- oder gar eine unendliche Zahl konkreter menschlicher Welten in ihrer Individuierung und gegenseitiger Grenzerfahrungen umfasst, als Grenzbestimmung und Grenzführung unseres Denkens und Handelns in der Welt? Bringt es uns bei der Frage nach der Genese von binnenweltlichen Grenzen weiter, so mit ‚dem Ganzen' zu operieren, selbst wenn Fink es von der metaphysischen Tradition freizumachen sucht mit dem kosmologischen Anklang des unendlichen Universums – oder wird ‚das Ganze' dabei nicht selbst wieder nur zu einem operativen Begriff des Finkschen Denkens?[7]

Eine Topologie und Chronologie, die sich nicht in den Alternativen von subjektiver und objektiver Phänomenologie bewegt, die auch nicht nur kontrastiv und gegen eine intentional gedachte ‚Gebung des Ganzen' als asubjektiv benannt wird, sondern vielmehr an Grundphänomenen sichtbar werden kann, zeigt sich in der ‚Gebung' oder besser: dem ‚konstitutiven Spiel des Zwischen' wie es uns widerfährt:[8] Hier werden Grenzen nicht durch einen vom Selbst ausgehenden Akt konstituiert, sondern in der Bewegung und Empfindung des Angegangenseins und Berührtwerdens. Diese Grenzen sind nicht gegenwärtig in einem um das Selbst zentrierten Horizont, sondern sind selbst im Spiel von Zeit bzw. Geschichte, Raum bzw. Feld unserer Kultur und Welt, in einer Mitwisserschaft um Leben, der Sinn vor einer intentionalen Aktsetzung wird: Es ist dies ein „Verhalten zur Welt, wo immer der Mensch und das Ding sich unterscheiden und unterschiedlich gleichwohl beisammen sind." (Fink 1987, 75).

Solche Mitwisserschaft ist jedoch nicht mehr in einem einsamen Selbst eingeschlossen, sondern lebt von einer anderen Form der Weltlichkeit. Das Modell des Spiels als Weltsymbol führt in diese Dimension eines ‚Grenzbewusstseins' hinein, wo sich das Spiel nicht nur selbst in seinem Wandel erfährt, sondern auch dem Anderen und Fremden, von dem es sich abhebt, begegnet.[9]

---

[6] Zumindest sind dies nur zwei regionale Modelle, die das für Fink offene Problem der Welt nicht zu fassen vermögen und eher verschließen als es zu öffnen.

[7] Thomas Franz hat in seiner Untersuchung *Der Mensch und seine Grundphänomene* gegenüber dem letztlich statisch bleibenden Feld der menschlichen Grundphänomene die Strukturanthropologie Heinrich Rombachs in ihrem dynamischen, den Wandel der Phänomene selbst nachvollziehenden Charakter ausführlich dargestellt. Zu den ‚operativen Grundmodellen' bei Fink s. Franz (1999), v.a. Kap. 4.2, 144ff.

[8] In einer ‚pathischen Intentionalität', die sich in Formen der Begegnung mit anderen anzeigt, und die vor allem von Levinas, aber auch Merleau-Ponty in ihren Analysen nichtintentionaler Intersubjektivität beschrieben wurden.

[9] Vgl. Rombach (1980), 22

2. Das Spiel der Welt und der elementale Spielraum des Menschen

Was ist diese Welt, auf die hin der Mensch geöffnet ist und zu der hin er grenzt? Der Weltbegriff hat in seiner konstitutiven Rolle eine Mehrdeutigkeit durch verschiedene metaphysische Bedeutungsschichten: Welt kann das Umgebende sein – als Horizont der Erfahrung und des Entwerfenkönnens in einer Ordnung konzentrischer Kreise von menschlicher Nah- zur Fernsphäre. Welt kann aber auch das Weltall sein: das Ganze dessen, was ist oder was der Fall sein kann. Welt hat dann entweder immanente oder transzendente, transzendentale oder eine metaphysische Bedeutung. Die fragwürdige Ambivalenz solcher Vorstellungen liegt in einem unzureichenden Verständnis von Transzendenz oder von Immanenz,[10] das den Kosmos – das Ordnende – entweder in einem Gegensatz zur ontischen Binnenwelt sieht oder diesen Gegensatz aber nur in Analogie zur gegenständlichen Raum- und Zeiterfahrung verstehen kann.

Dem Problem der Welt, die Raum gibt, Zeit lässt und in der Singuläres in seinem Eigensinn erscheinen kann, geht Fink zum einen mit seiner ,Meontologisierung' nach: Die Welt kosmologisch, als sich jedem Erscheinung oder Bestimmung als ,Etwas' entziehende verstanden, ist Nichts, nichts Wirkliches, nichts Notwendiges, nichts Mögliches und auch nichts Zufälliges im Sinne von konträr zur Ordnung gedachtem Chaos oder Kontingenz; diese modalen Bestimmungen entstehen vielmehr aus ihr.[11] *Insofern* sie ohne ontologische Modalität ist, ist sie Nichts.[12]

Zugleich gibt es zu ihr jedoch ein Verhältnis, das in einer Entsprechung unserer Endlichkeit zum Kosmos gesucht werden kann; diese Entsprechung zeigt sich gerade in der Lebenszeugenschaft der Grundphänomene, den Formen und Praxen, die sie bilden, sie zeigt sich lebensweltlich. Die Gestalt der Grundphänomene ist jedoch ebensowenig manifest oder gar notwendig, und darin stehen diese Gestalten im Bezug zum Nichts im kosmologischen Weltbegriff. Vielmehr erhält die Zeugenschaft in den Grundphänomenen erst ihre Form in der Suche nach der Gestaltung unseres endlichen Ortes im Unendlichen.

Diese Suche führt Fink an einen Grundgegensatz – oder besser: zu einem „Grund-Riß"[13], aus dem die Welt in ihren Dimensionen immer erst entstehen muss, aus dem heraus Neues in gegensätzlicher und produktiver Spannung erscheinen kann, wo Welt im Werden ist: Nur im Werden hat sie ihre Grenzen – das ist die weitestreichende Bestimmung von Offenheit, die im Werden auch einen Anspruch an Ordnung stellt.

Nicht ontologisch, nicht kategorial, soll dieser Gegensatz des Streites zwischen Dunkel und Licht, Undurchdringlichkeit und Transparenz, Erde und

---

[10] Vgl. Fink 1979, 176.

[11] Vgl. Fink 1959, 235.

[12] Ob dies denn dem „absolute Nichts" entspricht, wie Fink dies sagt (Fink 1959, 249), mag hier dahingestellt sein: Dies wird jedoch für die Frage nach der Atopie des Elementalen bedeutsam.

[13] Vgl. Fink 1978, 233.

Himmel zu fassen sein, sondern in der situativen Ausprägung der Grundphänomene: Er ist kosmologisch in der immer wieder aufbrechende Ort- und Zeitlosigkeit, als ‚Keim' und ‚Ferment' von Ordnung, die noch nicht in dieser Ordnung ihren Ort haben. Der Sinn dieser Ordnung ist nicht Abschluss, sondern Aufgabe, mit der wir jedoch in konkreten Lebensvollzügen in der Welt selbst konfrontiert werden:[14] Hier öffnet sich keine Grenze zum Nichts, sondern eine Schwelle zu *Möglichkeiten* von Sinn.

So ist das kosmologische Nichts eher elementale negative Grenze, ein Widerstand, der jede auf ihn stoßende Bewegung intensiviert und der damit die Bewegung auf überschreitbare Grenzen hin freigibt. Darin entzieht sich die Grenze jeder *Vorstellung* von entstehender Ordnung in Termini der transzendentalen Konstitution – mit Heraklit: sie ist „weder vom Menschen noch von Göttern hervorgebracht" (Fr. 30), vielmehr muss sie sich dem Menschen erst entdecken, dass er im Spiel mit dieser Ordnung Welt bilden kann.

Weltlich und menschlich ist diese elementale Grenze gerade insofern, als sie zwischen Endlichkeit und Anfänglichkeit von Leben Raum gibt, Zeit lässt, Ansprüche und damit wiederum die Frage nach konkreten Modi des In-der-Weltseins stellt: Die Frage nach dem menschlichen Spiel, dessen Entsprechung zum kosmologischen Spiel der Welt sich immer erst hervorbringt. Dabei wird die Trennung, die Grenze oder das Verhältnis zwischen Welt und Binnenweltlichem, von der Fink ausgeht, notwendig immer wieder verschoben, zerbricht vielleicht sogar, wenn „wir den Unterschied von Mensch und Welt gleichsam auf das Spiel anwenden" (Fink 1960, 18): Nur da haben die Grenzen diese Funktion, wenn „spielend der Mensch nicht in sich (verbleibt), nicht im geschlossenen Bezirk seiner seelischen Innerlichkeit", sondern aus sich heraus tritt (Fink 1960, 22) zwischen andere. Dieser Zwischenraum wird im Spiel als ein solcher des „Möglichen und Unwirklichen" erfahren (Fink 1979, 360), als ein Symbol, mit dem das ‚Spiel der Welt' in binnenweltlichen Vollzügen Grenzen zieht und Wege öffnet.

In der Welt erfährt der Mensch seine Grenzen, und zwar in einer pluralen, von Unterschieden der Existenz geprägten Welt der Coexistenz. Hier verstehen wir uns in der Zeugenschaft unseres Lebens gegenüber anderen und in der Nachzeichnung dieser Zeugenschaft durch andere, deren Erfahrungen und Geschichten. Erfahrungen dieser Zeugenschaft gewinnen wir aus dem Zusammenspiel der Grundphänomene unseres Daseins: Und gerade im Spiel als Grundphänomen liegt der Bezug des Menschen zur Welt in ihrer Offenheit[15] und seiner Endlichkeit.

Im Spiel verschiebt sich diese existentielle Erfahrung des Endens am Nichts auf eine Erfahrung des Grenzens an andere und mit anderen: Hier erscheinen in einer Wirklichkeit mit ihrem Sinn ‚irreale Sinnsphären' als Unwirklichkeit, die nicht gegen die Welt steht, sondern in sie übergeht, sie durchzieht:[16]

---

[14] S. dazu den Teil 3 zu Finks Fassung des Ideals.
[15] Vgl. Fink 1960, 227.
[16] Vgl. ebd. 229.

„Das Spiel ist ein existenzieller Vollzug, welcher aus einer rein immanenten Betrachtung der menschlichen Dinge herausführt; es kann gar nicht
begriffen werden, wenn man den Menschen als ein in sich geschlossenes
Lebewesen ansetzt, ihn als ein Seiendes nimmt, das seine festen, ihm an-
haftenden Eigenschaften hat [...] Gerade insofern der Mensch wesenhaft
durch die Spielmöglichkeit bestimmt ist, ist er bestimmt durch das Uner-
gründlich-Unbestimmte, das Unfeste [...] der waltenden Welt, die ihm wi-
derscheint." (Fink 1960, 230 f.)

Diese Erfahrung im Spiel des Bestimmtseins durch die Endlichkeit als „wesenhafte Möglichkeit" ist mehr als nur Verhalten, Handeln oder Erleiden, in denen
der Mensch einen Habitus ausbildet. Vielmehr gewinnt sich im Spiel Freiheit in
der Endlichkeit, die nicht Willkür- oder Wahlfreiheit ist. Das Spiel nimmt uns
aus der Geschichte der Taten heraus; sie gehören uns nun an in einer Darstellung, einem Schein, den wir aber, als ob er wirklich sei, gestalten können: als
Übergang von einer Möglichkeit zur Wirklichkeit, die als Möglichkeit nicht nur
als Auslegungsform einer ‚Wirklichkeit' im Sinne eines Textes, eines Gesetzes,
einer idealen transzendenten Ordnung, eines Kategoriengefüges etc. besteht; die
auch nicht als eine bloße Verlängerung des Spielraums in die ‚harte' Realität besteht. Im Spiel erzählt sich die Geschichte, erzählt sich unsere Zeit in vielfältigeren Bezügen als denen des Vorher und Nachher, erzählt sich das Leben von
mehr als von dem einen Ort einer in sich geschlossenen Subjektivität.

Als „Fenster zur Welt" deutet sich das Spiel jedoch auch als eine Schwelle aus
der Spielimmanenz heraus – so meine These. Die Imaginarität erweitert und
vertieft die Wirklichkeit, die Unwirklichkeit hat einen konstitutiven Charakter:
In jedem Vorstellen ist als ‚intentionales' Moment des Vorstellens etwas Wirkliches der Imagination. Die Unwirklichkeit ist hier Sinnmoment, steht daher nicht
in einem ausschließenden Gegensatz zur Wirklichkeit. Darin ist das Spiel jedoch
nicht nur Unterbrechung von Lebensvollzügen, keine Insel oder Oase als ge-
schichtsloser Raum (Fink 1960, 79), es wiederholt nicht nur „verlorene Möglichkeiten" (ebd.), und es ist nicht losgelöst von der ‚Wirklichkeitssphäre' und
herausgehoben aus der unumkehrbaren Zeit.

Nicht nur, dass der reale Träger der Spielwelt in die Wirklichkeit hinein-
reicht, so z.B. die Bühne als Rahmen oder der Schauspieler: Auch die Geschichte,
die zwischen Wirklichkeit und Spiel- bzw. Welt der Geschichten sich aufspannt,
die uns in das Spiel hineinführt und wieder aus ihm heraus, stellt ein verbinden-
des Geschehen zwischen Spiel von Wirklichkeit und Unwirklichkeit dar, wo das
Spiel gerade nicht mehr nur immanent seine Grenzen bestimmt, sondern über
sich hinaus neue Grenzen gewinnt und die reale Lebenswelt verändert, sich des
Spiels erinnert und die Erfahrungen des Spiels sich anverwandelt.

Auch wenn Fink seine Anthropologie aus der Daseinsimmanenz, aus einer
„rein diesseitigen Bestimmung des Menschenwesens" (Fink 1979, 435) entwerfen will, gibt es bei ihm dennoch Bereiche, in denen der Blick auf die Phänomene

zur Anzeige einer Transzendenz führt,[17] die nicht nur das fortlaufende innerweltliche Transzendieren menschlicher Existenz im produktiven Schein ist, sondern aus dem ‚Schein' Erfahrung von und für Wirklichkeit gewinnt. Nicht nur wird das Imaginäre des Spiels als solches im Abstand zur Alltäglichkeit erfahren, sondern aus dem Schein kann Welt entstehen.

In der Unwirklichkeit des Spiels klingt leicht das ‚Utopische' als weltlos und außerweltlich an, und im Utopos, dem Nicht-Ort, spielt immer auch die geschichtsphilosophische Konzeption mit, die eine Grenze zur Welt selbst zieht, die entweder mit einem Ende der Geschichte überschritten und darin ‚erlöst' werden kann, oder gerade negiert werden muss: Im ‚u' liegt immer auch die Gefahr einer Durchstreichung der Welt, wie wir in ihr leben.

Ich denke, dass die Utopie, wie sie in dem Eingangszitat von Fink mit Blick auf Zeitlichkeit und Endlichkeit des Menschen, auf sein Grenzverhältnis zum Nichts angezeigt wird, einen ethischen Anspruch an die Gestaltung innerweltlicher Praxen menschlicher Erfahrung und geteilten Lebens stellt. Diese Lebensformen sind Wege des Fragens und Antwortens, die geteilt werden können, indem sie gerade dem Unbestimmten als konstitutivem Element menschlicher Existenz und Co-existenz Rechnung tragen und sie in die Gestaltung dieser Existenz einbeziehen, wie Fink dies mit der ‚Beratungsgemeinschaft in ihrer Solidarität von Sprechen und Handeln fasst,[18]

Der Mensch lebt in einer Welt, an einem Ort und weiß um dessen *a*-topischen Charakter, dessen Nichts gerade einen Anspruch an Können, Wollen, Müssen, aber auch das Dürfen und Sollen stellt, der sich nicht in einem aus der Welt herausgehobenen Nicht-Ort her zeigt, sondern in einem ‚Wissen' liegt, das nur in der Auseinandersetzung mit und im Vollzug der Begegnung mit anderen erfahren werden kann: in dem Spiel von Nähe und Distanz.[19]

In der co-existenziellen Struktur der Grundphänomene zeigt sich eine Grundspannung, ein Rhythmus, eine Vervielfältigung von Lebensgeschichten, Lebenswelten, Lebensspielern in der Brüchigkeit menschlicher Angelegenheit; es zeigt sich ein zerbrechliches Netz der Geschichten dieser Strukturen, in dem immer wieder das Gegenwärtige und faktisch Gegebene in seiner Unmittelbarkeit durchbrochen wird. Dies zeigt sich für Fink vor allem in der mit anderen Menschen geteilten Not, sich ein Maß erst suchen zu müssen, in dessen Bahnen die Grundphänomene individuell und gemeinsam gelebt werden können.

---

[17] Die Grundphänomene selbst sind nicht nur anthropologischen Daten, „nicht nur Befunde ohne jede ‚Transcendenz'", auch wenn sie aus der menschlichen Selbsterfahrung gewonnen werden, denn „sie führen immer einen Sinnhorizont mit sich, scheinen über sich hinaus." (Fink 1969, 191).

[18] „Im echten, gemeinschaftlichen Sichmiteinanderberaten dagegen bedürfen alle des Rates und suchen ihn ja gemeinsam. Alle sind wechselseitig voneinander abhängig, grundsätzlich ist dabei jeder Ratgeber und ein Beratender. Gerade indem man auf einander hört, mit einander die Lage durchspricht, nach vernünftigen Motiven ausspäht, bildet sich mehr oder weniger deutlich eine Vorstellung von dem heraus, was zu tun sei." (Fink, 1970, 187). S. dazu Abschnitt 3.

[19] Wie z.B. der Erinnerung von Geschehenem in Geschichten. S. dazu unten Abschnitt 4.

Das Spiel bei Fink kennt nicht die Stimmung über eine in sich bewegte Gegenwart hinaus, weder den Ernst noch die Lust des Wagnisses, sich nicht nur im Geschehen des Dramas oder in dem rituellen Kontext des Kultspiels zu verlieren, sondern auch die Geschichte und die Zukunft dieses Spiels zu vollziehen. Vielmehr heißt es bei Fink gerade:

> „Das Spiel entgeschichtlicht den wesenhaft geschichtlichen Menschen im Medium des ‚Scheins' – es entführt ihn aus den durch unwiderrufliche Entscheidungen verfestigten Lagen in das Freie eines überhaupt nicht fixierten Daseins, wo alles noch möglich ist." (Fink 1979, 414)

Fink wendet sich an dieser Stelle zwar gegen den Einwand, dies sei nur eine illusionäre, eine „utopische Befreiung" (ebd.). Wenn jedoch das Spiel mehr sein soll als eine ‚Entlastung' von unseren Pflichten des Alltags, wenn es nicht nur Abhebung einer besonderen Sphäre von denen der anderen Grundphänomenen sein soll, wenn es vielmehr auch diese Phänomenfelder in ihrer je eigenen Form strukturiert, dann kann es nicht nur den Charakter einer geschlossenen Scheinwelt besitzen, sondern muss in die Welt hineinreichen, sich mit ihrer Zeit und ihrem Raum verbinden; vor allem aber auch mit der Geschichtlichkeit des Menschen: mit seiner Gewordenheit und seinem Werden, das eben nicht nur eine ‚kosmische Entsprechung' zum Unendlichen Werden und Vergehen der Natur ist, sondern Suchen, Finden und Gestalten von Sinnentwürfen.

Hier stellt sich wiederum das Problem, wie einem solchen ‚Nichts', das überall sein soll und doch nirgends ist, zu entsprechen sei: Immerhin soll das Spiel nicht einfach Wirklichkeit mimetisch verdoppeln, sondern eine Wirklichkeit im Modus der Möglichkeit bilden.[20] Doch gerade mit dem für Fink problematischen Spiel und über dessen scheinbarer Sinnenklave hinaus zeigt sich mit dem Topos des Idealen bei Fink selbst noch eine andere Möglichkeit des Transzendierens von Zeit und Raum an: Auch das Ideal entzieht sich der dinglichen Wirklichkeit und besitzt ihr gegenüber eine ‚positive Unwirklichkeit', die nun aber *gegen* das Utopische zu bestimmen wäre, gerade dort, wo es um die Welt als die Dimension geht, in der sich gemeinsames Handeln, Lernen und Lehren von Ordnungen bilden kann.

Auch hier bleibt die Bestimmung des Spiels als Grundstruktur sozialer Existenz und Praxis,[21] als Spielfreiheit in politischer Bedeutung für die Generierung von Ordnungen[22] ambivalent: je nachdem, ob Fink sich in der produktiven Auseinandersetzung mit Kants transzendentalem Ideal und dessen Modus Unwirklichkeit als *omnitudo realitatis* bewegt, ob er Nietzsche deutend aufgreift, um die Schärfe der nihilistischen Grundsituation herauszuarbeiten oder sich an einer

---

[20] „(G)erade weil es Ideal ist, (liegt es) über alle menschliche Erreichbarkeit hinaus" (Fink 1978, 106), und gerade deswegen ist die operationale Begrifflichkeit der Abbildung für Fink hier unangemessen.

[21] „Der Lebensvollzug des Menschen durchspielt als Freiheit immer den Spielraum des Möglichen und gewinnt Bestimmtheit in der Entscheidung." (Fink 1978, 108).

[22] Vgl. Fink 1974, 144f.

eigenen Situierung und Kritik eines zynischen Nihilismus im Bereich der politisch gewendeten schöpferischen Macht versucht.[23]

Hier deutet sich einerseits der Versuch an, Analogien für „gemeinsam geteilte Spielwelten" im Bereich des Politischen zu finden (Fink 1974, 143), zugleich aber auch Unterschiede zu benennen: Denn bei den „Gebilde(n) in der harten Sphäre der Macht" (Fink 1974, 145) geschieht die Gestaltung nicht in der Dimension des Imaginären, in der sich das Spiel als ein „in sich geschlossener ‚Eigenbereich'" gegen andere Tätigkeiten „abriegelt" (Fink 1960, 234).

Ich denke, gerade hier wird auf produktive Weise deutlich, welches Problem für Fink die Bewegung der Geschichte und ihre mannigfachen Gestalten in pluralen menschlichen Lebensformen macht,[24] die sich nicht nur als positiver Schein zeigt, sondern sich auch in einen realen, lebenspraktischen Gehalt wandeln kann, indem sie nicht nur sich selbst wie im Spiel, sondern auch der gemeinsamen Welt Gestalt gibt.

3. Vom Nichts zum Sinn: Ideale für das endliche Leben

Ideale zeigen sich als Interpretation von Glückseligkeit, bzw. als ein Sinnentwurf von gelingendem Leben im Wissen um seine Endlichkeit. Interpretationen und Sinnentwürfe bewegen sich immer auf dem Boden einer bestimmten Tradition und kultureller Gemeinschaften. Sie haben eine Genealogie, die sich in ihrer Geschichte verästelt und weiterwirkt, die erst eigens erfahren und verstanden werden muss.

Das Wissen darum, was ‚machbar ist' und vielmehr, ‚wer' es eigentlich ist, der in diesem Sinne (sich) gestalten kann, hat ihren Grund in der Unauflöslichkeit von Gegensätzen, in denen sich menschliches Dasein zeigt: unsere Sterblichkeit nicht denken, das Ende des Lebens nicht in dieses Leben integrieren zu können; in der Liebe und ihrer Intimität die leibliche Trennung nicht aufheben zu können; in Arbeit und Herrschaft immer nur wieder auf die sehr fragile Relationalität der eigenen Existenz – ephemer im Unterschied zu Wirkung und Bedeutung ihrer ‚Produkte' und ‚Taten' – zu treffen; sich auch im Werk die Ewigkeit nicht sichern zu können; selbst im Spiel und seinem ‚produktiven Schein', nie in der vollkommenen Aufhellung der Welt zu stehen; in der Generativität weder die Vergangenheit wiederholen und ändern noch die Zukunft vorwegnehmen zu können: Es ist immer die Erfahrung, unsere Freiheit nicht einholen zu können.

So gehen die Ideale nie in ihrer Deutungsdimension auf, sondern weisen über diese in einem fortwährenden Anspruch hinaus. Sie sind nicht nur alltagsimmanente Gewalten, identisch mit der normativen Gewalt sozialer Institutio-

---

[23] Vgl. Fink 1974, S. 149.

[24] Dennoch wäre eine weitere Deutung der Weltlichkeit des Ideals eine Aufgabe für eine Verdichtung des *apeiron* Welt, die „alle Dinge (F)assende und (B)egrenzende" im „Spiel des Bauens und Zerstörens" (Fink 1992, 194), der hier jedoch nicht nachgegangen werden kann.

nen: dies ist nur ihre *Normfunktion*.[25] Das Ideal ist „eine ins Menschenleben niederscheinende und uns damit erhebende Sinnmacht, [sie] steht in einem Bezug zu jener unausdenklichen Ferne und Weite, die alle Nähe und jedes ‚Da' schenkt – die jeglichem Seienden Raum gibt und ihm Zeit läßt" (Fink 1978, 113).

Ferne und Weite in ihrer Verbindung sind nur möglich im innerweltlichen Raum mit seiner Geschichte, die sich von ihrer Vergangenheit auf die Zukunft, auf deren Aufgaben und Sinnentwürfe richtet; sie sind nicht auf einen utopischen Raum begrenzt, der nur als Enklave, in der Einklammerung der Grenzen des Alltags gelebt und gedacht wird. Das ‚Spiel des Ideals' entfaltet sich gerade im gemeinsam geteilten Leben der Coexistenz: Die Deutung des Ideals geschieht stets im Austausch mit anderen. Ist sie der Willkür und der Selbstmächtigkeit eines einzelnen unterworfen, wird die Norm zur schieren Gewalt, wird zum gesellschaftlichen Werkzeug, zum Mittel, verliert aber dabei ihren medialen Charakter, durch den wir ein Selbstverhältnis und -verständnis, eine Gestalt unserer Existenz mit anderen finden.

Das Ideal – „die Idee nicht bloß in concreto, sondern in individuo, d.i. als ein einzelnes, durch die Idee allein bestimmbares oder gar bestimmtes Ding" (Kant, KrV, B 596), der „göttliche Mensch in uns" (B 597), so Fink auf Kant rekurrierend – ist die *individuelle* Grenz- und Gesetzes*erfahrung*, die keine allgemeine Gestalt erhalten, die nicht festgestellt werden kann, sondern die nur als Erfahrung eines Anspruchs, für den alle eines Rats bedürfen, geteilt und so konkretisiert werden kann.

> „[Für das Ideal] ist das Schema des Entweder-Oder und der ausschließenden Gegensätze kein weltgemäßes Schema. Eher könnte man noch sagen, daß hinsichtlich der Welt die Gegensätze zusammenfallen, - daß Ideale sowohl nur ein ‚einziges', aber auch eine innere Mannigfaltigung dieses einzigen sind, daß sie zugleich im Menschen wirken und doch weltentfernt bleiben, daß gerade dann, wenn er von ihnen bestimmt wird, er sich bestimmt, daß sie immer dasselbe und doch nie das gleiche sind." (Fink 1978, 189 f.).

Dieser „Zusammenfall von Gegensätzen" öffnet die Möglichkeit bestimmter Formen der Begegnung, die in der Welt als Raum- und Zeit*dimension*, nicht nur in der Unmittelbarkeit im Hier und Jetzt, entsteht: der Beratungsgemeinschaft, wo „man auf einander hört, mit einander die Lage durchspricht, nach vernünftigen Motiven ausspäht [und] sich mehr oder weniger deutlich eine Vorstellung von dem heraus(bildet), was zu tun sei." (Fink 1970, 187)

In der Beratung werden Zeit und Raum zu dem Abwesenden – den abwesenden Generationen, den Anderen, die nicht am Spiel bestehender Ordnungen teilhaben – entgrenzt und geöffnet: Beratung bezieht sich auf Künftiges und Mögliches, das in seiner Künftigkeit und Möglichkeit noch nicht festliegt.[26] Hier zeigt

---

[25] Vgl. Fink 1978, 113.
[26] Vgl. Fink 1970, 189.

sich ein atopisches Zwischen, das seinen Raum allein im Vollzug von Sprechen und Handeln der miteinander Rat Suchenden hat, aber doch auch über diese gegenwärtige Gemeinschaft von Sprechenden und Handelnden hinausweist. Die ‚produktive Unendlichkeit' des Ideals, worin es dem Elementalen entspricht, hat einen Zug in die Zeitlichkeit, indem es das Hier und Jetzt Seiende abblendet und auf die Differenz der Seinsweisen, d.h. auf die Zeitlichkeit, die Geschichtlichkeit, die nicht nur ihre Vergangenheit, sondern auch ihre Zukunft hat, verweist.

Es wird hier weniger ein Horizont denn ein Feld gewonnen: ein Feld, dessen Strukturen gerade nicht den Wahrnehmungsraum umschließen, sondern die Präsenz und Geschichtlichkeit, Faktizität und Möglichkeit einander entgegenstellen, aber auch auseinander hervorgehen lassen; ein Feld, das nicht gegeben ist und wie der Horizont sich nur im Wechsel der Perspektiven weitet und verengt, sondern das sich permanent in den Erfahrungen und Handlungen gegenwärtiger und geschichtlicher Co-existenz strukturiert.

Doch auch dieses ‚Spiel' muss eingeholt werden in lebensweltlichen Praxen, in denen sich das einzulösen hat, was Fink ‚Lebenslehre', gegenseitige Begegnung und Beratung nennt, und die Welt nicht nur imaginiert und der UTOPIA einer kleinen Gemeinschaft nachbildet, sondern dieses gemeinsame Beraten auch über die Grenzen dieser Gemeinschaft hinausführt als „Bild des jederzeit Möglichen" (Fink 1992, 193).

Was Fink mit der Beratungsgemeinschaft in einem beinahe ‚intimen' herrschaftsfreien Raum der Kommunikation gewinnt, verspielt er angesichts der Frage, wie sich konkrete Ordnungsstrukturen mit ihrer Macht auch dort als eine geteilte Welt bilden könnten, wo sich unserer Welt politische Aufgaben an Grenzen von noch zu überblickenden und im direkten Gespräch gebildeten Ordnungen stellen.[27] Das menschliche Schöpfertum von Werten wird im Zeichen des Nihilismus dann als ‚Produktivität' und die Gründung gemeinsamer Institutionen als Produktion um ihrer selbst willen begriffen,[28] mit der das Spiel analog gesetzt wird. Dies geht nur schwer zusammen mit einer Welt, die Menschen in ihrer Verschiedenheit zusammenbringt in einer Bewegung, die sich ‚wie aus dem Nichts' selbst ihre Grenzen und ihr Maß gibt wie das Spiel, das aus seinem Vollzug die eigenen Regeln schöpft und auch um die Geltung dieser Regeln kämpft.

Zwar soll die ‚Produktion' der Ordnung im Spiel bewusst werden, aber dazu reicht die spielerische Ambivalenz im Imaginären nicht aus. Formen gemeinsamer Reflexivität, die einer geteilten Welt Stabilität und Identität verleihen, fehlen in Finks „politischem Vermächtnis" (Biemel). Technisches Wissen, von dem, „was machbar ist" (Fink 1974, 98) reicht hierzu nicht aus. Finks Beschreibung

---

[27] „Politik überhaupt ist die Festsetzung menschlicher Verhältnisse in der Dimension der Macht. Die Machtsphäre ist das gesuchte Feld, worin die Staaten und Institutionen sind und ihr ‚außer-seelisches' Sein haben. Jede politische Form bedeutet eine Stabilisierung von Machtverhältnissen." (Fink 1974, 144).

[28] Vgl. z.B. Fink 1974, 138.

der Staatstechnik lässt sich sicherlich deskriptiv als Analyse des gesellschaftlichen Ist-Zustandes lesen:

> „(V)ielleicht ist gar nicht so sehr entscheidend, wie ein Staat regiert, verwaltet wird, wie er in Gewaltenteilung funktioniert, sondern wie er hervorgebracht wird, wie er hergestellt, wie er produziert wird. Nicht daß alle idealiter am Staatsregiment beteiligt sind, erschien uns als das Epochemachende an der modernen Lehre von der Volkssouveränität, sondern daß alle ein mehr oder weniger deutliches Wissen von der Herstellbarkeit der Gesellschaftsordnung gewinnen." (Fink 1974, 154)

Doch Wissen um die Machbarkeit aller menschlichen Lebensverhältnisse allein führt gerade weg von der Begegnung, in der sich statische Ordnungen öffnen auf die Fragen an Andere. Herstellende Tätigkeit unterscheidet sich vom Gespräch, von dem offenen Charakter gemeinsamen Handelns, auch wenn die Produktion, die Sinn und Zweck nur noch in sich selbst findet, scheinbar der Telosimmanenz von Spiel und Handeln gleicht.

Vielmehr wird die Selbstherstellung der Gesellschaftsordnung gerade dann zur Ideologie, wenn sie sich dem ständigen Wandel als rein formales Ziel ihres Vollzugs und ihrer Innovation verschreibt, ihren obersten Sinn in der Selbstproduktion sucht: Finks Einsicht in eine technische Gesellschaftsordnung, die sich von einer politischen, an dem nur gemeinsam Möglichen orientierten Lebenswelt verabschiedet,[29] zeigt hier gegenwartskritische und sogar seine Zukunft und unsere Gegenwart antizipierende Züge, doch das ,produktive Spiel' seiner Metaphorik versagt, wenn es auch zu einer weitergehenden phänomenologischen Begrifflichkeit und kritischen Verständigung über die Lebenswelt führen soll.

Denn die Bewegung des Spiels ist von derjenigen der Produktion verschieden; hier missversteht Fink den politisch Spielenden mit dem einsamen Staatskünstler: nicht der „unheimliche Wille zum endlosen Machen" (Fink 1974, 166) charakterisiert die Politik als Spiel, in dem, wie Fink dies betont,[30] Fremdheit, Andersheit oder besser: Pluralität, bestehen können. Diese Stilisierung des Herstellens aus Nichts hat utopische Züge, die im Nichts auch das über Entwürfe und Pläne hinausreichende ,Allumfassende' der Welt vernichten.[31]

So möchte ich nun zum Abschluss auf einen Entwurf des Spielens kommen, der auf einige strukturelle Probleme von der Finkschen Welt-Struktur, sowohl die des Spiels als auch die des dem Kosmos entsprechenden Ideals, eingeht: der Reflexivität in der erzählten Erfahrung, der in Geschichten geteilten Erinnerung und dem A-topos der Coexistenz, die ihre Grenzen in der Welt befestigt durch

---

[29] Vgl. Fink 1974, 187.

[30] Vgl. ebd. 164.

[31] Ansonsten führt das „unbedingte Herstellen", das Fink in den Ordnungen der Macht als das ihnen eigene Spiel am Werke sieht, zum „kosmischen Krieg", der „die Umrissenheit, die Gestalthaftigkeit alles Seienden (prägt)", der „die Macht der Vereinzelung" ist (Fink 1974, 172). Vgl. dazu Biemel (1996), 98.

ein gemeinsames Gedächtnis[32], und zwar gerade dann, wenn diese Welt sich ins Unwirkliche, ihre Strukturen ins Pathologische zu verlieren drohen: Gerade dann wird Erinnerung reflexiver und maß-gebender Modus, sich mit dem ‚Unwirklichen‘ auseinanderzusetzen und sich seiner zu vergewissern.

4. Begegnen und Teilen – Die gemeinsame Welt der erzählten Lebensgeschichten

Den Verlust einer gemeinsamen Welt, den Verlust des sichtbaren Raums des Öffentlichen, beschreibt Hannah Arendt mit der „Unheimlichkeit einer spiritualistischen Séance, bei der eine um einen Tisch versammelte Anzahl von Menschen plötzlich durch irgendeinen Trick den Tisch aus ihrer Mitte verschwinden sieht, so daß nur noch zwei sich gegenüber sitzende Personen durch nichts mehr getrennt, aber auch durch nichts Greifbares mehr verbunden sind." (Arendt 1981, 52) Das sowohl Trennende als auch Verbindende, die Nähe und die Distanz, bilden nun gerade die Welt in den Bahnen und vor allem den *Perspektiven* zwischen den Menschen, wo sie sich einander begegnen.

Über diese Perspektiven haben wir Zugang nicht nur zu einer, sondern einer *gemeinsamen* Welt, in der wir aneinander gebunden sind; haben wir Zugang nicht nur zu verschiedenen Ausschnitten, sondern zu einem Ganzen, das sich aus den Perspektiven in ihrem Zusammenhang erst ergibt und nicht getrennt und vor ihnen ‚existiert‘. Dies ist kein „leerer Raum, in welchem der Mensch nun produktiv die menschliche Welt errichten kann" (Fink 1974, 16), hier sind Weltbegriff und Lebenswelt nicht mehr durch eine kosmologische Differenz getrennt.

Hier hat Wirklichkeit einen Raum von Bewegung, Austausch und Begegnung. Diese Wirklichkeit steht gegen die Gefahr der Feststellung von sozialen Strukturen, aber auch der des Sichverlierens in Perspektiven:

> „Nur wo Dinge, ohne ihre Identität zu verlieren, von Vielen in einer Vielfalt von Perspektiven erblickt werden, so daß die um sie Versammelten wissen, daß ein Selbes sich ihnen in äußerster Verschiedenheit darbietet, kann weltliche Wirklichkeit eigentlich und zuverlässig in Erscheinung treten." (Arendt 1981, 57)

Dieses ‚Wandeln des Selben‘ charakterisiert nicht nur das auf sich selbst bezogene produktive Tätigsein,[33] sondern ist Grundzug menschlicher Existenz in Pluralität und in der Mannigfalt ihrer Grundphänomene.

Welcher Art ist nun ein Spiel, das wir uns teilen, ohne es in eine maßlose Produktion von Schein gleiten zu lassen? Ein Spiel, das weder kontingent ist wie Naturereignisse, noch sich im Blick auf ein letztes Ziel einer vorsehenden Vernunft gestaltet, sondern durch Handeln sich in den Grenzen und auch dem Maß

---

[32] Kommunikativ vollzogen, kulturell verankert.
[33] Vgl. Fink 1974, 47.

des gemeinsamen Teilens einer Welt vollzieht? Ein Spiel, das Pläne und Automatismen durchbricht und durchkreuzt, weil sich in ihm Handelnde begegnen, ohne dass einer von ihnen allein sein Autor wäre?

Was geteilt werden kann, ohne sich zu verbrauchen, um dann wie jedes beliebige Gut produzierend ersetzt zu werden,[34] sind Geschichten, die erzählt werden, und die im Erzählen auch eine Praxis des Hörens und des Miterzählens auf- und herausfordern: Erinnerung und Erzählung von Geschichten stehen im Spannungsfeld von Aktivität und Passivität, zwischen aktivem Vergessen und Umgestalten einerseits und der Betroffenheit durch Widerfahrnisse andererseits.

Erinnerung ist verschieden von einer bloßen Vergegenwärtigung von Vergangenem. Vielmehr entsteht sie erst in einem zukunftsgerichteten und auf die Zukunft offenen Kontext, wenn sie sich erzählt und weitererzählt, wenn sie in andere Perspektiven aufgenommen wird. In der Erinnerung öffnet sich ein auf sich zurückgezogenes Subjekt, wenn diese Erinnerung in der Begegnung mit anderen entsteht und mitgeteilt wird. Der sich erinnernd Erzählende setzt sich dann mit seiner Lebensgeschichte anderen und deren eigenen Versionen aus, aber er bürgt auch für seine eigene.

Die Bereitschaft zu erzählen, sich damit aber auch im Zuhören auf eine nicht erzwungene, sondern selbst übernommene Passivität zu öffnen, sich einzusetzen für den Fortgang der Erzählung, damit aber auch eine Verpflichtung einzugehen: diese Doppelseitigkeit des Erzählens verbindet Aktivität und Passivität des Spiels miteinander. Begegnung durch Erinnern und Mitteilen der eigenen Geschichte im Erzählen und Hören auf die Anderer gewinnt im Modus des Spiels eine gemeinsam geteilte, nicht nur allumfassende, Welt:

In der *Begegnung*, die sich nicht nur im gemeinsamen Vollziehen einer Bewegung erfüllt und vollendet, in der der einzelne im Spielgeschehen aufgeht, sondern sich selbst im *Miteinandersein*, das zugleich ein *Gegenübersein* ist, im Anderen spiegelt und umgekehrt, stützen sich Aktivität und Passivität, *conscience engagée* (Merleau-Ponty) und die Erfahrung, in einer geteilten, aber nicht durchschauten Situation zu sein, einander.[35] Aktivität und Passivität sind so nicht nur einander entgegengesetzte, auch nicht nur komplementäre Modi, sondern konstitutive Spielmomente, die aneinander Bewegungs-, Erzähl- und Hörformen bilden,[36] die nicht in die formal-abstrakten Kategorien von aktiv und passiv fallen, sondern eine eigene Gestalt gewinnen: so das zuhörende Fragen nach Geschichten des Anderen, die eigene Geschichte, die gerade dann erzählt wird, wenn einem anderen Außerordentliches widerfährt, die Archivierung von

---

[34] Hier würde Fink mit seiner Metapher der Produktion deskriptiv tatsächlich die mediale Industrie, die Geschichten für eine Fernsehstaffel oder weniger erzeugt, treffen. Der Phänomencharakter, den manche ihrer Geschichten gewinnen könnten, wird in dieser Form der Medialisierung gerade ge- bzw. zerstört.

[35] F.J.J. Buytendijk nennt dies die „doppelte Aktivität im Spiel" und in jeder authentischen Begegnung: sich auf das Andere bzw. den Anderen richten und zugleich sich hinzugeben, dass etwas an uns geschehen kann (Buytendijk 1951, 450).

[36] Vgl. dazu Aleida Assmanns Modell der Kontextualisierung und Rahmung von Geschichten: Assmann (2006), 269f.

Geschichten in Biographien, im persönlichen oder im medialen[37] Gedächtnis, in dem nach individuellen Erfahrungen gesucht werden kann.

Im *Erzählen* teilen wir mit den uns begegnenden Anderen: Wir teilen Welt über die darin geteilten Geschichten, die sich im Erzähltwerden fortsetzen, die fragil sind in ihrer Offenheit und ihrer Endlichkeit, sobald Erzählen und Erinnern abbrechen. Und wir teilen die gemeinsame Aufgabe von Erinnerung und Handlung,[38] diese Welt zu gestalten.

Der *Modus des Spiels* gibt diesem Begegnen zum einen Rahmen und Gestalt, die jedem intentionalen Vollzug voraufgeht und in der die Begegnung nicht nur zu einer statischen Relation des Gegenüberseins ist. Zum anderen gewinnt das Spiel das gestalterische Moment, den Einzelnen und das Unterschiedene in den Ordnungen dieses Rahmens zur Geltung zu bringen. Schließlich gibt es der initialen Darstellung mit dem Beginn des Erzählens Kontinuität in einer Ordnung, die sich nicht nur als Einheit durch eine Grenze nach außen bestimmt, sondern viel stärker noch über Binnengrenzen: wo einer auf den anderen trifft, einer auf den anderen aufmerksam wird, unterschiedliche Perspektiven als solche deutlich werden, sich dann aber auch aneinander und miteinander verändern können.

Diese Perspektivik muss jedoch erst als ein Spielraum gewonnen werden: Die Grenzen, die sich uns in den Perspektiven anderer Wirklichkeiten zeigen, sind nicht von der Art, dass sie ineinander aufgehen, um den imaginären Schein zu sichern, wenn das Spiel maßlos wird und in seiner Immanenz die Grenzen zur Welt verliert. Es ist vielmehr das fortgesetzte Teilen von Welt, was immer wieder in der Coexistenz gewonnen werden muss.

Wird das Herstellen als Weg zur Selbstverwirklichung der Zentralbegriff des Spiels für das Leben in einem sinnoffenen Raum, wie es Fink vorschwebt, ist die geteilte Wirklichkeit der Preis: Die Imaginarität, der positive Schein des Spiels, schließt sich dann in sich selbst, gegen andere Wirklichkeiten, im besten Falle als gleichgültige Coexistenz, viel eher aber in der Zerstörung von Grenzen, in denen diese Wirklichkeiten ihre je eigenen Perspektiven haben.

Im Spiel des Teilens, also nicht im Produzieren von Schein, wird gerade die Offenheit der Lebenswelt gewonnen, die nicht durch äußere Grenzen im Raum ihre Gestalt findet, sondern in dem atopischen Spiel zwischen den einander Begegnenden. Hier gewinnt die Lebenswelt eine Struktur, die sich in der Praxis dieses Vollzugs in einem Nomos konkretisiert bzw. institutionalisiert:

---

[37] Das von der geschichtswissenschaftlichen Auswertung sicherlich einen theoretischen Abstand erfordert (s. zu dem ‚Brückenschlag zwischen der ‚Deutung im Abstand' und der persönlichen Zeugenschaft: Assmann 2006, 43 ff.), das jedoch in der Ausweitung auf ‚elektronische Gedächtnisse' in den neuen Medien, die die persönlichen Erinnerungen aus dem Bezug ihrer Erzählsituation lösen und in einen ‚neutralen Raum' der allgemeinen Zugänglichkeit stellen, wiederum neue Probleme für die Zeugenschaft und ihre direkte Bedeutung stellt.

[38] In Erinnerung und Handlung erhält diese Aufgabe die verschiedenen Dimensionen der Zeit: Vergangenheit, die rückwirkend aus der Gegenwart erst ihre Gestalt gewinnen muss, und die aus dem Geschehen und seiner Wiederaneignung auch eine Verpflichtung für die Zukunft, das weitere Gestalten, birgt.

‚Nomos' leitet sich her von – νέμειν – ‚verteilen' und ‚zuteilen', so z.B. die Verteilung von Land – um hier ein anderes Beispiel neben dem abgeteilten Tempelbereich zu wählen. Hier ist für die Grenzziehung nicht in erster Linie der Ein- und Ausschluß, die Unterscheidung zwischen eigen und fremd maßgeblich, sondern der Blick auf das zu Teilende und den Bezug der Teile, die nicht nur gegeneinander begrenzt sind, sondern miteinander im Teilungsgeschehen verbunden sind. Ihr Bezug wird weniger von einem archimedischen Blickpunkt als Ganzes von außen her betrachtet (lässt man fürs erste einmal außer acht, wer verteilt bzw. verteilt hat), sondern von innen her, gleich einem Kreis, dessen Mitte überall und dessen Peripherie nirgends ist.[39]

Bei den Griechen hatte das Gesetz eine sehr sichtbare Gestalt als Grenze im Sinne von Zwischenraum und Niemandsland. – Fustel de Coulanges beschreibt in *La Cité Antique* ein Gesetz, das verbot, zwei Häuser in direktem Anschluss aneinander zu bauen: Es musste immer ein Raum zwischen ihnen bleiben, eine Grenze, die weder ein- noch ausschloss, sondern ein Zwischen, einen Raum von Bewegung und Begegnung bildete:[40] Dieser Raum ist wesentlich für die Bewegung des Begegnens und Teilens, gleichgültig ob in einer Zweierbeziehung, einem Freundeskreis oder einer Gruppe, die sich einer gemeinsamen Aufgabe oder einer gemeinsamen Geschichte verpflichtet fühlt. Teilen und Geteiltes verlieren sich ohne den Austausch darüber, wie jeder einzelne in dem Feld der Beziehung in seinem eigenen Raum zur Geltung kommt und darüber der gemeinsamen Welt Gestalt geben kann.

Hier grenzen nicht nur Teile aneinander, sondern im Aneinander-Grenzen bildet sich vielmehr ein Zwischen, das keinem einzelnen Teil zugehört, sondern in die Intensität ihrer Zusammengehörigkeit hineinspielt und das ‚Ferment', das Herausfordernde für diese Beziehung ist. Sucht man es in seiner Bestimmung und Eingrenzung, erweist es sich dann als ein ‚anspruchsvolles Nichts', weil es sich gerade der alltagsgewohnten Planung entzieht und weil es in seiner Eigendynamik, die von keinem einzelnen Akteur als deren Autor mehr ausgeht, einen eigenen Anspruch an Gestaltung stellt, den zu übersehen oder abzuweisen nur mit Gewalt möglich ist. Und diese Eigendynamik ist nicht anonyme Autopoiesis eines Systems, einer Institution oder eines ‚organanalogen Gebildes', sondern eine ständige Genese in Sprechen und Handeln aus der Zeugenschaft der konkret gelebten Grundphänomene heraus.[41]

---

[39] Vgl. das Zitat aus Pascal in: Fink 1978, 178 f.

[40] Vgl. Arendt 1981, 61 und 330.

[41] Arendts Kritik an den Kategorien, die gerade in der Philosophie nach ihrer Abwendung von der Metaphysik auf nicht angemessene Modelle aus dem binnenweltlichen Bereich gewählt werden, so eben Arbeit und Herstellen für die Ordnung des Handelns, um sich mit der ‚unsichtbaren Macht', die den Handlungsraum entstehen lässt und zusammenhält sich nicht wieder das einzuhandeln, was sie mit Gott und Geist gerade ausgetrieben haben (vgl. Arendt 1981, 266), trifft gerade hier etwas an Finks Engführung von Technik und Politik. Dagegen Arendt zu der Konstitutionsmacht für das Politische: „Geschichte, sofern sie von Ereignissen und Geschehnissen handelt und als eine Geschichte erzählbar ist, ist natürlich ihrem Wesen nach politisch, was heißt, daß sie nicht aus Ideen oder Tendenzen oder allgemeinen, ge-

Die Teilung von Welt setzt ein Getrenntsein als unbestimmten und womöglich auch nicht zu vermittelnden Unterschied voraus. Erst in der Praxis der Teilung, ihrer Genese, ihrem Vollzug und ihrer Geschichte mag diese Trennung zu einem ‚ganzen Feld' mit gegenseitigen Grenzen werden und Sinn und seinen Widerhalt in anderen (pluralen) Perspektiven gewinnen, die wechselseitig nachvollziehbar sind. Gerade in der Geschichte und ihren verschiedenen Perspektiven, ihren unterschiedlich gelebten Leben wird das Einzelne nicht nur auf das bloß faktische Präsente reduziert, sondern erhält seine Zeit und Ungleichzeitigkeit.

Anders als in einem experimentierenden Spiel versuchen Geschichten, die gegenseitig und miteinander erzählt werden, nicht eine Wirklichkeit erst herzustellen und sich im fiktiven Schein gegen andere Wirklichkeiten abzudichten: Wirklichkeit entsteht in der Zeugenschaft der Geschichten selbst, die der Erzählende im Leben, dessen Zeugnissen, vor allem aber mit seinem Erscheinen in dem mit Anderen geteilten Raum verkörpert und damit für die Geschichten bürgt, die aber als individuelle Zeugenschaft immer auch weiter die Frage offenhält, wie es anders gewesen, anders erlebt worden sein könnte.

Geschichte als Teilung und Mitteilung entfaltet sich nicht auktorial und nie nur bewusst, sondern ist eine Dimension des Elementalen, dem vor-individuellen und vorbewussten Grund der Grundphänomene des menschlichen Daseins, wo Erfahrungen wie Spuren in das kollektive Bewusstsein und das Bewusstsein von einzelnen gezogen werden, die erst dann wirklich manifest werden, wenn zu ihnen eine Freiheit des Miteinanderhandelns und -beratens gewonnen wird: Erst dann konstituiert sich ein geteilter Sinn, ein Raum von Erfahrung und für den Tausch eigener und fremder Geschichten, aus denen auch gemeinsames Handeln entstehen kann.

In diesem geteilten Sinn geben sich die vielen verschiedenen Geschichten ihre Grenzen der Verbürgbarkeit oder besser: ihre Gestalt. Die Eigendynamik von Perspektiven, die immer neue Perspektiven generieren, verläuft nicht ins Unendliche, kreist nicht um sich selbst. Es ist nicht die Selbstvergessenheit des Spiels, sondern der Bezug aufeinander, der hier lebendig ist. Schließlich versammelt das erinnernde Erzählen nicht nur in einer Spielgegenwart, sondern erzeugt eine andere Form der Nähe in Zeit und Raum: Nähe als Bezugsgewebe, das nicht diejenigen außerhalb eines Spiels ausschließt, sondern sie einbezieht bzw. sich in deren Spiel transformiert.

Dieser Bezug definiert sich so nicht im Gegenüber oder Gegeneinander einer einseitigen Grenzziehung,[42] sondern gewinnt seine Identität immer erst über den Vollzug der Spiels bzw. des Erzählens: hier muss sich die eigene ‚Identität' auf Mitspieler und Zuhörer auf die gemeinsame Situation hin überschreiten. Das sich Einlassen auf Hören und Erzählen schafft Verbindung; in ihnen entsteht Sinn, der nicht von einem Einzelnen generiert ist, in diesem Sinne ‚asubjektiv',

---

sellschaftlichen Kräften entsteht, sondern aus Handlungen und Taten, die als solche durchaus verifizierbar sind." (Arendt 1981, 177).

[42] So durch eine Gruppenidentität nach ‚innen' gegen ein ‚Außen'.

aber nicht beliebig und anonym ist. Die Wahrhaftigkeit des Erzählens bindet aneinander durch die offenen Möglichkeiten von Partizipation

Dabei zeigt sich in den Geschichten Unwillkürliches und nicht Intendiertes, das sich an andere richtet – über Raum und Zeit hinweg, in denen es in Erzählung und Tradierung Virulenz und Impulse gewinnt. Hier liegt eine Tiefendimension des Spiels, die sich nicht in seiner Selbstgegenwart erschöpft: Es wird ein Teil ‚transparent' – nicht auf ein Ganzes aber auf Erweiterungen hin, die im Teilen Sammlungspunkte schaffen, so dass das Ganze in die Teile eingeht.[43] Das Spiel in Geschichten und deren Geschichtlichkeit zeigt Welt in dem Wandel sozialer Sinnhorizonte, die statt sich in einem Ganzen zu schließen sich in einer offenen Pluralität bilden; in dieser jedoch binden sich in der Intensität gemeinsam gewordener Geschichten und Erinnerungen zu Verpflichtungen für diese Geschichten und unseren Teil in ihnen.

Durch die Geschichten, die gegeneinander stehen, und durch die unterschiedlich erlebten Zeitläufe, die so die Ungleichzeitigkeit des Gleichzeitigen demonstrieren, bis Sieger und Opfer nicht mehr eindeutig zu einer nationalen Seite zugeordnet werden können, entsteht ein gemeinsamer Bezug und auch Verantwortung. Dieses ‚Verstricktsein in Geschichten' (Schapp) bindet nicht nur, sondern löst auch Knoten und knüpft sie neu: von der Kleingruppe über die Angehörigen einer Generation bis hin zu einem Staatenverbund, in dem die unterschiedlichen Gruppen ihre Geschichten und deren kulturellen Hintergrund austauschen[44] und politisch in gemeinsamen Institutionen nach innen und außen gestalten.

In Europa in einem Zeitraum, dessen Dauer von zwei Generationen die Geschichte noch von Zeitzeugen erzählen lässt, hat sich ein solches Spiel gebildet und sucht noch nach seiner Form, für die man E. Renans Diktum,[45] eine Nation als politische und als soziale Einheit bestimme sich über ihre gemeinsame Erinnerung und ihr gemeinsames Vergessen, weiterspinnen könnte: nicht nur als Nivellierung der unterschiedlichen Geschichten im Vergessen (wie bei Renan), sondern in von dem Zwang der Vergangenheit sich lösendem Weiterschreiben neuer Perspektiven im und Wiedererinnern von Verdrängtem.

Insofern bedeutet Coexistenz dann nicht nur soziales Zusammenleben, sondern erhält auch eine politische Aufgabe, nämlich die eines grenz- und differenzbildenden Feldes, in dem Grenzgebung nicht mehr bloße Gewalt bedeutet, solange sie nicht von einem weltlosen Ordnungssetzen in einer anonymen Massengesellschaft ausgeht.

Teile bestimmen sich hier nicht von einem Ganzen her, sondern ein fragiler Spielraum bildet sich im Überschreiten von Grenzen. Diese Bewegung des Überschritts vollzieht sich nur durch solches binnenweltliches Spiel, das in Phä-

---

[43] Vgl. Fink 1960, 123.

[44] Wie z.B. in dem gemeinsamen Geschichtsbuch für die deutsche und französische Oberstufe, das im Sommer 2006 veröffentlicht wurde.

[45] In seinem 1882 an der Sorbonne gehaltener Vortrag *Was ist eine Nation?*, mit dem er gegen das deutsch-romantische Nationenverständnis mit einem einheitlichen Ursprung wandte.

nomenen beschrieben und darin auch symbolisch werden kann, sich aber nicht mit dem Begriff des Ganzen fassen lässt: Das gestaltphänomenologische Diktum leicht gewendet, ist das Ganze dann nicht nur mehr als seine Teile, sondern vielmehr ist der Teil immer auch anderes und mehr als er vom Ganzen an Sinn und Bedeutung erhält. Teil und Ganzes gewinnen aneinander einen Überschuss an Gestalt, der ihr veränderliches, produktives Potential ausmacht, neue Bewegungen initiiert und diese gestaltbar werden und bleiben lässt.

> „Wie sehr auch alles Einzelne wechselt und kein Ding zwischen Himmel und Erde von dem zehrenden Wandel verschont bleibt, wie alles und jedes schließlich in seiner Seinskraft sich erschöpft und untergeht, so bleibt doch der Gesamtstil des unaufhörlichen Wechsels. [...] Und die Regelhaftigkeit dieses Laufes aller Dinge im Zeit-Raum der Welt ist unabhängig von aller faktischen Erfahrung von uns gewußt, bestätigt und bewährt sich aber beständig in und durch die Erfahrung." (Fink 1960, 237)

Diese ‚Bestätigung der Erfahrung' muss jedoch in unserer gemeinsamen Welt ausgespielt werden, ist in einer gemeinsamen Weltzugehörigkeit im Sprechen und Handeln, die von „Lebensnot und Lebensrat erfüllt (sind), immer neu zu gründen." (Fink 1992, 195). So hat das Spiel seine Ordnung nicht selbstgenügsam in sich, sondern über sich hinaus in einer Welt der Coexistenz. Die Erfahrung bestätigt sich nicht nur selbst, sondern erhält auch eine Reflexivität, weil sie nicht in einem Ganzen gefasst ist.

Aufmerksamkeit auf diese Atopie an und zwischen den Grenzen der Lebenswelt, Aufmerksamkeit auf ihre Geschichte in Vergangenheit und Zukunft, auf die wandelnde Gestalt dieses Raumes in Begegnung gibt erst das Maß für das Handeln, das die offenen Grenzen dieses Atopos mit sich führt. Im Alltäglichen gewinnt das Unverständliche und Fremde seine Gestalt, wird in ihm aufgefangen; und durch dieses Außerordentliche kann auch das Alltägliche seine eigene Gestalt auf ein Außerordentliches hin öffnen. Darin wird Welt zum Spielraum, der nicht in einer einzigen Ordnung verankert ist, die gerade in ihrer Letzthinnigkeit nur unerfüllte, der Welt enthobene Utopie ist. Hier entstehen neue Begegnungen, werden Beziehungen gestiftet, um „vorgegebene Schranken zu sprengen und Grenzen zu überschreiten", wie Hannah Arendt dies für das ‚Zwischen', das sich zwischen miteinander Handelnden Menschen bildet, beschrieben hat.[46]

So liegt die Lebenswelt an Grenzen, die aus dem Elementalen der Welt ihre Entschränkung erhalten, die grenzgebend und grenzöffnend zugleich sind,[47] die atopisch sind. – „Ohne Grund und ohne Zweck, ohne Sinn und ohne Ziel, ohne Wert und ohne Plan – aber sie hat alle Gründe für das durchgängig gegründete binnenweltliche Seiende in sich, sie umspannt mit ihrer universalen Zwecklosig-

---

[46] Arendt 1981, 183.
[47] „Schrankenlosigkeit erwächst aus der dem Handeln eigentümlichen Fähigkeit, Beziehungen zu stiften, und damit aus der ihm inhärenten Tendenz, vorgegebene Schranken zu sprengen und Grenzen zu überschreiten." (Arendt 1981, 183).

keit die Bahnen, worauf Zwecke und Ziele erstrebt werden" (Fink 1960, 238): Welt ist Phänomen als dieser Spielraum, der sich dann zeigt, wenn sich Menschen in ihm bewegen, Suren hinterlassen und dem Niemandsland der UTOPIA die Gestalt ihrer Geschichten geben.

Literatur

Arendt, Hannah (1981): *Vita Activa oder Vom tätigen Leben*, Frankfurt am Main.

Assmann, Alleida (2006): *Der lange Schatten der Vergangenheit. Erinnerungskultur und Geschichtspolitik*, München.

Biemel, Walter (1996): „Finks politisches Vermächtnis", in: *Perspektiven der Philosophie*, Bd. 22, S. 77-104

Buytendijk, F.J.J. (1951): „Zur Phänomenologie des Spiels", in: *Eranos-Jahrbuch*, Bd. XIX, Zürich.

Franz, Thomas (1999): *Der Mensch und seine Grundphänomene. Eugen Finks Existentialanthropologie aus der Perspektive der Strukturanthropologie Heinrich Rombachs*, Freiburg.

Fink, Eugen (1992): *Natur, Freiheit, Welt. Philosophie der Erziehung*, Würzburg.
– (1987): *Existenz und Coexistenz. Grundprobleme der menschlichen Gemeinschaft*, Würzburg.
– (1979): *Grundphänomene des menschlichen Daseins*, Freiburg/München.
– (1978): *Grundfragen der systematischen Pädagogik*, Freiburg.
– (1976): *Nähe und Distanz. Phänomenologische Vorträge und Aufsätze*, hg. v. F.-A. Schwarz, Freiburg/München.
– (1974): *Traktat über die Gewalt des Menschen*, Frankfurt am Main.
– (1970): *Erziehungswissenschaft und Lebenslehre*, Freiburg.
– (1969): *Metaphysik und Tod*, Stuttgart/Berlin/Köln/Mainz.
– (1960): *Spiel als Weltsymbol*, Stuttgart.
– (1959): *Alles und Nichts. Ein Umweg zur Philosophie*, Den Haag.

Rombach, Heinrich (1980): „Das Phänomen Phänomen", in: *Phänomenologische Forschungen*, Bd. 9, S. 7-32.

Waldenfels, Bernhard (1985): *In den Netzen der Lebenswelt*, Frankfurt am Main.

Me-ontology: Between Negative Theology and Elemental Phenomenology: Heidegger, Welte, Fink

Joseph Lawrence

World as de-subjectified play has its center in a nothing "more being" than being ... but how? Into what direction does this "more" point? If crucial here is the invitation to self-surrender, then what have we if not the reconstitution of religion within the heart of the death of God? And, if that, then what of the God that forms religion's heart? Has he withstood his death or does he simply live out of it? What would it mean, if he depended upon *us* for his life? Has the God of all gods also been de-subjectified? Or is precisely this impossible, insofar as the Nothing is "nothing other" than the heart of subjectivity? Is the me-ontological discussion simply metaphysics in a new mode – or is it the overcoming of all metaphysics? Is it the beginning of nihilism – or is it the promised new beginning that leads beyond all nihilism?

The premise of this essay is that the me-ontological turn in philosophy cannot be assessed by considering the work of any one thinker in isolation. *Me-ontology* is nothing if not the collapse of the Cartesian ground – and with that the breaking forth of elements that are elements, and of others who are "other." If Martin Heidegger accomplished the breakthrough to me-ontological reflection, he is indeed the "great" thinker of the age, the victor over idealism and the harbinger (one might hope) of future victory over idealism's heir, Empire grown global. If so, though, the measure of his greatness is not his solipsistic intensity, but the conversation he called forth.

This essay is thus devoted to the me-ontological reflections of Heidegger, Welte, and Fink, each of whom sought a reflective encounter with death – and with the deep abyss of nothingness which presumably constitutes death's beyond. That they, two philosophers and a theologian, in fact *shared* such a project is worth noting, for it gives credence to Fink's complaint that Heidegger, while clearly correct in his assertion that each of us must ultimately face death "alone," nonetheless was wrong to overlook the social and communicative aspects of death.[1]

Given that *religion* is the primary discourse about the communicative side of death, it is no surprise that the theologian Welte agreed with Fink on this issue. And yet, beyond that sole agreement, their me-ontological reflections point in completely different directions: neo-paganism doing battle with iconoclastic monotheism. Even so, as Fink points out when he highlights the Aristotelian ideal of philosophical friendship, what is at issue is less "agreement" than the *"Streit der Meinungen"* that pays proper respect to what it means to be human: truth, our highest good, always remains tragically hidden from us.[2]

---

[1] Fink 1969, 36.
[2] Fink 1970, 324.

The path into this hiddenness is the path into death, traversed in utter solitude. Those who succeed in "thinking" death are in fact the few and far between. And yet even Martin Heidegger, who profiled himself as the most solitary thinker of all, presented the thoughtful encounter with death, the full recovery of the tragic understanding of human mortality, as representing nothing short of a "new beginning" for human history as a whole.[3] Human community rests upon the shoulders of those whose solitude opens up the full tension of what it means to be human. The outsider is the only legitimate founder of the political. All significant communication is grounded in what is never fully communicable: that ineradicable strangeness of being human, which *"verschlägt einem das Wort,"* and, as *"das Verschlagende," "ist das Ereignis als Wink und Anfall des Seyns."* (Heidegger 1989, 36)

The me-ontological exchange between Heidegger, Welte, and Fink unfolded within close proximity to the Freiburger Münster, whose solitary high tower Jakob Burckhardt once called "the most beautiful in all of Christendom." The beauty of the tower, massive at its base, is given in the lofty height it attains, and above all in the emptiness of its stone lacework, an emptiness that puts sky within close reach of the earth. In this, the solitary tower heralds the solitary thinker, who not only gestures towards the emptiness of the beyond but reveals it as already lying at the margins of everything human. Even as love, for instance, is the antithesis of death, it still carries death within it, becoming real only in the moment of self-sacrifice. In a similar way, emptiness of mind, the predisposition to question everything, is the necessary condition of clear and insightful thought. Just as the monumental tower imparts sky to a congregation and a city, the solitary thinker captures the emptiness of death and, in the very act of thinking it, renders benign the horrific – thereby opening the space in which human beings can live out their lives.

The task of the solitary thinker is thus to penetrate to the door of death – an act that concerns all of us and may even have the power to bring us together. This, at any rate, is the core thought behind Heidegger's *Beiträge zur Philosophie.* To disclose its significance, I want to begin by briefly setting it in opposition to the understanding of death in *Sein und Zeit.* It is within this tension that I will then locate my similarly brief discussion of Welte and Fink. The inherent solipsism of the truly great thinker means that the truth he reveals is accompanied by the deepest error. Disclosing that error is the task of thinking-with, the core of that philosophical friendship which is the true subject of this essay.

---

[3] This is the theme of the *Beiträge zur Philosophie,* written in 1938 but published first in 1989. As a work written expressly to be withheld from his contemporaries, the *Beiträge* is above all else the long lament of one who felt utterly alone in the world.

I.

In the *Zähringer Seminar* held a year before his death, Martin Heidegger charac-
terized his entire lifelong philosophical project as a *"Phänomenologie des Unscheinbaren."* (Heidegger 1977a, 137) What is most deeply hidden is, of course,
death. In *Sein und Zeit*, Heidegger's respect for such concealment is such that he
refrains from any ontological claim about death beyond the assertion that it is
the *"Möglichkeit des Nicht-mehr-dasein-könnens."* (Heidegger 1927, 250)

What is at issue here is not a speculative rendering of what death itself
might *be*, but instead a possibility that belongs to *us*, as Dasein's *"eigenstes
Seinkönnen."* Each of us stands in the possibility, in other words, of acknowledg-
ing that central truth from which we so routinely turn away: death is *our own*.
Death is for Heidegger not something that happens to others; it is not about
dead bodies and what we do with them; it is about our own innermost possibility, nothing else. As is consistently the case in *Sein und Zeit*, the phenomenological has trumped the ontological. We are concerned not with a metaphysical
disclosure of what lies within death, but with the existential question of how we
live out the day-to-day possibility that existence itself may suddenly cease to be
possible. Death is the anxiety-inducing horror that we have to confront. Authenticity is the resolve to do one's best in the face of one's inevitable finitude.

The Heidegger of *Sein und Zeit* has taken his stand, then, with Achilles:
death can be faced with defiance, but this does not in any way mean that death
itself is something good. As the shade of Achilles told Odysseus, the life of the
lowliest servant on earth is better than anything Hades has to offer. But where
we think of Achilles, we also have to think of Socrates. While the Heidegger of
1927 would presumably have applauded this great philosophical anti-Achilles for
the resolve he showed in the face of death, he would never have countenanced
Socrates' strange suggestion that death cannot possibly "harm" the good man, a
thought that makes sense only to the degree that death itself is the Good. There
is a Gnostic potential in Platonism that Heidegger firmly rejects. In other words,
the Good for Heidegger is not death, but the World.[4] Being-in-the-world, regardless of the circumstances, is always better than being-in-death. As much as
we are to live *towards-death*, we are to resist acquiescing to death itself.

The *Beiträge* tell an interestingly different story. Given its tremendous com-
plexity, I refer the reader to a recent interpretation of the *Beiträge* by Christian
Müller that I find fully compelling.[5] The interpretation pivots on Heidegger's
cryptic remark that *"Das Seyn als das Er-eignis ist der Sieg des Unumgänglichen in
der Bezeugung des Gottes".*[6] If the *Unumgängliche* is what we cannot get around,
it is the same as what in *Sein und Zeit* was called the *Unüberholbare* – that which
is not to be "outstripped," that is to say, death. The *Unumgängliche* is the "un-
avoidable." And, precisely as such, it the place where the god shows himself. A

---

[4] Heidegger 1947.
[5] Christian Müller, 1999.
[6] Heidegger 1989, 228.

remarkable reversal occurs *at the hour of death*. For the first time the mantra "I am in control" does not simply change into the desperate plea "someone" (a physician perhaps) "should be in control." Instead, it gives way to surrender, the "letting go" that is simultaneously death and the appearance of what Heidegger so mysteriously calls "*der letzte Gott*." This appearance is itself understood as the ultimate liberation:

> Die *Verweigerung* als die Nähe des Unab-wendbaren macht das Da-*sein* zum Überwundenen, das will sagen: schlägt es nicht nieder, sondern reist es hinauf in die Gründung seiner Freiheit.[7]

That the un-avertable or *Unab-wendbare* is simply a new word for the *Unumgängliche* that is death should be clear enough – and is in any case made clear by the text's emphatic insistence that the moment of the passing of the last god only shows itself to "those who stand alone," as indeed *Sein und Zeit* maintains that each of us stands alone when faced with death. That our conquest by this god is liberation rather than *Niederschlag* appears, of course, to be little more than a hopeful assertion on Heidegger's part, but it can be verified – and repeatedly so – in the experience of philosophical thinking. For such thinking stands in complete contrast with the simple movement through the familiar that so often passes for thought. In philosophical thinking alone, where the mind is held in check by what it does not know, where it finds itself suspended in deep questioning, the possibility is given for that leap over into insight which is the immediate experience of life and freedom. And as thinking stands to the tense silence of one suspended in questioning, so life stands to the infinitely deeper silence that is death. In death, one experiences the source of life's freedom and vitality.

The thinker, then, is the one who see this long before the hour of death – and while still in company with others. Socrates knew that it was a god who had "placed him" in philosophy – and he knew as well that the god was inextricably bound to the fact of his, that is to say, Socrates' own mortality (after all, it was on the battlefield of Potidaea that his calling crystallized into the 24-hour stand of one who sees God);[8] Socrates knew all of this, just as he knew that his emphatic "not knowing" was not only relationship to death (the "not knowable"), but the disclosure of the god that resides at death's heart.

Just as Achilles was the hidden hero of *Sein und Zeit*, Socrates is the hidden hero of the *Beiträge*. "Examine your life" is an edict that arises from a place deeper than the anxious self, for it is the command of the last god that awakens the anxiety in the first place. *Sein und Zeit* calls this god the "Nothing." The *Beiträge* says of this nothing that it is "*die wesentliche Erzitterung des Seyns selbst und deshalb seiender als jegliches Seiende*".[9] There can be little mistaking that we are at that magical threshold where one's own desperate attempt at *Ent-wurf* gives way to *Zu-wurf*, where we are delivered into the mysterious play that we

---

[7] Heidegger 1989, 412.
[8] Platon, *Symposium*, 219d-220e.
[9] Heidegger 1989, 266.

ourselves do not play, the play that has nothing at its center. This is the turning within the self-concealing that breaks forth as *Er-eignis*. The stand I take in the *ownmost* possibility of my dying gives me what is my *own*. Authenticity is the gift of death; the resoluteness with which the authentic one takes his or her *stand* provides testimony of the eternal command and thereby the "*Bezeugung des Gottes*." This is not the universal command of reason, but its opposite: the command to open the self up to the fullness and utter uniqueness of the moment: the divinely eternal manifests itself through the *Augenblick* alone.

To speak of a turning within death is not to suggest the possibility that the soul might be immortal. Instead, it wants simply to disclose the concrete gift of mortality. When surrendering to death, one makes the discovery that death is something we can surrender ourselves into. It is in this discovery that death is transformed into the Good – and that God is granted life. To be mortal is to stand in the eternal, in the luminosity of the Nothing. The word that speaks is the word that is engulfed ... in silence. The Nothing is the Eternal, what is "*seiender als jegliches Seiende*." Thinking is the gift of that Nothing – given into and as *Augenblick*.

The last god – the god that is death – is the only true God; yet, precisely *as* the nothing of death, it is a god who depends fully on man for his being (so that turning way from death is the most insidious form of godlessness).[10] As the nothing, the eternal essence "is" only in and through the man or woman who comes into a thinking encounter with it. As such: one God but many demigods, many poets, many cultural awakenings – and *thereby* many gods. The collapse of the universal culture that is the end of history, the eventual death of Empire, will thus represent the re-emergence of cultural diversity breaking forth from new beginning.

This is the secret of the abyss revealed, the word that speaks from the heart of death itself. It is the positive vision that animated Heidegger's late philosophy and was first worked out in the *Beiträge*. As we shall see, Bernhard Welte appropriated this vision in the form of a revitalized Christianity, at the core of which stands a conception of God as person. Eugen Fink, on the other hand, is both more pagan and less pagan than the Christian mystic. His philosophy represents a universality that could possibly extend beyond the sectarian. Whereas Welte ultimately understood the Nothing as the mask of Divinity, Fink broke through to the essential insight: the Nothing is itself the Divine. It is yet so emphatically "nothing" that all Platonism falls away. All we are left with is the world – the mask of the Nothing, just as in death, the Nothing is the mask of the world.

---

[10] Heidegger 1989, 417.

II.

Welte's starting point is the recognition that religion, whether given by revelation or simply by tradition, has to be philosophically reconstructed, if it is to be understood. Regardless of its possible origin in divine revelation, religion is something that human beings experience and that human beings have to understand. While the starting point in experience seems to exclude the possibility of talking about God, hardly an object of experience, an opening can be found once one embraces, by way of the phenomenological reduction, a truly rigorous understanding of experience. Instead of embracing the natural standpoint by assuming that experience is directed towards objects locatable in space and time, one has to locate oneself within the show of appearances that experience itself is. One result of the reduction is jarring: I experience myself not only as turned toward this side of the room, but as turned *away from* what lies hidden behind my back. I experience, in the form of an absence, what I do not experience. This is the refutation of all positivism: the pursuit of a *Phänomenologie des Unscheinbaren*, as paradoxical as it is to logic, represents a genuine possibility.

Experiencing myself as here in a world, I simultaneously experience myself as not always having been here. The facts that register to science, "these are the things as they appear to the observer," must be supplemented by a much more basic fact:

> „Wir waren nicht immer da, und wir werden nicht immer dasein." (Welte 1978, 49)

Welte seizes on Heidegger's phenomenology of the hidden as a way to the God who hides himself from the world. Given that the Nothing is not the negation of beings (which for all we know could be infinitely distributed through endless time and endless space), it becomes clear that it is only phenomenologically accessible. The Nothing is negation not of beings, but of Dasein. It is not the world, it is we ourselves who have not always been here. It is we ourselves who will die.

While the negation of a material being would still leave something in its place (if only the empty space it once filled), the negation of Dasein leaves something more radical than empty time or empty space: it leaves nothing whatsoever, an abyssal nothing that, Welte shows, has all of the most basic characteristics of the Absolute. It is infinite, without bottom and without end. It is almighty. In the form of death it emerges as the victor over even the greatest empire or, for that matter, the largest galaxy. It is the absolutely unconditioned, for, where being is given, it is given as being's other. And, where being is not given, it is given as the sole and complete reality. Whether or not anything exists, the Nothing is always there. It is inescapable, as death is inescapable.

It is the other of Dasein not simply as the Nothing from which we came and the Nothing to which we return, for it is the *inner* Other,[11] ceaselessly at

---

[11] Vgl. ebd. 57.

work in time, and utterly engulfing whatever patch of space we happen to be peering into. Smaller than the smallest, larger than the largest, the Nothing is the eternal Alpha and Omega. The inevitability of its victory over us is what forces us to pose the question of meaning. That we always at the very least find meaning in our heroic defiance of a Nothing that wins in the end, that we act as if the distinction between good and evil were somehow still meaningful in a world in which both good and evil are ultimately claimed by one and the same abyss, in a word, that we go on with our lives at all, seems to indicate that the power of the Nothing supports us just as decisively as it ultimately obliterates us. Hidden within the Nothing is thus something profoundly positive. We were, after all, born out of it. All things came from it. The Nothing is indeed *"seiender als jegliches Seiende."*

What is paradoxical in the Nothing is that, despite and even because of its abyssal character, it is not simple negation but instead something that can be *felt*, *seen*, and *experienced*. Indeed, it *is* felt, seen, and experienced, even when the experience itself is set aside and looked away from. One experiences the abyss behind one's eyes, whether or not one permits this experience itself to be experienced. So too the abyss that engulfs one's life as a whole.

The awakening to the experience of the Nothing is itself always experienced as an *Anamnese*. When it induces anxiety (because we cling to the world), we discover that we have always already been anxious. When we awaken into it as Nirvana (because we have learned to let go of the world), we awaken to the discovery that we have always already been awakened. The experienced Nothing is thus not experienced as empty and fleeting, for the entire broad tension between heaven and hell is mysteriously imbedded within it. As the infinite and the all-powerful, the Nothing is *"kein leeres Nichts,"* but rather *"Verbergung oder verborgene Anwesenheit unendlicher und unbedingter und allem sinngebender und sinnverwahrender Macht."* (Ebd. 66) Lest one think, however, that Welte is hinting that the Nothing is a mask behind which lurks that other *being*, the being we call God, it is important to see that the positivity to which he refers belongs solely to the Nothing itself:

> „Der konkrete Widerspruch zwischen der Sinnvoraussetzung unseres Daseins und dem unausweichlich drohenden unendlichen Nichts läßt sich nur dann sinnvoll lösen, wenn geglaubt wird, daß das Nichts selber – und nicht etwas in ihm – die sich entziehende Anwesenheit der unendlichen Macht sei. Das Nichts ist selber eben als Nichts das Antlitz, d.h. die Weise des sich Zeigens oder der Phänomenalität der unendlichen Macht." (Ebd. 68)

As Welte is quick to point out, only the identification of God with the Nothing resolves the anxiety-inducing picture of a God who recognizes himself as the ground of the world, but then peers back behind himself to ask, "but where did I come from?"[12] Beings might be or not be. The Nothing alone is necessary, for

---

[12] Kant KrV, B 641/A 613.

there is Nothing if there are no beings – and yet again if there are beings, for, if there are beings, they are only to the degree that they stand forth from the Nothing that is their own beyond. The temporality of Being provides ongoing proof that the Nothing alone is absolute. Any God that is itself a being is a projection, an idol, a fantasy. But God beyond all being is as little a projection as death is a projection, for like death God is simply another word for the Nothing. Welte cites Thomas of Aquinas to the effect that God lies beyond every categorical determination of Being.[13] Good theology is only negative theology. And with this thought in mind, he goes on to show that Kant's refutation of the various proofs for the existence of God are valid only to the degree that they are directed against the misunderstanding that God is somehow a thing.

Whether or not Welte in the end falls into the same error, in his elaborate attempt to prove that God is a *person*,[14] is a question that has to be put to him. Even granted that everything must be contained in the origin that is unfolded in the phenomenon, it would still seem that subjectivity itself can come to life as personhood only under the condition of finitude: absolute subjectivity may contain all within it, but it would be an all so reduced to inner identity that it would be meaningless to speak of life and personality. Just as emphatically as absolute consciousness can be shown to serve as the condition of finite consciousness, the reverse remains true as well: pure subjectivity steps into consciousness only under the conditions of finitude. A subject devoid of attachment to any object whatsoever may well enough be regarded as having the potential to experience all things, but, thus unbound, it will experience nothing and indeed will be that nothing. It is tempting to "fill" the Nothing with the everything that flows out of it, but to do so leaves us with no reason for evoking a God beyond the World. Idolatry (the temptation to say we understand what we cannot possibly understand) is a snare that captures the best of us. It is this thought that brings us to Eugen Fink.

III.

Like Welte, Fink insists on a phenomenological approach to the Nothing. But whereas Welte understands the appearing nothing as the manifestation of an origin beyond all beings, Fink sees no reason to interpret it as anything beyond the world as such. Taken into its nothing, the world manifests itself as the *totality* of what is; but given the completeness with which the nothing withdraws itself, that same totality-constituting limit has to be understood as infinitely receding. Indeed, it is precisely the inexhaustibility of this movement that makes it impossible to disclose the totality as a determinate whole. As such, as *indeterminate* totality, the world is not a thing. It is not nothing in the sense that it is empty, but in the sense that it can never be filled. This inexhaustible moment

---

[13] Welte 1978, 102 f.
[14] Ebd. 115-132.

shows itself in the earthly and elemental. If Welte's beginning point is the standpoint of *Gelassenheit*, the confidence that the Good and the Nothing are one, Fink remains closer to the anxiety-ridden moments of Heidegger's earlier thought. Philosophy for him always remains first and foremost the ability to render questionable the seemingly self-evident.

But because things can be "rendered" questionable only to the degree that they *are* questionable, that is to say, they are rooted in the strangest of the strange, the utter uniqueness and hence unthinkability that is the world itself, philosophy requires courage, a *Gelassenheit* of an entirely different order, something strong enough to counter the human tendency to turn away from the worldhood of the world. This turning away from the world is accomplished either when one fixes one's attention on the things found within the world or when one attempts to explain the world by situating it within an origin that is essentially separate from it. The world is not situated within an *Urgrund*, instead the world itself is *Urgrund*: "*Schoß und Grab alles Vereinzelten.*" (Fink 1958, 155) The world is not *Vernunft*; it does not unfold as the inner movement of the One, whether this latter is understood as Being or as the Nothing. Instead, the world is Hades reaching toward Olympus, earth toward sky. Understanding can never engulf the world, for it has its beginnings always after the world is already there. The perspective here is closer to the Heidegger of *Sein und Zeit* than to the Heidegger of the *Beiträge*. One thinks of Achilles, for instance, when reading the closing words of Fink's *Sein, Wahrheit, Welt*:

> „Um die dunkle Dimension der Welt, die alles birgt, wissen wir vor allem aus dem Menschentod. Der Schatten des Todes entspring alle Innigkeit des Daseins in Freude und Leid; sein dunkler Glanz liegt auf dem Lager der Liebenden, auf Hammer und Sichel der Arbeiter, auf den Waffen der Krieger, auf den Kelchen der Priester – ja sogar auf dem simplen Schreibgerät der Denkenden, die nach der Weltweisheit trachten." (Ebd. 156)

Honest fear of sinking into the Nothing that is death has as its correlate human creativity, the attempt to defeat that nothing by wresting from it beings as they have never before appeared.[15] While for Welte such creative action would presumably require an endowment of divine grace, for Fink it is a question of work and resolve. In this way, Fink is the most modern of the three thinkers before us. As highly critical as he is of a technology (e.g. *Autobahn* construction) that is endless reiteration of the same, he nonetheless regards the drive to production itself as the most authentic possible response to the reality of mortality. Death is to be challenged, not embraced.

At the same time, Fink still approaches death with sympathy. In his *Metaphysik der Erziehung*, he seems to call for a reversal of Plato's cave allegory back into the mystery cult from which it arose. In other words, where Plato sought the final eradication of darkness, Fink recommends the wisdom of the cultic

---

[15] Vgl. Bruzina 2005, 278.

initiation into night.[16] With Nietzsche, he advises us to remain true to the earth. Indeed, forgetting itself has to be understood not as the opposite of knowing, but as the condition for the possibility for original insight. In an age drowning in an unending flood of *information*, Fink's invitation to creative forgetfulness (reminiscent of the Nietzsche of *Vom Nutzen und Nachteil der Historie für das Leben*) is of crucial importance for the contemporary philosophy of education, but for us it raises the question of whether Fink has not simply identified the Nothing with *origin*, in a way similar to what we have just seen in Welte. If he does so, it will be tempting to assimilate Fink's thought into the tradition of negative theology. Much the same issue has been set into play by Heidegger's remarkable invocation of the "last god."

IV.

Metaphysik und Tod (1969) represents Fink's most concerted attempt to free himself from the negative-theological reading of *me*-ontology. Even the Nothing in the form of death is not solely and completely the negation of all worldhood. Against Heidegger, Fink acknowledges the phenomenological significance of experiencing death through the death of other people.[17] Recognizing that death can be "falsified" through the modern funeral industry, he nonetheless affirms the importance of understanding the rituals of burial and cremation, of ancestor worship and of all of the ways in which human beings strive to remember the dead, and to incorporate the kingdom of the dead within their own lives.[18] He highlights the demonic *"Macht des Toten, der aus dem Reich der Lebenden, das ist aus dem Land der Unterschiede, der Grenzen und des Säglichen entschwunden ist."* (Ebd. 49) Fascinated by Heraclitus's identification of Dionysus with Hades, Fink repeatedly evokes the image of a *"Totenland"* that serves as the demonic power of history. With Hegel's reading of *Antigone* in mind, he locates that land of shadows within the darkness of earth itself:

> „Der Sinn der Bestattung ist die Rückbettung des Verstorbenen in das ein-
> fache Sein der Elemente." (Ebd. 166)

Nature lives on, the family lives on, and thereby the dead live on. In the face of death, the world continues to world. The *Urgrund* is ultimately the ground we walk on, the earth in which we bury our dead. The origin is nature, never to be abolished. Even so, as Bernhard Welte pointed out,[19] Fink cannot resist a last-page identification of the Nothing with the "Absolute Lord." (Fink 1969, 208) It

---

[16] Vgl. Fink 1970, 56.
[17] Vgl. Fink 1969, 36.
[18] Vgl. ebd. 38.
[19] Welte 1978, 56.

is a Gnostic concession[20] similar to the one he made at the very end of an earlier work, *Alles und Nichts: Ein Umweg zur Philosophie* (1959):

> „Als der Sterbliche weiß der Mensch um das absolute Nichts, aus dem alles aufgeht und darein alles vergeht, - weiß er in einer bebenden Spannung seines Geistes um Alles und Nichts. Die Welt ist nicht nur das weltweite Anwesen des Erscheinens, sie ist auch das UTOPIA, das Niemandsland des Nichts, auf das die Mysterien von Tod und Liebe deuten." (Ebd. 249)

Regardless of what "position" Fink seems ultimately to have taken in *Metaphysik und Tod* (is the Nothing an origin separable from the world or is it simply the elemental darkness of the earth itself?), the first thing to be remarked is that this is not a book about "positions." Quite the contrary, the mood throughout is that of astonished exasperation, signalled in the opening pages by a reflection on Cartesian certainty:

> „Die Selbstgewißheit unseres Seins hat einen unbedingten Vorrang vor jeder anderen Seinsgewißheit. Doch in diesem selbstgewissen, durch uns selbst vergewisserten Sein des Menschen haust zuinnerst gerade die Todesgewißheit." (Fink 1969, 19)

What we find when we think this through is indeed strange. We begin with the Cartesian premise that the only think I know with absolute certainty is that *I* exist. All other things exist then only *through me*. At the same time, I have every reason to believe that the world itself is infinite in time and space (for time and space are themselves infinite). The world that abides forever has its ground, nonetheless, in my own self-certainty.

And yet I will die. Because the universe exists only *for me*, it too will die. Life of course will go on. The world will always exist. Yet that very eternity will die in and with me. This is what simply does not make sense. As Parmenides discovered, the claim of reason is a simple one: Being is – and always is. The nothing cannot be.

And yet death will be. The Nothing will be. This does not make sense, but it belongs to my self-certainty, just as thoroughly as the fact that, for the moment, I myself exist. As Fink concludes:

> „der Menschentod stellt ein ontologisches Problem dar, welches mit den Denkmitteln und Kategorien, die wir auf die erscheinenden Dinge anwenden, nicht exponiert werden kann (...) Der Tod ist eine unheimliche Verlegenheit für die Metaphysik." (Ebd. 20)

When we look to appearances, we see that everything passes away – but by passing into something else. The ash of the sun becomes earth, the rock becomes dust, the burning log goes up in smoke. The living organism becomes a dead corpse. But here, something new has traversed. For the *life* in the living organism has simply vanished. And human beings take this to yet another level: they *know* they will die, they know they will vanish. If Kant was right in asserting that God

---

[20] For the charge that Fink was essentially a modern-day Gnostic, see Crowell 2001.

is thinkable but not knowable, Fink is also surely right when he asserts something stranger: death is knowable, but not thinkable.[21] The world will surely exist without me. And yet, *in me*, the world will vanish without a trace. And if there will be no trace of the world in death, there will also be no trace of death in the world. I may experience your death as a void in my heart – but I will never be able to show anyone a void left behind in the world. Where you once stood, someone else now stands.

What is remarkable in Fink's analysis is the degree to which he tries to keep this kind of observation from catapulting him into Gnostic considerations about what lies "beyond the world." Somehow the Nothing that stands in no perceivable relationship to the world must yet belong to the world (or the world must belong to *it*). The problem is how to think this without detaching the Nothing and making it over into an "origin." What Fink wants to avoid at all costs is the language of death and resurrection, a language which he wants to confine to the imagination, *"worin sich die spekulativen Träume ansiedeln."*[22] As he puts it: *"Philosophie ist keine orphische Möglichkeit."*[23] Here where Fink finds himself face to face with the strangest of the strange, where all scientific reasoning is effectively *silenced*, he makes his most concerted attempt to remain sober. The first demand death places upon us is that we resist the temptation to flee into illusion.

It is precisely at this juncture that Fink incorporates into his reflections on death the results of his earlier study on Kant, *Alles und Nichts*. What he had been intent on showing in that work was that Kant operated with a concept of totality that is indispensable for reason without being even a possible object of knowledge.[24] The totality, as transcendental ideal of reflection, is so decisively not a thing that Fink lets it collide with the concept of the Nothing. Indeed, this is the origin of his own crucial concept of the "world." As transcendental ideal, it plays a role not only in the philosophical critique of reason, but in human history:

> „Es ist … die Ursprungsdimension aller mannigfaltigen Ideale und Idole. Aus dem "Verhältnis" der Menschen zur 'omnitudo realitatis' entspringen geschichtlich die Leitbilder aller menschlichen Wege, der Wege der Völker und der Pfade der Einzelnen." (Ebd. 64)

Crucial for Fink's argument is the observation that Kant is able to *situate* his ideal only in the realm that opens up in death. We postulate the transcendental ideal in the hope that we will one day be happy. Because we cannot even the think the ideal as being realized within the world, we project it into the hereafter.

Fink follows the step without hesitation. Like Welte, he recognizes that life cannot be led without meaning – and that ultimate meaning can only be found in death. Where he criticizes Kant is in the latter's willingness (within the frame-

---

[21] Vgl. ebd. 187.
[22] Vgl. ebd. 56.
[23] Vgl. ebd. 57.
[24] Fink 1959, 83.

work of his practical philosophy) to identify his ideal with a personal God.[25] Fink's alternative seems identical with the Buddhist notion of *Sunyata*, the emptiness which, lived and realized, is *Nirvana*:

> „Wenn auch niemand, der lebt, das "Land der Toten" kennt, so wissen wir solches Nichtwissen. Wir spüren die große, unbekannte "Leere", die Zone des Abwesens, die geheimnisvoll alles Anwesende umfängt. Zu dieser rätselhaften und unbegreiflichen Dimension verhalten wir uns 'hoffend'"(Ebd. 73 f.).

His final conclusion can be directed as much against Welte as against Kant:

> „Was uns befremdet und ein Stein des Anstoßes für uns ist in der kantischen Postulatenlehre, ist nicht das "Hoffen" auf etwas, was in keiner Zeit und in keinem Raume ist, als vielmehr der un-kritische Gebrauch der Kategorie der Personalität bei der Auslegung dieser Hoffnung." (Ebd. 76)

The hope itself remains justified, in large part because *"diese dunkle, verschattete Dimension"* already lies at the ground of our experience, insofar as we live *"im stillen und doch unüberhörbaren Anruf ihres Schweigens."* To live out of this dimension is, however, never a given. To accomplish it we have to overcome that flight from the Nothing which has its highest instantiation in the history of metaphysics.

What follows in Fink's account is a long confrontation with Aristotle, Leibniz, and Hegel that is meant to show that metaphysics has no resources to bring to bear upon the question of death. Metaphysical reason is silenced in the face of death – and only in and through that silence does death discard its fearsome aspect. It is only at the end of his work that Fink approaches the turn that Heidegger made in the *Beiträge*:

> „Man kennt an Sterbenden den seltsamen Vorgang, daß sie nach hartem Todeskampf plötzlich bereit sind, sich loszulassen, das Ichsein nicht mehr zu verteidigen. Der Tod scheint die Maske des Grauens zu verlieren, seine zerstörende Macht gilt dem endlichen Selbst, er wandelt sich in den sanften Löser aus den Banden der Vereinzelung ... er wird zum Erlöser, der uns von Leid und Angst des Irdischen befreit, unsere Endlichkeit zerbricht und uns verströmen läßt." (Ebd.179)

Given that this is precisely the point where Heidegger, Welte, und Fink seem to be saying the same thing, the next step would be to consider the possibility of using this insight to form the basis for a philosophy of religion that could unite believer and non-believer alike, a philosophy that might even cut across the sectarian divisions that make religion such a problematic feature of human existence. To ignore this work is to pretend that death is not real – and that the religious impulse can simply be denied. But to deny religion is to deny death. The paradoxical consequence of the denial of death, however, is its final victory over

---

[25] Fink 1969, 69-79.

everything. As Fink observed, *"Bauen hat seine Gegenmöglichkeit im Bombardieren."* (Ebd. 133) For Heidegger, this is the problem of technology. The securing of life in *Gestell* is the dissolution of life into *Totengestell*. Superpower America is currently caught in this, the unsublatable dialectic of tragedy. It provides the most compelling proof that ontology necessarily culminates in *me*-ontology. For present purposes, this is all that can be said. Within a few short years of one another, Fink, Heidegger, and Welte each met his own death. Their conversation, to the degree that we make it our own, is all that remains.

Literature

Bruzina, Ronald (2005): *Die zweifache metaphysische Lücke im Kosmos: Eugen Fink und die philosophischen Hauptfragen einer Bildung*, in: Hilt/Annette/Nielsen, Cathrin (Hg.): *Bildung im technischen Zeitalter. Sein, Mensch und Welt nach Eugen Fink*, Freiburg/München, p. 266-289.

Crowell, Steven Galt (2001): *Gnostic Phenomenology. Eugen Fink and the Critique of Transcendental Reason*, in: *The New Yearbook for Phenomenology and Phenomenological Philosophy*, Seattle.

Fink, Eugen (1970): *Metaphysik der Erziehung im Weltverständnis von Platon und Aristoteles*, Frankfurt am Main.
– (1969): *Metaphysik und Tod*, Stuttgart.
– (1959): *Alles und Nichts: Ein Umweg zur Philosophie*, Den Haag.
– (1958): *Sein, Wahrheit, Welt: Vor-Fragen zum Problem des Phänomen-Begriffs*, Den Haag.

Heidegger, Martin (1989): *Beiträge zur Philosophie*, Frankfurt am Main.
– ([14]1977) (1927): *Sein und Zeit*, Tübingen .
– (1977a): *Vier Seminare*, Frankfurt am Main.
– (1947): *Platons Lehre von der Wahrheit*, Bern.

Kant, Immanuel ([3]1990): *Kritik der reinen Vernunft*, Hamburg.

Müller, Christian (1999): *Der Tod als Wandlungsmitte: Zur Frage nach Entscheidung, Tod und letztem Gott in Heidegger's „Beiträgen zur Philosophie"*, Berlin.

Platon (2000): *Symposion*, übers. und hg. v. B. Zehnpfennig, Hamburg.

Welte, Bernhard (1978): *Religionsphilosophie*, Freiburg/Basel/Wien.

„Ich bin kein Mensch, ich bin Dynamit."
Impulse des Elementalen für eine asubjektive Pädagogik

Anselm Böhmer

Dass Menschen sozial angelegt sind, dass die Älteren den Jüngeren und Jüngsten Fähigkeiten und Werte vermitteln, dass die Generationen einander in Solidarität und sozialem Ausgleich zugewandt sind – all dies sind Selbstverständlichkeiten unserer europäischen Kultur, die Politik, Pädagogik und soziale Sicherung über Jahrzehnte und z.T. Jahrhunderte hinweg bestimmt haben. Doch nicht erst seit Kurzem sind diese Selbstverständlichkeiten ihrer Doppelbödigkeit überführt worden. Gern noch werden sie in Festreden beteuert, doch sieht die erprobte Wirklichkeit allzu oft denn doch ganz anders aus: Der aus seinen sozialen Bezügen herausgelöste und deshalb lokal wie sozial mobile „Arbeitskraftunternehmer" (Voß 2004) bietet das Leitbild eines sich als Arbeitsgesellschaft verstehenden Gemeinwesens. Zudem wird der Wunsch, durch zeitlich optimierte und inhaltlich reduzierte Schul- wie Hochschulbildung zu möglichst schnell einsetzbaren Tauschgütern auf dem Markt für Arbeitskräfte und -plätze zu gelangen, gern für die Veränderungen in den Bildungsinstitutionen angeführt. Es zeigt sich ferner, dass Schulen nicht allein Pflanzstätten eines künftigen besseren Menschenbildes sind (Comenius), sondern auch die soziale Stratifizierung in westlichen Gesellschaften realisieren:

> „Indem das Unterrichtssystem [...] soziale Hierarchien zu schulischen Hierarchien erklärt, erfüllt es eine Legitimationsfunktion, die zur Perpetuierung der ‚sozialen Ordnung' immer notwendiger wird [...]." (Bourdieu 1973, 108)

Dies erscheint jedoch problematisch, insofern dabei demokratische Prozesse suggeriert werden:

> „Die objektiven Mechanismen, die es der herrschenden Klasse erlauben, das Monopol über die angesehensten schulischen Institutionen zu bewahren, [...] verbergen sich unter dem Mantel einer vollkommen demokratischen Ausleseverfahrens, das nur Verdienst und Talent gelten läßt [...]." (Ebd. 110)

Was liegt also näher, als angesichts dieser Risse im gesellschaftlichen Portrait des Menschen ihn bloß noch „wie am Meeresufer ein Gesicht im Sand" (Foucault 1995, 462) anzusehen – gerade noch sichtbar, gleich schon überschwemmt von den Dispositiven der Macht oder den Notwendigkeiten des Marktes? *Der Mensch* als Zentralfigur unseres Denkens ist etwas, das längst schon überwunden wurde, so will es scheinen.

Mit dem Eingangszitat aus Nietzsches *Ecce homo* (1997 II, 1152) wird im Folgenden dessen Kritik an der metaphysischen Anthropologie aufgegriffen, welche den Menschen mit seiner ‚klaren und distinkten' Selbstauffassung als zentrale Figur neuzeitlichen Denkens radikal in Frage stellt. Dabei möchte ich gerade diejenigen Aspekte berühren, die ich soeben mit Schlaglichtern der sozialen Verschiebungen angeleuchtet habe. Die Konsequenzen aus der Ablösung vom Menschenbild der Metaphysik werden anschließend hinsichtlich einer Pädagogik weitergeführt, die den Menschen nicht allein als zentrierte Subjektivität deutet. Es ist zu hoffen, damit der einen oder anderen Melodienfolge des eingangs angestimmten Abgesanges auf den Menschen eine neue Intonation verleihen und somit Auswege aus dem deklarierten Ende „des Menschen" als *Positum* der Anthropologie aufzeigen zu können. Dass damit freilich keine Rückkehr zum gewohnten anthropologischer Zentralismus denkbar ist, dafür stehen nicht zuletzt die drei Referenzautoren Nietzsche, Fink und Merleau-Ponty.

Zunächst jedoch sind zwei Bemerkungen vorauszuschicken:

Zum einen werden im Folgenden mit dem Begriff des *Elementalen* (vgl. Lévinas, 2002, 184 ff.) jene Erfahrungen beschrieben, die sich durch ihre Undurchdringlichkeit und schillernde Wechselhaftigkeit im Wahrnehmen von Dingen und menschlichen Phänomenen auszeichnen. Diese Erfahrungen verweisen auf das Milieu eigener Wahrnehmungen, das nicht durch technische Finalität, sondern durch die unverfügbare Offenheit des eigenen Weltaufenthaltes signiert ist. Bereits auf diese Weise wird deutlich, dass eine Philosophie der „Erde" (Nietzsche), der „panischen Grundphänomene" (Fink) und des „Fleisches der Welt" (Merleau-Ponty) nicht zu abschließend erhellenden Aussagen gelangen kann. Vielmehr wird es in den folgenden Überlegungen darum gehen, in kritischer Bezugnahme auf die drei durchaus unterschiedlichen Denker eine eigene Position zu formieren, die sich zwischen Undurchdringlichem und Vereinzelt-Erhelltem bewegt und die Kreuzung beider Perspektiven anthropologischer Selbstdeutung zum Ausgangspunkt eigenen Fragens nimmt, um so zu nachvollziehbaren Aussagen für die nur teilweise zu erhellende Selbstdeutung des Menschen zu gelangen.

Zum anderen ist unter methodischer Hinsicht darzulegen, dass die folgenden Gedankengänge entsprechend der Vorgaben für die in diesem Band versammelten Aufsätze an den drei Referenzautoren orientiert sind: Friedrich Nietzsche bietet die Ausgangsposition der Überlegungen. Er destruiert das traditionelle Menschenbild, das den Menschen Kraft seiner Vernunftbegabung zwischen einem Gott und dessen animalischen Geschöpfen einordnet. Eugen Fink hat diese Kritik aufgegriffen und hinsichtlich des Erscheinens von Dingen und Menschlichem fortgeführt. Seinem Denkweg werden sich die folgenden Ausführungen über weite Strecken anvertrauen, um so das Erscheinen aus dem Elementalen darzustellen. Schließlich hat Maurice Merleau-Ponty mit den Motiven seiner posthum veröffentlichten Philosophie (Merleau-Ponty 1986) einer Phänomenologie den Weg gebahnt, welche die Menschen und Dinge aus ihren Wechselbezügen versteht und damit das Elementale als ontologische Basis zur Sprache bringen kann. Vor dem – gestalttheoretisch verstandenen – Hintergrund seiner Begriffe und strukturellen Modelle möchte ich daher versuchen, die Bewegung einer Erscheinung aus dem Elementalen zu beschreiben. Dass darin eine

„Sprengkraft des Denkens" bisherige Auffassungen zerreißen könnte, ist mit Nietzsches Diktum bereits angedeutet – und soll den sich daran anschließenden Diskurs mit der nötigen Spannkraft versehen.

1. „Ich bin kein Mensch ..."

Nietzsche kritisiert die gängigen Positionen der metaphysischen Tradition (vgl. Fink 1965). Hinter allem Sichtbaren soll, so sagt diese Überlieferung, eine Maßgebende Größe liegen, die auch das Selbstverstehen des Menschen prägt.

Konkret wird die darin enthaltene Auffassung des Menschen als *animal rationale* von Nietzsche angegriffen. Jener Mensch, so heißt es traditionell, sei ein mit Vernunft begabtes Lebewesen. Mit seiner *ratio* verweise er auf den göttlichen Geist, dessen Abbild der Mensch auf diese Weise sei – eben als *imago dei*. Nietzsche kritisiert dies gleich in mehrfacher Hinsicht: Der Mensch ist nach seiner Auffassung nicht allein durch seine Vernunft bestimmt und er kann sich zudem nicht an einem obersten Wesen, einem *summum ens*, messen lassen. Mit diesen Auffassungen, so beanstandet Nietzsche weiter, wird nämlich die kreative Entwurfsstruktur des Menschen verdeckt. Der Mensch selber entwirft nach diesem Metaphysik-kritischen Verständnis seine Werte und sein Selbstbild – und verdeckt sich durch das Maßnehmen am vermeintlich Anderen, eben dem konstruierten Gott, seine eigene Kreativität.

Ferner verwirft Nietzsche den philosophischen Ansatz beim Denken des Seins. Ein Denken, das sich nur mit der Statik des Seins als So-und-nicht-Anderes befasst, übersieht die Dynamik, welche in allem Seienden zu finden ist. Hierbei sind nicht allein die Veränderungen von Dingen in Raum und Zeit zu sehen, sondern weiter noch die ontologische Dynamik von Werden und Vergehen. Damit kann auch der Mensch nicht allein auf ein So-und-nicht-anders seines statischen Hierseins festgelegt werden, das sich dann im Sinne einer Lichtmetaphysik klar und bestimmt ausleuchten, verstehen und z.B. in pädagogischen Interaktionen anzielen ließe.

Ein solcher Mensch will Nietzsche nicht sein – so ist das Eingangszitat zu deuten. Er will sich und die Menschen allgemein nicht allein als Vernunftbegabte und durch das Licht einer vernünftigen Aufklärung zu Erleuchtende verstehen. Zu sehr sind die leibhafte Existenz und mehrdeutige Selbsterfahrungen (etwa in Spielen, Sehnen, Schmerzen u.a.m.) einer anderen, dunklen und undurchdringlichen Erfahrung verpflichtet.

2. „... ich bin Dynamit."

Nietzsche sprengt die traditionellen Selbstdeutungen des *animal rationale*, des *imago dei* und der ontologischen Statik. So appelliert sein Zarathustra:

„Ich beschwöre euch, meine Brüder, *bleibt der Erde treu* und glaubt denen nicht, welche euch von überirdischen Hoffnungen reden!" (Nietzsche 1997 II, 280)

Anstelle einer über der Immanenz von Welt schwebenden Vertröstungsinstanz des Jenseitigen sucht Nietzsche in der Erde als Ausdruck für die Diesseitigkeit wie Undurchschaubarkeit der Welt den maßgeblichen Bezug des Menschen. Dabei wird von ihm jedoch nicht einfach der Maßstab des jenseitigen Gottes auf eine diesseitige Weltlichkeit des Menschen umgebogen.

Vielmehr gilt mit Fink:

„Das Selbstsein ist kein fixes Sichselbstbewahren und Sichselbstfesthalten, – es ist spielende, sich selbst übersteigende Bewegung. Die Selbstsucht des Schaffenden hat nicht den Charakter des kleinen und niedrigen Egoismus, sie ist reines Sichverschwenden." (Fink 1992, 73)

In der humanen Kreativität „erspielt sich" also der Mensch nach der Auffassung Nietzsches und hat dabei Anteil an einer undurchdringlichen und nicht sichtbar werdenden Sphäre des Werdens ebenso wie an der durchschaubar-verständlichen Sphäre des Gewordenen – somit also des Elementalen, aus dem im Schaffen des tätigen Menschen Humanes und Produkte zum Erscheinen kommen. Mit den Worten Eugen Finks lässt sich dieses menschliche Selbstverstehen als *ens cosmologicum* fassen, als dieser Weltbewegung des Erscheinens aus dem Undurchdringlichen (Fink: πᾶν) heraus und in die Überschaubarkeit des Vereinzelten hinein verpflichtetes und ihr verbundenes Wesen.

Damit ist der Mensch als von eigenen Wert- und Selbstentwürfen bestimmt aufzufassen. Indem er also sich und seinen Wertekanon selber schafft und so ins Sein – zur Geltung – bringt, hat er Anteil am Weltspiel von Werden und Vergehen, an der kosmischen Dynamik von Abgründig-Panischem und Gelichtetem – eben dem Elementalem. Er tritt damit heraus aus der vorgegebenen Ordnung des *summum ens* und gibt sich selber seine Ordnung. Diese Ordnung ist freilich keine statische ... dies zeigt bereits ein Blick in die Geschichte der Weltdeutungen und Menschenbilder, dies ist aber auch aus dem Spielcharakter dieses Entwerfens (und Verwerfens) abzuleiten.

„Der Mensch – als Spieler – existiert weltoffen dann gerade am meisten, wenn er alle Maßstäbe verabschiedet und sich ins Grenzenlose hinaushält." (Fink 1960, 242)

„Maßgeblich" – um dieses metaphysisch belastete Wort in einem gewandelten Sinn zu verwenden – ist nun keine außer- und oberhalb des Menschen liegende Instanz mehr, sondern die Mensch und Welt gleichermaßen innewohnende κίνησις der Veränderungen von Menschen und Dingen. Damit wäre der Option für die ‚Identität von Mensch und Welt' des Deutschen Idealismus nun unter gewandelten Vorbedingungen wieder zuzustimmen: Welt wie Mensch sind durch die Dynamik des Elementalen gleichermaßen bestimmt und entsprechen somit einander. Das Maß des Menschen ist also nunmehr der Mensch selber – als seine eigene Kreativität, die der elementalen Struktur von Mensch wie Welt entstammt.

Daraus resultiert, dass im Menschen die elementale Kreuzung von Kinetischem und dem *nunc stans* der menschlich erfahrenen Dinge leibhaftig wird. Auf diese Weise ist die „Intimität mit den Dingen" (vgl. Stieve 2003) von Seiten des Menschen möglich in der Unmittelbarkeit seines Weltaufenthaltes, welcher die kreative Dynamik seiner eigenen Entwicklung und diejenige der Ding-Konstitution aus der elementalen Struktur von Welt miteinander verbindet. Das Chiasma von Mensch und Ding wird geflochten aus den elementalen Strukturen von Welt, die beide prägen und ermöglichen.

Damit wird die in der Metaphysik aufgeworfene Alternative von „Sein oder Schein" umgeformt. Denn es geht nun nicht darum, gegen allen vermeintlichen und labilen An-Schein eines Sachverhaltes das Sein einer verlässlichen Gestalt zu stellen. Vielmehr wird nun der Prozess des Zum-Vor-Schein-Kommens des Seienden als elementaler Prozess der Statik einer Ontologie des Immer-Selben entgegen gestellt.

Somit möchte ich das Elementale wie folgt umschreiben: Es ist die κίνησις, die Bewegung des Werdens von Seiendem, die im Zwischenraum von Welt die Trennung von All-Einem und Vereinzeltem unterläuft. In der Herakliteischen Philosophie wird die erstgenannte Sphäre als das Ur-Eine, das ἕν bezeichnet, das alles Vereinzelte erst aus sich entlässt. Dazu sagt Eugen Fink:

> „Ich denke das ἕν als das Eine, das das Viele im Sinne der πάντα aufgehen läßt, aber auch wieder zurücknimmt." (Heidegger/Fink 1970, 175)

Als „Spiel" dieses ungelichteten Welt-Bereiches mit dem gelichteten, in dessen Verlauf lichthaft Seiendes entworfen und wieder zurück genommen wird, entzieht sich das Elementale an der Schwelle von abgründig Undurchschaubarem und Vereinzeltem der Vielfalt ontischer Unterschiede – es kann eher dunkel geahnt als ausdifferenziert verstanden werden.

> „Dieses dunkle Verstehen ist keine Weise des abständigen Verstehens, sondern ein inständiges Verstehen, was auf der ontischen Nähe beruht, aber keinen ontologischen Reichtum aufweist." (Ebd. 231)

Das Elementale verstehe ich im Zuge dieser Überlegungen als Dimension des spielerischen Entwerfens von weltlich Seiendem, das sich in Menschen und Dingen gerade als Entzogenes artikuliert. Es zeigt sich selber nicht in den Phänomenen, ist aber als deren „ursprüngliche Schwelle zwischen Nichts und Etwas" kenntlich. Dabei schillert es immer wieder unter dem fixierenden Blick metaphysischer Feststellung.

Die so hervorgerufene Fraglichkeit des Dinges in seiner stets neu changierenden Vieldeutigkeit eröffnet die Fraglichkeit für den Sinn des Seienden und allen Seins. Fraglichkeiten, die aufgrund des Verlustes metaphysischer Grundlegungen keine Antwort im Repertoire der europäischen Tradition finden können.

Im Menschen nun wird die Fraglichkeit des Elementalen reflexiv – freilich ohne den Menschen in sich selbst modern-subjekttheoretisch zu verschließen (vgl. Schaller 2006, 65). Vielmehr bekommt das Elementale im leibhaftig und denkend existierenden Menschen Resonanz für sich selbst. In dem aus Elementalem Gewordenen wird die Ahnung einer tiefen All-Einheit virulent, die mit Worten bloß umschrieben werden kann, aber in einer kaum einholbaren existenziellen Tiefe den Menschen, der solches erlebt, für die Vertikalität von Welt öffnet. Auch was auf Seiten der Dinge hinsichtlich seiner Herkunft vom Menschen befragt wird, verweist auf seine elementale Bildung, wenn deutlich wird, wie Ding-Konstitution durch die Variation der phänomenologischen Einstellung sichtbar wird. Denn in aller Variation des sich Zeigenden verbleibt ein unklarer Rest, ein Refugium des Unbestimmten, das sich so als Artikulation des Entzugs deuten lässt. Dinge wie Menschen sind so in aller Fraglichkeit vom Elementalen geformt – daraus lassen sich nun verschiedene Aspekte ableiten:

Zunächst zeigt sich das Elementale als das „Fleisch" der Welt (vgl. Merleau-Ponty 1986, 183 ff.) als Entzogenes gerade im Erscheinenden. Darin ist die Ambiguität der Phänomene stets gegeben – wegen ihres elementalen Wechselspiels, welches den panischen Abgrund und die Lichtung miteinander kreuzt, zeigen sie sich nie in absoluter Eindeutigkeit. Die Dinge bleiben uns fraglich.

Erscheinen ist somit die situative Formation aus dem Fluss des Elementalen heraus. Darin ist die Liquidation alles Seienden, insofern es per statischer Identität gedacht wird, plausibel nachvollziehbar; Identität ist nur denkbar als „Ewige Wiederkehr" des in gleicher Maßlosigkeit Veränderbaren. Denn solche festgestellte Einheit von Sein und Erscheinen wird nur situativ; neue Situationen mit veränderten Konstellationen der sich kreuzenden Sphären ergeben auch neue Schwellen des Elementalen, die wiederum neue Einheiten von Sein und konkretisiertem Erscheinen ergeben.

Die ‚Weltoffenheit des Menschen' (vgl. Fink 1985, 94) ist nunmehr zu verstehen als menschlicher Bezug zur Herkunft seiner selbst, der Anderen und der Dinge aus dem Elementalen. Die Dynamik im menschlichen Selbsterleben (z.B. in den Emotionen, in Selbstzweifeln u.a.m.) lässt sich im Zuge dessen interpretieren als Widerhall der weltlichen Haltlosigkeit wie der Erscheinungsbewegung. Auf diese Weise kommen Welt und ihre elementale Struktur im Menschen zu sich selbst – dies ist auf phänomenologisch gewandelte Weise unter der „untrennbaren Einheit von Mensch und Welt" (Kangrga 2004, 321) des Deutschen Idealismus zu verstehen. Dabei ist Coexistenz das Abbild elementaler κίνησις, die sich wie das Wechselspiel von Aufgehen und Untergehen als Dualität darstellt. Eugen Fink hat dies u.a. auch anhand der Geschlechtertypologie diskutiert (vgl. Böhmer 2002, 104 ff.).

Die Selbstsetzung des Ich und die Setzung der Dinge geschehen vor diesem Hintergrund durch dieselbe Formierung innerhalb elementaler Dynamik. Unter dieser strukturell-genetischen Perspektive ist „mein Fleisch" nun nicht nur das eigene, sondern auch das der Welt, der Dinge und der Anderen, da alle in derselben Abgründigkeit ihren Ursprung nehmen. Was also „mein" ist, ist zugleich signiert durch die Züge dessen, was den und die Anderen sein lässt, – die Schwelle von Elementalität. Einen exklusiv gegebenen Besitzstand des Empfindens,

Wahrnehmens und Wissens kann das Ich mit dieser Konzeption nicht mehr länger beanspruchen. Denn das Elementale als die Kreuzung von Panischem und Vereinzeltem menschlicher Existenz macht die Bruchkante des Selbstbewusstseins im *Humanum* kenntlich. Somit wird der Fragehorizont der eigenen Existenz durch den Anderen ausgespannt, am Anderen seiner selbst wird sich das Selbst fraglich. Denn es erlebt sich dem Fremden – in der Struktur des elemental Gekreuzten – unter Umständen näher als den eigenen rationalen und differenzierend auf Abstand gehaltenen Bildern von sich selbst. Somit ließe sich Nietzsches Diktum weiterführen: *Ich bin kein statisch-abgeschlossener Mensch, ich bin das Wesen der aufgesprengten Seinsstruktur – der Coexistenz in Welt.*

Außer dieser Entpersönlichung im Innersten des Selbsterlebens ist ferner ein fremder Einbruch von außen möglich (Merleau-Ponty 1966, 166) – oder sollte man angesichts der ohnehin fehlenden absoluten Abgrenzungen gegen ein Außen den „Einbruch" in das offene Selbst durch die „Diffusion" des Fremden in das Selbst ersetzen? Wie auch immer: Somit lässt sich das Selbst jedenfalls nicht länger als Zentralorgan subjektivierter Herrschaftsansprüche ermächtigen, es ist vielmehr der Abgrund des Nicht-Seins im Untergrund einzelner Gedanken (vgl. ebd. 455) und wird darin zum Ort des elementalen Entzugs. Somit werden das Subjekt und insbesondere die Vernunft auch in ihrem Umgang mit den Dingen dezentriert: Sie verfügen zum einen nicht mehr über einen zentralen Zugriff auf das sich in seiner jeweiligen Gestalt zeigende Ding, zum anderen kommen sie aber im Zuge der Wahrnehmung auch zu derjenigen Form von Selbstwahrnehmung, die sich nun nicht mehr zentralistisch interpretieren lässt. Solche Dezentrierung ist dabei aber nicht Nichtung (vgl. Merleau-Ponty 1986, 248), sondern Transformation: Anstelle einer Nichtung von Vernunft und subjektiv zentrierter Erkenntnis kommt hier die Umformung zu einer polymorphen Vernunft (der rationalen ebenso wie einer leibhaftigen oder historisch-kulturalen) und einer lateralen, episodischen und an die Tiefenbohrungen einer ‚dritten Dimension' des Erscheinens zwischen Ich und Anderem gebundenen Wahrnehmung.

Erschließt sich auf diese Weise die horizontale wie vertikale Phänomenalität der Phänomene, so verweist sie damit auf die Praxis der Menschen, die als intentionale stets auf die erscheinenden Dinge bezogen ist (vgl. Schaller 2006, 67 f.) und somit menschliches Handeln in den Horizont des Erscheinens stellt. Dieser Horizont des Erscheinens wird durch Elementales eröffnet, gründet die praktische *Humanitas* im Elementalen und verflicht die elemental verfassten Menschen und Dinge miteinander. Elementalität als anonyme Dynamik und Praxis als humane verweisen wechselseitig aufeinander und zeigen so die Gründung von Menschlichkeit in der Namen- wie Gestaltlosigkeit.

3. Impulse des Elementalen für eine asubjektive Pädagogik

Mit Nietzsches Zarathustra, Finks diesbezüglicher Rezeption und Merleau-Pontys Phänomenologie als Hintergrundfolie wird ein menschlicher Selbstumgang – etwa in der Pädagogik oder der Politik – denkbar, der Spielräume für Selbst- und Wertentwürfe eröffnet, in denen die Brüche des zentrierten Selbstentwurfes, der modernen „Subjektivität", kreativ umgestaltet werden können. Damit ist nicht allein das neuzeitliche Projekt der aufklärenden Vernunft in die Schranken von deren lediglich teilweiser Erkenntnisfähigkeit zu verweisen. Denn die Prozesse des Elementalen lassen sich nicht mehr gänzlich mit dem *lumen naturale* menschlicher Vernunft ausleuchten. Vielmehr kann die Polymorphie von Menschen und Dingen Anlass geben, sich und Anderes auf neue Weise zu sehen – und ein solches gewandeltes Sehen des Gegenübers auch jeweils mitzuvollziehen. Mit einer veränderten Perspektive ist dann auch eine veränderte Praxis des menschlichen Selbstumganges möglich und *vice versa*, wie im Folgenden dargelegt werden soll.

Wenn nun den Begriff der *Asubjektivität* eingeführt wird, so ist dies durch die bisherige Diskurslinie der drei Referenzautoren motiviert. Denn Nietzsche, Fink und Merleau-Ponty fragen jeweils auf ihre Weise nach der zentrierten Selbstdeutung des Menschen – eben der Subjektivität – und möglichen Auswegen aus dieser von ihnen als Verkürzung und Verkennung des Menschen aufgefassten Selbstdeutung. Die Grenzen der Subjektivität aufzuzeigen und kreativ zu überschreiten, war *Movens* des Philosophierens aller drei.

Daher soll nachgerade der Transformation von Subjektivität mit dem Begriff Asubjektivität Ausdruck verliehen werden. Konkret wird hier für eine Interpretation der Asubjektivität im Sinne von Merleau-Pontys Spätphilosophie (vgl. Merleau-Ponty 1986) plädiert. Damit ließe sich das Erscheinende als Flechtwerk von Menschen und Dingen aufgrund ihrer gleichen ontologischen Entworfenheit denken – humane und dingliche Strukturen können sich kreuzen, weil sie derselben „Struktur, von der die Dinge sind," entstammen – der Virulenz des Elementalen. Diese elementale Selbigkeit und ihr Widerhall im menschlichen Erleben werden im vorliegenden Text als Struktur der Asubjektivität verstanden. Die asubjektive Perspektive des Menschen eröffnet nun einen Blick auf die und ein Verständnis von den Kreuzungen zwischen Menschen und Dingen, von *Humanum* und Welt.

In rationalen Subjektivitäten lassen sich Brüche erkennen, die angesichts sozialer, kultureller und anderer Vorgaben als Differenzen bezüglich der Normalitäten bezeichnet werden können. Dies mögen Phänomene sein, die auf unterschiedliche Weise die Kohärenz der Normalität zerbrechen: Unverständnis oder Missverstehen, aber auch Verliebtsein, Euphorie, Melancholie und viele mehr. In allen diesen Phänomenen zeigt sich, dass angesichts der elementalen Schwelle zur Subjektivität und deren vernunftförmiger Interpretation der „Weg hinauf und hinab derselbe" (Heraklit) ist – nämlich das Werden aus dem Abgründigen und das Untergehen des Gewordenen in die Formlosigkeit desselben. Menschliches Leben ist also nicht nur in den normalen, sondern besonders auch in den von der Normalität dissoziierten Bezügen zu sehen, wenn man es in größtmöglicher Weite in den Blick bekommen möchte. Insofern dürfte es für die Wissenschaften vom Menschen von Interesse sein, diese Auswege aus der normierten wie normierenden Wirklichkeit aufzuspüren, zu untersuchen und in ihrer (bildenden, therapeutischen oder emanzipatorischen) Bedeutung darzustellen.

Mithin lassen sich eine Vielzahl von Impulsen des Elementalen für eine a-subjektive Pädagogik kennzeichnen:

Vor dem Hintergrund seiner elementalen Herkunft ist der Mensch zu verstehen als Gemenge von situierten Subjektivitäten sowie kinetischer und damit unfassbarer Asubjektivität. Eine solche asubjektive Einstellung zu Menschen und Dingen bietet Haltepunkte zum Weltverstehen und zugleich Abstoßpunkte zum eigen-mächtigen Weltentwerfen. Haltepunkte zum Verstehen von Welt zeigen sich an denjenigen Stellen, die in der zuvor geschilderten Weise die „Vertrautheit mit dem Anderen" noch vor aller rationalen Vergewisserung erkennen lassen und darin eine Konsistenz des gemeinsamen Weltaufenthaltes zeigen. Andererseits wird das kreative Selbstgestalten des Weltentwurfes dann nötig, wenn situierte Vertrautheiten durch Befremden und Grenzziehung zum vormals Vertrauten brüchig werden. Hier wird der Fluchtweg aus dem Nichtverstehen von Welt und Dingen zur Bewährungsprobe einer Entwurfsstruktur des Menschen, die dem Ding-bezogenen Chiasma des Elementalen die existenziale Kreuzung von Unvertraut-Gewordenem und Neu-Werdendem zur Seite stellt. Das Finksche Konzept des *ens cosmologicum* muss seine Feuerprobe mithin angesichts des sich eröffnenden Sinnverlustes durch das Projekt eines neuen, Sinn ankündigenden Weltbildes bestehen.

Der Mensch ist mit dem Binnenweltlichen auf elementale Weise gekreuzt. Denn beide sind situiert in demselben Milieu ihrer Begegnung, beide lassen sich erkennen als verortet zwischen dem Nichts des panischen Abgrundes und dem uneingeschränkt aufklärbaren Raum der Vereinzelung. Somit zeigt sich das Elementale als Zwischenraum nun nicht nur in der kosmologischen Vertikale von Nichts und Vereinzeltem, sondern auch in der Horizontalen alles in derselben Strukturanalogie Geworden-Vereinzelten. Aufgrund dieses Chiasmas entsteht eine ethische Haltung des Respekts vor dem Weltlichen. Werte liegen nicht im Jenseits von Welt, sondern werden verwirklicht im selben Areal des Erscheinens aus der Gemeinsamkeit des Elementalen.

Eugen Finks „Beratungsgemeinschaft" (Fink 1970, 194 ff.) und Jan Patočkas „Einheit der Erschütterten" (Patočka 1988, 67) lassen sich interpretieren als wechselseitige Sympathie der gemeinsam mit den Erschütterungen ihres Daseins Konfrontierten. Diese gemeinsame existenzielle Situation vermittelt die Solidarität einer existentiellen Lerngemeinschaft, die jegliche institutionelle Organisation des Lernens unterläuft. Denn noch vor jeglicher positiver Setzung methodisch-didaktischer Abkommen über die verbindliche Gestaltung von Lehr-Lern-Prozessen, welche für alle Beteiligten zu gelten habe, erfahren sich hier die Menschen *qua* eigener Situation als verbunden mit dem und der Anderen: Beide finden sich in derselben Zwischensphäre zwischen sinnleerer Bodenlosigkeit und unverbrüchlicher Sinngewissheit, beide erleben sich zur „Response" (Waldenfels) herausgefordert, noch bevor eine rationale Analyse deren Notwendigkeit zu begründen vermag – und beide gelangen so in eine Herausforderung, die sich beiden aufdrängt und noch vor aller Selbstgewissheit nach Antworten verlangt.

Denkt man die ethische Einstellung des Respekts und die vor-institutionelle Lerngemeinschaft zusammen, ergibt sich die pädagogische Aufgabe der Einübung in die Unterscheidung von Möglichkeiten zur Gestaltung („respektvoller Umgang") und zur pathischen Annahme („Einheit der Erschütterten") eines Sachverhaltes. Somit ist der menschliche Ausgang aus dem selbstverschuldeten Handlungszwang gegeben – Menschen sind nicht nur durch ihre Selbsttätigkeit (Fichte), sondern zugleich durch ihre Duldsamkeit des (noch) nicht Änderbaren bestimmt.

Neben der pädagogischen Vermittlungsaufgabe der Unterscheidung lassen sich weitere humane Einstellungen als Impulse des Elementalen für eine asubjektive Pädagogik beschreiben. Die praktische Aufgabe der Pädagogik kann dann in der Einübung solcher Einstellungen gesehen werden:

Ausdauer wird entscheidend für die gemeinsame Bearbeitung einer Notlage, die nicht mit bekannten Mitteln und auf gewohnten Wegen behoben werden kann.

Die *Vergemeinschaftung von Wissen* dient der Bearbeitung von Problemen, die nicht bloß durch die Fülle des Wissens im Team bearbeitet werden müssen, sondern auch aufgrund der gemeinsamen Machtlosigkeit nun die Solidarität der Wissenden einfordern.

Geduld hat die Gestaltung einer Situation zum Ziel, welche sich noch nicht ändern und den humanen Ansprüchen gemäß ausgestalten lässt – sollte sich aber aus der Situation von Machtlosigkeit einmal ein machtvoller Ausweg zeigen, kann er mit Hilfe dieser Einstellung transformiert werden.

Die Befähigung zu *Selbstentwurf und -verwerfung* bildet den kontinuierlichen Prozess einer Ausgestaltung situativer Formen des Ich. Dabei sind altersgemäße Schwerpunkte zu berücksichtigen. Gerade das Kind hat seine Eigenheiten, die es zu berücksichtigen gilt. Insbesondere sind seine Zeit und seine Geschwindigkeit durch eine laterale und präanalytische Teilnahme gekennzeichnet (vgl. Merleau-Ponty 1986, 260 f.). So ist es auch verständlich, eine eigene Logik (und nicht bloß Unverständnis) beim Kind anzusetzen (vgl. Merleau-Ponty 1994, 191 f.), eine Logik, die als stolpernde geordnet wird durch den Wunsch, zu verstehen (ebd. 98). Dieser konstruktive Wunsch sollte nicht durch die genannte Verwerfung des aktuellen Selbst daran gehindert werden, die eigene Gestalt zunächst einmal auszubilden. Insofern entspricht der Einstellung zu Selbstentwurf und -verwerfung bei den Lernenden die Einstellung der *Unterscheidung von prozessual Gebotenem und Unzeitgemäßem* auf Seiten der Lehrenden.

Zudem gilt: Im Unterschied zum erwachsenen Weltbezug, der durch Perspektive die Welt beherrscht (vgl. Merleau-Ponty 2003, 127), ist das Kind mit seinem Polymorphismus und Synkretismus der Ontologie fleischlicher Weltlichkeit näher. Es ist somit notwendiges Korrektiv für eine einseitige und zugleich über-vernünftige Erwachsenen-Ordnung.

Empfänglichkeit für die Dinge in ihrer Situation als letzte der hier vorzustellenden Haltungen entspricht einer Einstellung, die den Umgang mit dem elemental gebildeten Phänomen in Offenheit gestaltet.

Anstelle des Nietzscheanischen „Willens zur Macht" als subjektivem Zwang zur Setzung von Ich und Dingen (vgl. Fink 1965, 171) ist nunmehr ein „Wille zur Differenzierung" von Macht und Ohnmacht pädagogische Notwendigkeit. In der elementalen Dynamik panischer Liquidierung und ontischer Setzung kommt für den Menschen situiert zur Erscheinung, was ist, und durch den Menschen selbst, wie er sich dazu verhalten kann.

Damit wandelt sich Pädagogik: Pädagogisches Handeln als vormals „technologische Supplemetierung" (Wimmer 1994, 134) des modernen Menschen wird nun nicht mehr mit strategischen Zielen oder vermeinten Notwendigkeiten zur erfolgreicheren Lebensfristung maskiert – nach der Devise: „Diese Erziehung mag dir hart erscheinen, doch nur so wirst du wirklich fit für's Leben!" Auch das Erstreben einer „'gelungenen' Ich-Identität als eingeschlossene Differenz von Ich und Anderem" (ebd. 136) kann sehr viel mehr als Versuch eines ‚gelingenden Gewaltverhältnisses' über die asubjektiv-entzogene Humanität überführt werden.

> „Autonomie als Selbstbeherrschung im Sinne ungebrochener Selbstpräsenz
> und -transparenz ist unmöglich und schlägt immer in Herrschaft über andere um, wie nicht nur die Psychoanalyse gezeigt hat" (ebd. verweist auf
> Meyer-Drawe).

Statt dessen wird nun die „Wende [...] in das Dunkel der Nacht" (Schaller 2006, 73), in das Dunkel des elemental Entzogenen zur Perspektive einer asubjektiven Pädagogik. Sie versucht nicht mehr, Authentizität zu erzwingen, wo nur Bruchlinien der Identität zu finden sind. Nunmehr wird eine asubjektive Pädagogik in der ‚Solidarität der Erschütterten' v.a. dadurch bestimmt, dass sie Gelegenheiten bietet, die eigene Existenz in ihrer elementalen Strukturiertheit zu berühren (auf das aktiv-passive Selbstverhältnis dieser Selbstberührung hat bereits Merleau-Ponty verwiesen; vgl. ders. 1966). Dazu bedarf es nicht definierter Lehrplanungen und prognostizierbarer Lernziele, sondern der Offenheit von Pädagoginnen und Pädagogen, sich auf die Sprengkraft der asubjektiven Dynamik in Kindern und Jugendlichen einzulassen: Das Ungewohnte und Fremde, das Schillernde und Verborgene wecken oft mehr Interesse und Lerneifer als manche methodisch-didaktische Nachstellung von Wirklichkeit im Laboratorium der Lehranstalten.

Mithin erhält asubjektive Pädagogik Dank der Impulse aus dem Nachdenken über das Elementale eine andere Wendung als manche gängige Auffassung von Erziehung und Bildung. Nunmehr findet die Kreuzung von Mensch und Welt ihre Resonanz im erzieherisch-bildenden Umgang der Menschen – angesichts der Sprengung von ehemals selbstherrlichen Abschottungen einer sich stabil gerierenden Subjektivität dringen nun die Wogen der in Welt begegnenden Anderen in das Ich ein und fordern es zu seiner eigenen Antwort auf die jeweilige Situation heraus. Dies gilt nicht nur für die Lernenden, die ihre neuen Erfahrungen sammeln und dabei oft genug sich und ihr Weltbild transformieren müssen. Auch die Lehrtätigkeit wird zur stetigen Herausforderung:

> „Der Lehrende kann sich nie auf übersituative Schemata berufen, sondern ist mit einer Vielzahl von Rationalitäten konfrontiert, die sich nicht hierarchisierend anordnen lassen. Seine eigene Erfahrungsgeschichte durchkreuzt sich (Chiasma) mit der der Lernenden, obgleich die Schwierigkeiten, gemeinsame Erfahrungsknoten zu finden, groß sind." (Meyer-Drawe 2001, 243)

Damit ist nicht nur die herrschaftliche Selbstgewissheit verloren, sondern auch der in Folge dessen entworfene *Sinn* von Mensch und Welt – als eines der modernen Leitbilder zur Selbstvergewisserung von Subjektivität – verflüchtigt sich unter den ketzerischen Erfahrungen einer dynamischen, weil geschichtlichen Wahrnehmung:

> „Die Frage nach dem Sinn stellt sich dem Menschen in einer ungeschichtlichen Welt, die geschichtliche hingegen ist durch den Status der Fraglichkeit jeglichen Sinns gekennzeichnet; sie ist nicht Ergebnis einer Evolution, sie ist Geschick." (Schaller 2006, 73)

Pädagogik mit dem Wissen um das Elementale und dessen geschichtliche Gestaltungen kann also keine positiven Sinnangebote mehr unterbreiten, sondern muss die Perspektiven offen halten, welche in der Haltlosigkeit einer elemental strukturierten Welt die Dynamik innerhalb des Weltaufenthaltes der Menschen kenntlich machen. Stabiler Sinn wird damit durch die Fraglichkeit von Mensch wie Welt gesprengt – übrig bleiben nicht nur die Trümmer einer sinn- und damit menschenleeren Geisterstadt im Hinterland der Metaphysik, sondern auch die leibhaftigen Bezüge eines weltbezogenen Ich, das in sich verfremdet und dezentriert, mit den Anderen gekreuzt und ihnen bisweilen eigenwillig vertraut nunmehr seine solidarische Freiheit der Ungehaltenen, doch Zuversichtlichen lebt.

Freiheit als weitere Zielperspektive einer Pädagogik in der Tradition der Aufklärung ist nun angesichts postmoderner Vernunft-Weitung gleichfalls zu transformieren. Freiheit ist vor dem Hintergrund des Erscheinens aus dem Elementalen nicht mehr allein Selbsttätigkeit, sondern zugleich Besonnenheit. Erst die angemessene Mischung von Selbsttätigkeit und Besonnenheit ermöglicht den humanen Umgang mit Menschen und Dingen, welcher der gemeinsamen Situation gerecht wird. Das dabei relevante Maß zu entdecken, bleibt die Aufgabe des modernen Sisyphos: Nicht nur ist der Stein der Selbsterkenntnis den Berg der Vernunft und der Subjektivität hinaufzubewegen, sondern zugleich das Hinabrollen des Selbst in die elemental eröffneten Tiefen der Asubjektivität als beglückend-befreiendes Moment der über-individuellen Verbindung von Mensch und Welt zu entdecken. So mag nicht allein wegen des „Kampfes gegen Gipfel" (Camus 2003, 160), sondern mehr noch angesichts des ambiguen Erscheinens im elementalen Zwischenraum von Grundlosigkeit und ontischer End-Gültigkeit für den gegenwärtigen Menschen in der Gestalt eines endlos agierenden Sisyphos gelten: „Wir müssen uns [diesen] Sisyphos als glücklichen Menschen vorstellen." (Ebd.) Menschen auf ihrer Suche nach solchem Glück begleiten zu können, ist die Chance einer asubjektiven Pädagogik – und das Elementale eröffnet deren Spielräume.

Literatur:

Böhmer , Anselm (2002): *Kosmologische Didaktik. Lernen und Lehren bei Eugen Fink*, Würzburg.

Bourdieu, Pierre (1973): „Kulturelle Reproduktion und soziale Reproduktion." In: Ders.: *Grundlage einer Theorie der symbolischen Gewalt. Kulturelle Reproduktion und soziale Reproduktion*, Frankfurt am Main, S. 89-139.

Camus, Albert ([5]2003): *Der Mythos des Sisyphos*, übers. v. V. v. Wroblewsky, Reinbek bei Hamburg.

Fink, Eugen ([6]1992): Nietzsches Philosophie, Stuttgart.
– (1985): *Einleitung in die Philosophie*, hg. v. F.-A. Schwarz, Würzburg.
– (1970): *Erziehungswissenschaft und Lebenslehre*, Freiburg.
– (1965): „Vision des Menschen bei Nietzsche." In: Schaefer, A. (Hg.): *Das Menschenbild in der Dichtung. Sieben Essays von E. Burck u.a.*, München, S. 152-173.
– (1960): *Spiel als Weltsymbol*, Stuttgart.

Foucault, Michel ([13]1995): *Die Ordnung der Dinge. Eine Archäologie der Humanwissenschaften*, Frankfurt am Main.

Heidegger, Martin/Fink, Eugen (1970): *Heraklit. Seminar Wintersemester 1966/1967*, Frankfurt am Main.

Kangrga, Milan (2004): *Praxis – Zeit – Welt*, bearb. v. A. Böhmer, Würzburg.

Lévinas, Emmanuel ([3]2002): *Totalität und Unendlichkeit. Versuch über die Exteriorität*, Freiburg/München.

Merleau-Ponty, Maurice (2003): *Das Auge und der Geist. Philosophische Essays*, hg. v. C. Bermes, Hamburg.
– (1994): *Keime der Vernunft. Vorlesungen an der Sorbonne 1949 – 1952*, hg. v. B. Waldenfels, München.
– (1986): *Das Sichtbare und das Unsichtbare. Gefolgt von Arbeitsnotizen*, hg. v. C. Lefort, übers. v. R. Giuliani u. B. Waldenfels, München.

– (1966): *Phänomenologie der Wahrnehmung*, übers. v. R. Boehm, Berlin.

Meyer-Drawe, Käte (³2001): *Leiblichkeit und Sozialität. Phänomenologische Beiträge zu einer pädagogischen Theorie der Inter-Subjektivität*, München.

Nietzsche, Friedrich (1997): *Werke in drei Bänden*, hg. v. K. Schlechta, Darmstadt.

Patočka, Jan (1988): *Ketzerische Essais zur Philosophie der Geschichte und ergänzende Schriften*, hg. v. K. Nellen u. J. Němec, Stuttgart.

Schaller, Klaus (2006): „Die Person als ‚offene Seele'? Bemerkungen zu Jan Patočkas Philosophie und Pädagogik", in: Eykmann, W. u. Böhm, W. (Hg.): *Die Person als Maß von Politik und Pädagogik*, Würzburg, S. 55-73.

Stieve, Claus (2003): *Vom intimen Verhältnis zu den Dingen. Ein Verständnis kindlichen Lernens auf der Grundlage der asubjektiven Phänomenologie Jan Patočkas*, Würzburg.

Voß, G. Günter (2004): „Werden Arbeitskräfte zu Unternehmern ihrer selbst? Thesen zu Arbeit, Lebensführung und Gesellschaft im 21. Jahrhundert", in: Gamm, G. u.a. (Hg): *Die Gesellschaft im 21. Jahrhundert. Perspektiven auf Arbeit, Leben, Politik*, Frankfurt am Main /New York, S. 135-155.

Wimmer, Michael (1994): „Die Frage des Anderen", in: Wulf, C. (Hg.): *Einführung in die pädagogische Anthropologie*, Weinheim/Basel, S. 114-140.

Angaben zu den Autorinnen und Autoren

Patrick Baur studierte Philosophie, Neuere Deutsche Literaturgeschichte, Linguistik und Biologie an der Albert-Ludwigs-Universität Freiburg i. Brsg. und legte hier 1999 seine Prüfung zum Magister Artium ab. Bis 2001 Tätigkeit als freier Lektor; Studienaufenthalte in den USA. Von 2001 bis 2003 Stipendiat der Landesgraduiertenförderung Baden-Württemberg; seither Arbeit als Journalist und als Lehrbeauftragter an der Albert-Ludwigs-Universität Freiburg. Im Juni 2007 Promotion im Fach Philosophie mit einer Dissertation zum Thema *Gebärden. Leiblichkeit und Sprache bei Heidegger* bei Prof. Ute Guzzoni und Prof. Hans-Helmuth Gander.

Ab dem kommenden Wintersemester (2007/2008) ist Patrick Baur Lehrbeauftragter am Ethisch-Philosophischen Grundlagenstudium (EPG) und ab dem Sommersemester 2008 am Seminar für Philosophie der Universität Freiburg. Seine wissenschaftlichen Schwerpunkte liegen in der zeitgenössischen französischen Philosophie, der Phänomenologie Husserls und Heideggers, der Kritischen Theorie sowie der Philosophie der Antike und des deutschen Idealismus.

Veröffentlichungen (Auswahl): „Heideggers Schweigen zur Lebenskunst. Überlegungen zu Existierkunst und Gelassenheit", in: Sommerfeld-Lethen, Caroline (Hg.): *Lebenskunst und Moral. Gegensätze und konvergierende Ziele*. Berlin 2004. „Gastfreundschaft des Thorax'. Pindars Ethos des Atmens", in: ALEA 3 (Madrid), Oktober/November 2005.

Anselm Böhmer (geb. 1968), Dr. paed., Studium der Theologie in Trier und Freiburg sowie der Sozialpädagogik ebenfalls in Freiburg, Promotion 2001 mit der Arbeit „Kosmologische Didaktik. Lernen und Lehren bei Eugen Fink". Forschungsschwerpunkte: Asubjektive Pädagogik, pädagogische Anthropologie, soziale Transformation und Bildung. Lehrt Allgemeine Pädagogik und Sozialwissenschaften an verschiedenen Hochschulen.

Publikationen (Auswahl): *Epoché und Engagement. Perspektiven endlicher Freiheit in der asubjektiven Phänomenologie Jan Patočkas*, in: Hagedorn, L./Staudigl, M. (Hg.): Über Zivilisation und Differenz. Beiträge zu einer politischen Phänomenologie Europas, Würzburg 2007 (im Erscheinen). *Von der Korrosion zentraler Selbstdeutung. Pädagogische Überlegungen zur Subjektivität in der Arbeitsgesellschaft*, in: neue praxis 36 (2006) 5, S. 496-520. *Lernen als Forschen. Vorüberlegungen zu einer a-subjektiven Bildungstheorie*, in: Hilt, A./Nielsen, C. (Hg.): Bildung im technischen Zeitalter. Sein, Welt und Mensch nach Eugen Fink. Freiburg/München 2005, S. 98-125. *Re-evolutivna budućnost. O izlasku čovjeka iz samoskrivljenog gubitka smisla*, in: Filozofska Istražvanja 24 (2004), 94-95, S. 679-699. *Kosmologische Didaktik. Lernen und Lehren bei Eugen Fink.* Würzburg 2002.

Editionen: *Eugen Fink. Sozialphilosophie – Anthropologie – Kosmologie – Päda-gogik – Methodik*, Würzburg 2006. Kangrga, M.: *Praxis – Zeit – Welt*, bearb. v. A. Böhmer, Würzburg 2004.

Thomas Franz (geb. 1962), Dr. phil., Studium der Katholischen Theologie, Phi-losophie, Germanistik und Psychologie (Würzburg/Paris/Gießen), Promotion in Philosophie (Würzburg), derzeit Studienleiter an der Katholischen Akademie Domschule/ Würzburg, Lehrbeauftragter an der Katholisch-Theologischen Fa-kultät der Universität Würzburg.
Forschungsschwerpunkte: Phänomenologische Anthropologie und Ontologie, Kultursemiotik, Religionsphilosophie und Fundamentaltheologie.
Publikationen: *Der Mensch und seine Grundphänomene. Eugen Finks Existential-anthropologie aus der Perspektive der Strukturanthropologie Heinrich Rombachs.* Freiburg i. Br. 1999; *Mensch und Technik bei Eugen Fink. Eine kritische Interpre-tation*, in: Phänomenologische Forschungen 2004, 207-218; *Herman Schell. Die neue Zeit und der alte Glaube. Vier theologische Programmschriften*, herausgege-ben und eingeleitet von Thomas Franz, Würzburg 2006; *Die Pluralität des Men-schen. Die Anthropologien Eugen Finks und Heinrich Rombachs im Vergleich*, in: Hans Rainer Sepp/Ion Copoeru (eds.), Phenomenology 2005, Volume IV: Selec-ted Essay from the Northern Europe, Bucharest (Zeta Books) 2007, 221-250.

Annette Hilt, (geb. 1975), Dr. phil., Studium der Philosophie, Literatur- und Kulturwissenschaft (Tübingen/Stony Brook). Promotion in Philosophie (Frei-burg); derzeit Wissenschaftliche Angestellte am Philosophischen Seminar der Ruprecht-Karls-Universität Heidelberg. Mitglied des Wissenschaftlichen Beirats der Eugen-Fink-Gesamtausgabe. Forschungsschwerpunkte: Praktische Philoso-phie und Ethik, anthropologische Philosophie und Phänomenologie.
Publikationen: u..a.: *Ousia – Psyche – Nous. Aristoteles' Philosophie der Lebendig-keit* (2005); *Bildung im technischen Zeitalter. Sein, Mensch und Welt nach Eugen Fink* (Mhrsg. 2005); *Die Frage nach dem Menschen. Anthropologische Philosophie bei Helmuth Plessner und Martin Heidegger.* In: Int. Jahrbuch für Hermeneutik 2005. *Erfahrungsdimensionen des Leidens – Zum Grund ethischer Intersubjektivi-tät.* In: L. Hühn (Hrsg.): Die Ethik Arthur Schopenhauers im Ausgang vom Deutschen Idealismus (Fichte/Schelling). Würzburg 2006. *Techné – Polis – Pai-deia. Eugen Finks existenzialanthropologische Interpretation Platons.* In: A. Eckl/C. Kauffmann (Hrsg.): Politischer Platonismus. Würzburg 2007. *Freedom as the Experience of Nature: Schelling and Merleau-Ponty on the Open Space in Nature.* In: J. Wirth/P. Burke/E. Sikes (eds.): The Barbarian Principle: Merleau-Ponty, Schelling, and the Question of Nature. New York 2007. *A Shared Carnal Humanity. The Language of Proximity in Body, World and Alterity.* In: Phenome-nology 2005, vol. V: Selected Essays from the Northern Europe. Bukarest 2007

Annamaria Lossi, (geb. 1973), Dr., Studium der Philosophie und Germanistik in Pisa und Jena, Promotion in Pisa und Freiburg i. B. (2004). Zur Zeit Übersetzerin und Herausgeberin beim Verlag ETS Edizioni. Arbeitsschwerpunkte: Hermeneutik und Phänomenologie.
Publikationen zu Nietzsche, Platon, Wittgenstein, Fink; u. a. *Iznova promisljati filozofiju: jezik u negativnom misljenju Nietzschea i Wittgensteina*, in: Scopus, Zagreb 2001, 89-98. *La dialettica in Nietzsche. Schiavitù e liberazione*, in: Teoria, Pisa 2002/2, 127-137. *Nietzsche und Platon. Begegnung auf dem Weg der Umdrehung des Platonismus*, Würzburg 2006. *Natura, arte e filosofia: Riflessioni sul concetto di creatività nel pensiero di Friedrich Nietzsche* (im Erscheinen). *Eugen Fink: fenomenologia e antropologia filosofica nel panorama contemporaneo* (im Erscheinen).

Nebojsa Grubor (geb. 1971), Dr. phil., Ass. Professor an der Philosophischen Fakultät der Universität in Belgrad und wiss. Sekretär der Ästhetischen Gesellschaft Serbiens.
Publikationen: Heideggers *Philosophie der Kunst. Das Grundlegungsproblem*, [serbisch] (2005). Mitherausgeber: *Die Lage des Schönen in der Ästhetik* [serbisch] (2005) und *Was ist Ästhetik?* [serbisch] (2006).

Joseph P. Lawrence, Professor of Philosophy at Holy Cross College (Worcester, Massachusetts, USA), is the author of *Schellings Philosophie des ewigen Anfangs* (Würzburg 1989). He is also a frequent contributor to *Zaman* in Istanbul.
Some of his other publications include: *Schelling's Metaphysics of Evil*, in: *The New Schelling* (London: Continuum Press, 2004); *Philosophical Religion and the Quest for Authenticity*, in: Schelling Now (Indiana University Press 2005); *Toward a Metaphysics of Silence*, in: Idealistic Studies (Winter 2002); *Socrates and Alcibiades*, in: Southern Humanities Review (Fall 2003); *Spinoza in Schelling: Appropriation through Critique*, in: Idealistic Studies (Fall 2003); *Beauty beyond Appearances: Nature and the Transcendent*, in: Journal of Environmental Philosophy (Fall 2005); *Schelling and Levinas: The Harrowing of Hell*, in: Levinas Studies: An Annual Review, vol. II (Duquesne University Press: 2007).

Susanna Lindberg, Docteur en philosophie (Université Strasbourg 2000), maître de conférence (2001 und 2005), ist Dozentin an der Universität Helsinki und postdoctoral researcher der Akademie von Finnland, derzeitig Gastforscherin an der Universität Wuppertal, sowie Mitglied der Forschungsgruppe über europäisches Denken (Helsinki).

Publikationen: Neben ihren zwei Monographien - *Filosofien ystävyys: Philippe Lacoue-Labarthe, Jean-Luc Nancy ja yhteisön kaksi mieltä* (Helsinki, 1998) und *Heidegger avec Hegel: une explication philosophique* (Université Marc Bloch Strasbourg, 2000) - hat sie zahlreiche Aufsätze veröffentlicht, u.a.: *Vivant à la limite*, in: Etudes philosophiques 1 / 2006; *Etre avec un autre. Heidegger et le problème de la reconnaissance*, in: Philosophie (Minuit) 2007; *Hans Jonas: Life in the Face of Responsibility*, in: Phänomenologische Forschungen 2005; *Heidegger's Animal*, in: Phänomenologische Forschungen 2004; *Heidegger et l'être-avec*, in: Sozialität und Anerkennung: Grammatiken des Menschseins, Hg von Georg W. Bertram, Christophe Laudou und David Lauer (Im Erscheinen); *The Concept of Life. Through Heidegger towards German Idealism*, in: Mensch, Leben, Technik, hg von Julia Jonas u. Karl-Heinz Lembeck, Würzburg, 2006; *Acuité et étourdissement: les animaux de Hegel et Heidegger*, in: Hegel-Jahrbuch, 2006; *Les Filles de la nuit*, in: L'Oeuvre du féminin dans l'oeuvre de Maurice Blanchot, hrsg. von Eric Hoppenot, 2004; *Des manières de la déconstruction heideggérienne*, in: Cahiers Philosophiques de Strasbourg, Band 5, 1996.

Karel Novotný (geb. 11. 1. 1964), PhD, Assistent an der Fakultät humanwissenschaftlicher Studien (Fakulta humanitních studií) der Karls-Universität Prag. Wissenschaftlicher Mitarbeiter im Philosophischen Institut der Akademie der Wissenschaften der Tschechischen Republik. Erasmus Master Mundus EuroPhilosophie Koordinator an der Karls-Universität Prag.
1983 – 1989 Studium der Philosophie und Physik an der Philosophischen und Matematisch-Physikalischen Fakultät der Karls-Universität Prag, anschliessend 1990 – 1992 Magisterstudium Philosophie und Politikwissenschaft an der Katholischen Universität Eichstätt. Vom Herbst 1997 Promotionsstudium an der Philosophischen Fakultät der Karls-Universität Prag mit drei sechsmonatigen Studienaufenthalten an der Université Paris XII – Val de Marne – Créteil. Die Dissertation *Natürliche Welt und Geschichte. Zu zwei Hauptthemen der Philosophie Jan Patočkas* wurde verteidigt 2003 an der Karls-Universität Prag.
Publikationen: Aufsätze zur Philosophie Jan Patočkas und zur neueren Phänomenologie. Edition: Jan Patočka, *Vom Erscheinen als solchem. Texte aus dem Nachlaß*, Helga Blaschek-Hahn und Karel Novotný (Hg.), Alber Verlag, Freiburg/München 2000.
Links: www.fhs.cuni.cz; www.flu.cas.cz; www.europhilosophie.eu

Orbis Phaenomenologicus
Perspektiven - Quellen - Studien

Herausgegeben von
Kah Kyung Cho (Buffalo), Yoshihiro Nitta (Tokyo) und Hans Rainer Sepp (Prag)

Die Reihe präsentiert Denkansätze und Erträge der Phänomenologie und bestimmt ihre Positionen im Kontext anderer philosophischer Strömungen. Sie diskutiert Aporien des phänomenologischen Denkens und fördert die weiterführende phänomenologische Sachforschung.

Die **Perspektiven** widmen sich phänomenologischen Sachthemen, behandeln das Werk wichtiger Autoren und zeichnen ein lebendiges Bild bedeutender Forschungszentren der Phänomenologie. Die **Quellen** versammeln Primärtexte und erschließen dokumentarisches Material zur internationalen Phänomenologischen Bewegung. Die **Studien** legen aktuelle Forschungsergebnisse vor.

Im Verlag Karl Alber (Freiburg/München) sind erschienen

Kah Kyung Cho / Jeon Sook Hahn (Hg.)
Phänomenologie in Korea
Perspektiven 1, 2001, 502 Seiten. ISBN 3-495-47899-X

Renato Cristin / Kiyoshi Sakai
Phänomenologie und Leibniz
Perspektiven 2, 2000, 350 Seiten. ISBN 3-495-48035-8

Michael Heitz / Bernhard Nessler (Hg.)
Eugen Fink und Jan Patocka: Briefe und andere Dokumente 1933-1977
Quellen 1, 1999, 190 Seiten. ISBN 3-495-47895-5

Ludger Hagedorn / Hans Rainer Sepp (Hg.)
Jan Patocka: Texte - Dokumente - Bibliographie
Quellen 2, 1999, 790 Seiten. ISBN 3-495-47962-7

Helga Blaschek-Hahn / Karel Novotny (Hg.)
Jan Patocka: Vom Erscheinen als solchem. Texte aus dem Nachlaß
Quellen 3, 2000, 314 Seiten. ISBN 3-495-47904-X

Bei Königshausen & Neumann erscheinen ab 2003

Beate Beckmann
Phänomenologie des religiösen Erlebnisses
Studien 1, 332 Seiten. ISBN 3-8260-2504-0

Michael Staudigl
Grenzen der Intentionalität
Studien 4, 207 Seiten. ISBN 3-8260-2590-3

Rolf Kühn / Michael Staudigl (Hrsg.)
Epoché und Reduktion
Perspektiven, Neue Folge 3, 309 Seiten. ISBN 3-8260-2589-X

Cathrin Nielsen
Die entzogene Mitte
Studien 3, 198 Seiten. ISBN 3-8260-2593-8

Beate Beckmann / Hanna-Barbara Gerl-Falkovitz (Hrsg.)
Edith Stein
Perspektiven, Neue Folge 1, 318 Seiten. ISBN 3-8260-2476-1

Guy van Kerckhoven
Mundanisierung und Individuation bei Edmund Husserl und Eugen Fink
Studien 2, 510 Seiten. ISBN 3-8260-2551-2

Takako Shikaya
Logos und Zeit
Studien 6, 154 Seiten. ISBN 3-8260-2661-7

Dean Komel
Kunst und Sein
Perspektiven, Neue Folge 4, 250 Seiten. ISBN 3-8260-2852-X

Karl-Heinz Lembeck
Studien zur Geschichtenphänomenologie Wilhelm Schapps
Perspektiven, Neue Folge 7, 139 Seiten. ISBN 3-8260-2861-9

Sandra Lehmann
Der Horizont der Freiheit
Studien 9, 114 Seiten. ISBN 3-8260-2961-5

Silvia Stoller / Veronica Vasterling / Linda Fisher (Hrsg.)
Feministische Phänomenologie und Hermeneutik
Perspektiven, Neue Folge 9, 306 Seiten. ISBN 3-8260-3032-X

Rolf Kühn
Innere Gewissheit und lebendiges Selbst
Studien 11, 132 Seiten. ISBN 3-8260-2960-7

Pavel Kouba
Sinnn der Endlichkeit
Studien 7, 240 Seiten. ISBN 3-8260-3121-0

Alexandra Pfeiffer
Hedwig Conrad-Martius
Studien 5, 232 Seiten. ISBN 3-8260-2762-0

Dean Komel
Tradition und Vermittlung
Studien 10, 138 Seiten. ISBN 3-8260-2973-9

Madalina Diaconu
Tasten, Riechen, Schmecken
Studien 12, 500 Seiten. ISBN 3-8260-3068-0

Harun Maye / Hans Rainer Sepp (Hrsg.)
Phänomenologie und Gewalt
Perspektiven, Neue Folge 6, 284 Seiten. ISBN 3-8260-2850-3

Javier San Martín
Phänomenologie in Spanien
Perspektiven, Neue Folge 10, 340 Seiten. ISBN 3-8260-3132-6

Daniel Tyradellis
Untiefen
Studien 14, 196 Seiten. ISBN 3-8260-3276-4

Anselm Böhmer
Eugen Fink
Perspektiven, Neue Folge 12, 356 Seiten. ISBN 3-8260-3216-0

Urbano Ferrer
Welt und Praxis
Studien 13, 196 Seiten. ISBN 3-8260-3131-8

Ludger Hagedorn (Hrsg.)
Jan Patočka – Andere Wege in die Moderne
Quellen. Neue Folge 1,1, 484 Seiten. ISBN 3-8260-2846-5

Julia Jonas / Karl-Heinz Lembeck
Mensch – Leben – Technik
Perspektiven, Neue Folge 11, 388 Seiten. ISBN 3-8260-2902-X

Hans Rainer Sepp / Ichiro Yamaguchi (Hrsg.)
Leben als Phänomen
Perspektiven, Neue Folge 13, 332 Seiten. ISBN 3-8260-3213-6

Jaromir Brejdak / Reinhold Esterbauer / Sonja Rinofner-Kreidl / Hans Rainer Sepp (Hrsg.)
Phänomenologie und Systemtheorie
Perspektiven, Neue Folge 8, 172 Seiten. ISBN 3-8260-3143-1

Ludger Hagedorn / Hans Rainer Sepp (Hrsg.)
Andere Wege in die Moderne
Quellen. Neue Folge 1,2, 228 Seiten. ISBN 3-8260-2847-3

Heribert Boeder
Die Installationen der Submoderne
Studien 15, 449 Seiten. ISBN 3-8260-3356-6

Pierfrancesco Stagi
Der faktische Gott
Studien 16, 324 Seiten. ISBN 978-3-8260-3446-6

Cathrin Nielsen / Michael Steinmann / Frank Töpfer (Hrsg.)
Das Leib-Seele-Problem und die Phänomenologie
Perspektiven, Neue Folge 15, 332 Seiten. ISBN 978-3-8260-3708-5

Dietrich Gottstein / Hans Rainer Sepp (Hrsg.)
Polis und Kosmos
Perspektiven, Neue Folge 16, 356 Seiten. ISBN 978-3-8260-3498-8

Dimitri Ginev (Hrsg.)
Aspekte der phänomenologischen Theorie der Wissenschaft
Perspektiven, Neue Folge 21, 228 Seiten. ISBN 978-3-8260-3721-4

Anselm Böhmer / Annette Hilt (Hrsg.)
Das Elementale
Perspektiven, Neue Folge 20, 180 Seiten. ISBN 978-3-8260-3631-6